KJB

1. Kapitel

IN DEM ALLES BESCHEUERT NORMAL ANFÄNGT

Ich schlich mich hinaus. Im Flur nahm ich die ausziehbare Leine vom Haken. »Komm, Ringo«, sagte ich leise. »Wir hauen ab und machen was komplett Neues.«

Was man eben manchmal so aus Spaß sagt.

Eigentlich glaubte ich zu dem Zeitpunkt noch, es würde sich *niemals* etwas in meinem Leben ändern.

Ringo erhob sich aus seinem Korb und stakste mit steifen Beinen auf mich zu. Er war schon alt und nicht gerade der hübscheste Hund, keiner, auf den ich draußen auf der Straße angesprochen wurde, kein: *Oooch, ist der aber süß!* Nur kniehoch, schmal, dunkelbraunes, etwas verblasstes glattes Fell, Beine wie Stöcke, flappige Fledermausohren. Aber er war trotzdem ein toller Hund. Er hatte einen stolzen, wissenden Blick und wollte immer frei herumlaufen, das gefiel mir so an ihm. In diesem Moment schaute er allerdings misstrauisch. Wusste er, dass ich ihn leider gerade nur benutzte, um hier rauszukommen?

»Ja, sorry, nun sei nicht beleidigt, du bist nun mal der beste Alibi-Hund hier im Haus. Echt.«

Kein Wunder, gibt hier ja nur einen Hund, schienen seine schwarzen Murmelaugen zu antworten. Ich zog die Wohnungstür hinter uns zu und stand jetzt an der Treppe. Der Vater von Papa wohnte oben im Dachgeschoss, mein Zimmer war im ersten Stock. Meine Eltern hatten das Haus in Köln-Junkersdorf vor zehn

Jahren gekauft, und Mama hatte es umbauen lassen, hier noch ein Betonwürfel dran und da noch einer aus Glas. Mama konnte das, sie war ja schließlich Architektin. Papa war nicht so praktisch wie sie. Dafür konnte er besser kochen, weil er es einfach liebte und genau las, was in den Rezepten stand. Mama improvisierte in der Küche meistens, das ging dann manchmal schief.

Mir war immer noch flau im Magen. Das kam nicht nur von den drei Waffeln mit Kirschen und Kakao, sondern auch von der Angeberei meiner Tante Dette und der getrockneten Sahne in ihrem Mundwinkel.

»Emma!« Ich hörte meinen Namen selbst durch die geschlossene Tür, die in diesem Moment aufgerissen wurde. Meine Mutter erschien. »Was hast du vor?«

Stumm zeigte ich auf Ringo, der schon auf der ersten Stufe nach unten saß.

»Musst du immer weglaufen? Wir haben doch gerade so schön über alles geredet.«

Ach ja?! »Dette gibt übertrieben mit Amalia an, und Papa kann es nicht lassen und erzählt Sachen über mich, die nicht stimmen.«

Mama zuckte mit den Schultern. »Ach, komm. So oft sehen wir sie ja nicht.«

Immer noch oft genug, dachte ich.

»... na ja, jetzt, wo sie den Erfolg im Sport nicht mehr hat, mangelt es Emma natürlich an Selbstbewusstsein«, hörten wir Dettes hohe Stimme in diesem Moment klar und deutlich von Opa Edgars Wohnzimmertisch.

Ich krümmte mich. »Echt jetzt, Mama? Was redet sie da? Das mit dem Turmspringen und den Schwimmturnieren ist doch schon drei Jahre her, da war ich zwölf!«

Mama zog Augenbrauen und Schultern hoch und tat, als habe

sie nichts gehört. »Und außerdem hat Opa Edgar es gar nicht so gerne, wenn du mit Ringo rausgehst.« Sie schnalzte mit der Zunge. »Er sagt, du passt nie auf …«

»Klar passe ich auf!« Ich verdrehte die Augen. »Soll der Arme denn immer nur im Garten kacken müssen? Der will doch auch mal raus! Also nicht Opa, du weißt schon.«

Ringo sah mich zustimmend an, ja, er machte sogar eine Bewegung, als ob er nickte. Guter Hund!

»… ihr müsst sie einfach konsequenter einbinden, wie kann sie sonst jemals Verantwortung übernehmen?«, hörten wir Dette, schrill und gleichzeitig rostig wie eine Fahrradklingel. »Ein Mädchen mitten in der Pubertät sollte Regeln kennen …«

Mama zog die Tür hinter sich ran. »Sorry, meine Schwester ist einfach …«

… nur blöd, dachte ich, sagte aber nichts.

»Na ja. Nicht sehr diplomatisch.«

Ich schluckte und rollte mit den Augen. Konnte ich jetzt endlich gehen?

»Ich weiß, sie ist fürchterlich, aber manche Punkte, die sie erwähnt, stimmen auch.« Meine Mutter seufzte. »Du machst eben nichts zu Ende und hältst dich nie an unsere Verabredungen …«

Ja, ja, ja, Dette hatte irgendwie recht. Aber ich konnte doch nichts dafür, wenn mir was Blödes dazwischenkam. Ich machte das doch nicht aus Spaß!

»Sorry, aber Tante Dette soll mir nichts über mein Leben erzählen! Ich misch mich ja auch nicht in ihres!«, rief ich. Dann ging ich die Treppe hinunter.

»Emma! Komm sofort wieder nach oben! Opas Feier ist noch nicht beendet!« Mamas Stimme wurde richtig giftig, so als wollte sie ihrer Schwester etwas beweisen. Hatte sie eine Wette verloren, wenn sie mich nicht zurück an den Kaffeetisch schleppte?

»Dem ist doch egal, ob ich da bin«, rief ich. Allen ist doch egal, ob ich da bin, dachte ich. Vielleicht war das ungerecht, aber so kam es mir eben vor.

»Das stimmt doch gar nicht«, sagte meine Mutter. »Aber du könntest dich wirklich ein bisschen mehr einbringen und auch mal was für die Allgemeinheit tun, etwas, was dir vielleicht nicht so angenehm ist!«

Ich drehte mich um und schwenkte den knallorangenen Plastikbeutel, der an der Leine hing. »Ich tu doch etwas nicht so Angenehmes.«

»Emma! Du kannst jetzt nicht einfach …«

Doch. Konnte ich. »Ich pass schon auf!« Die Krallen von Ringos Pfoten klickerten neben mir auf den Holzstufen, wir sprangen die Treppe hinunter und verließen das Haus.

Auf dem Bürgersteig atmete ich tief durch, für einen 15. Juli war es nicht besonders warm. Der Himmel war auch heute grau und bewölkt, schon seit Wochen ging das so, aber die Luft war besser als oben im Wohnzimmer. Ich zückte sofort mein Handy (das war am Kaffeetisch natürlich verboten gewesen) und ging auf Snapchat. Wer hatte mir was geschickt, wem musste ich antworten?

Erst mal ein Selfie: Von unten lächeln, mit dem Filter sah das eigentlich ganz okay aus, und dann noch ein Foto von dem, was ich sah. Und das war in diesem Fall Ringo, der vor mir auf dem Bürgersteig an der Leine zog und sich gerade vorwurfsvoll nach mir umdrehte. Das sah richtig witzig aus! Ich schickte es an alle. Doch stopp – bevor wir losgingen, war noch eine weitere Sache wichtig.

»Du musst mal eben warten, sorry!«, entschuldigte ich mich bei dem Hund. Wo war Oscar? Ich rief die Karte auf und suchte nach seinem Bitmoji. Ich fand es sofort: blonde kurze Haare, schwarze Hose, weißes Shirt ohne Ärmel. Mein Herz klopfte los. Wie ich gehofft hatte: Er war im Bode-Park, dem kleinen Streifen zwischen dem Kiefernwäldchen und der Jahnwiese, gegenüber dem großen Fußballstadion. Mit der Halfpipe für die Skater und, ganz wichtig, mehreren Bänken, Mauern, Recks und Baumstämmen für die Sportstudenten, die hier in der Gegend herumliefen und Parkour machen wollten. Die Sporthochschule war nur hundert Meter entfernt.

Jetzt da ich wusste, dass Oscar ganz in der Nähe war, hatte ich es eilig, doch mein Alibi-Hund wollte plötzlich nicht mehr vorwärtslaufen, sondern an jedem Laternenpfahl schnuppern, und zwar lange. Sehr lange.

»Mann, Ringo«, rief ich, »gleich kannst du rumschnüffeln, so viel du willst, aber jetzt gehen wir erst mal los, und zwar schnell, nicht dass er wieder weg ist, wenn wir ankommen!«

Ich war echt aufgeregt. Oscar gleich am ersten Tag der Ferien zu treffen, war ein Glücksfall. So wie es auf der Karte aussah, waren auch keine der Mädchen aus meiner Klasse da; Lea war bei Holly, Antonia war bei May zu Hause. Die beiden hatten sich ganz ähnliche Bitmojis entworfen: eine in einem rosa Bademantel, die andere in Hellblau. Die Bademäntel standen in der Chlodwigstraße Nummer 4, bei May.

Nur Oscars Freunde Noah und Meckes sah ich bei ihm auf der Snap-Map. Meckes hieß so, weil er sich fast nur von Burgern ernährte, er war trotzdem super trainiert und machte Oscar alles nach. Echt peinlich.

Vielleicht hatte Oscar ja Lust, irgendwas mit mir zu unternehmen. Ich wusste zwar nicht, was, aber wenn ich bisschen auf einer der Bänke rumsäße und in mein Handy schaute, würde er vielleicht rüberkommen. Hoffte ich jedenfalls. Ja, ich hatte einen *crush* auf ihn, das würde ich zwar niemals zugeben, höchstens vor Jana, aber die wusste es eh schon, ohne dass ich was sagen musste. Und ich hoffte, dass er auch in mich … denn irgendwas war da zwischen uns. Er guckte manchmal so. Und manchmal schrieb er mir. Aber nur selten. Wie waren Jungs, wenn sie verliebt waren? Ich wurde bald sechzehn, aber ich hatte keine Ahnung.

♥

Ich musste mich beeilen, in einer Woche fuhren wir in die Bretagne. Einsames Haus, oft Regen, langweilig. Ich musste trotzdem mit, hatte also nur noch sieben Tage Zeit, um meinen Plan, Oscar endlich näherzukommen, zu verwirklichen. Er blieb die ersten vier Wochen in Köln, weil er für ein Parkour-Turnier trainierte. Sagte Jana, und die wusste eigentlich immer alles. Sie war meine beste Freundin, und dann gab es noch die Zwillinge Paula und Sophia.

Die beiden kannte ich schon aus dem Kindergarten. Früher hatten wir alles zusammen gemacht, sie waren wie Geschwister für mich gewesen. Meine Eltern hatten manchmal aus Witz gefragt, ob sie drei Kinder auf einen Schlag bekommen hätten. Weil Paula und Sophia so oft bei uns geschlafen haben. Seit der vierten Klasse war das mit dem Übernachten etwas weniger geworden, die Familie war in die Innenstadt gezogen, und die Zwillinge gingen auf eine andere Schule, aber Freundinnen waren wir geblieben.

Oscar war noch immer im Bode-Park, zeigte die Map auf Snapchat. Ich musste da hin und ihn auf mich aufmerksam machen. Mehr Plan hatte ich nicht. Ich hatte nur mich und meine komische Verliebtheit. Und Ringo, den ich jetzt vorwärtszog.

Schon von weitem hörte ich das Rollen der Skateboards und das Knallen, wenn sie nach einem Sprung auf dem Beton der Halfpipe aufschlugen. Es wimmelte nur so von Typen mit Käppis, die oben an der Kante des großen U standen und sich abwechselnd in die Tiefe stürzten. Auch einige Mädchen waren dabei. Aber die Skater interessierten mich nicht. Mich interessierte nur einer, logisch!

Und da war er auch schon. Er stand auf einem der Mauerabschnitte, die in verschiedenen Abständen und Winkeln über das Gelände verstreut waren, und sah an diesem Nachmittag auch noch ganz besonders gut aus. Er trug wieder eins dieser ärmellosen Unterhemden, die seine Oberarme zeigten, dazu eine glänzend schwarze Trainingshose und Sneaker mit dünner Sohle, extra für Parkour, ich kannte mich damit schon ein bisschen aus. Oscar holte mit den Armen Schwung, ging in die Knie, sprang von einer Betonkante zur nächsten, von dort aus auf die hohe Reckstange vor ihm, konnte sich aber nicht halten und landete auf dem weichen, rötlichen Gummiboden. Noah und Meckes johlten rum, klatschten sich ab. Niemand sah mich. Ringo zog an seiner Leine und wollte mich in das Kiefernwäldchen dirigieren, klar, er fand Bäume interessanter als Betonwände. Ich tat ihm den Gefallen, ging ein paar Schritte mit, drehte mich dabei aber unauffällig um. Auch ohne Sonne glänzte Oscars Haar wie Gold, es war an den Seiten kurz rasiert, oben lang und fiel ihm dauernd in die Stirn. Noah und Meckes trugen graue Wollmützen. So grau, wie der Himmel schon seit Tagen war. Sie versuchten es, waren aber längst nicht so cool wie Oscar.

Mein wunderbarer Alibi-Hund hockte sich hin und verrichtete zitternd vor Anstrengung sein Geschäft. Ich stellte mich als Sichtschutz vor ihn. Bisschen Privacy bitte für Mr. Ringo! Einen

Moment später versuchte ich, den orangenen Beutel mit Inhalt unauffällig in einen der Mülleimer zu werfen, doch so viel Mühe hätte ich mir nicht geben müssen, die drei Jungs waren viel zu sehr mit sich selbst beschäftigt. Ich setzte mich auf eine der Bänke, weit genug weg, um nicht als Fangirl zu gelten, und sprach leise mit Ringo.

»Was meinst du – sollen wir mal da vorne langgehen?« Ich seufzte. Tja, vielleicht eher, wenn du jetzt ein wuscheliger Hirtenhund oder ein edler Ridgeback wärst, wie Matthes ihn zu Hause hat. Aber das sagte ich ihm nicht, denn ich schämte mich ein bisschen für meine Gedanken. Und schließlich hat so ein Hund auch Gefühle.

Ringo zog an seiner Leine, sie spulte sich ab, immer weiter und weiter. Und was machte dieser geniale Hund? Lief zielstrebig auf die mit Graffiti besprühte Mauer zu, ausgerechnet die Mauer, auf der gerade groß und durchtrainiert mein Oscar stand, und setzte sich wie ein aufmerksamer Zuschauer davor.

Oscar sah den Hund, er verfolgte die rote Leine mit seinem Blick und dann sah er mich! Er lächelte kurz. Wow, das schönste Lächeln überhaupt!

»Hey, da ist Emma«, rief er den anderen zu. Er wusste meinen Namen! Also, klar wusste er den, aber er sprach ihn auch vor seinen Freunden aus! »Deiner?«, rief er und zeigte auf den Hund.

»Nee«, antwortete ich lachend. »Ich führe den nur aus.«

»Was starrt der dich so an, Ozz? Der will unbedingt zu dir auf die Mauer, ey, der Hund liebt dich«, rief Meckes auf seiner Reckstange. Ich wusste schon immer, dass Meckes nicht sonderlich clever war.

»Lass ihn doch laufen!«, rief Oscar mir zu.

»Nee, sorry, aber der haut sonst ab.« Das stimmte gar nicht, meistens schnüffelte er nur irgendwo in meiner Nähe herum, er hatte viel zu viel Angst, um wegzulaufen. Aber ich hatte Mum ja versprochen, besonders gut aufzupassen.

»Ach komm, wir spielen mit ihm, dann passiert schon nichts, oder? Ich mag Hunde, und Hunde mögen mich.« Er lächelte wieder, nur ganz wenig, aber das sah bei ihm umso schöner aus. »Wie heißt er denn?«

»Ringo.«

»Komm her, Ringo!« Oscar klopfte einladend auf seine Oberschenkel, und nun ging ich doch hinüber und machte den Hund los. Oscar hatte recht, was sollte schon passieren, wir waren ja alle in der Nähe.

»Hä?«, rief Meckes. »Was is'n das für'n komischer Name?«

Oscar sprang federnd von der Mauer. »Na, Kleiner?« Er streichelte kurz über den Hundekopf. »Ringo, wie Ringo Starr, der Schlagzeuger?«, fragte er mich. Ich nickte, und in mir explodierte etwas vor Freude. Oscar war einfach schlau, sogar das, was niemand mehr wusste, wusste er!

»Genau. Mein Opa Edgar findet die Musik der *Beatles* immer noch toll, ihm gehört der Hund.« Ich traute mich kaum, Oscar in die Augen zu schauen, so verlegen war ich plötzlich. Also redete ich weiter. »Er nennt ihn immer mit vollem Namen Ringo Starr, aber ich finde, Ringo reicht.«

»Cool.« Oscar war total entspannt. »Komm, wir suchen auf der Wiese nach einem Stock für ihn!« Zusammen gingen wir los. Ich lächelte selig, behielt meinen Lieblings-Alibi-Hund aber immer im Blick.

»Ringo ist übrigens einer von den *Beatles*, Ringo Starr, der Schlagzeuger, du Harro!«, rief Oscar Meckes dabei über die Schulter zu.

»*Beatles*? Voll alt«, antwortete der.

»Voll letztes Jahrhundert«, beschwerte sich jetzt auch Noah über den Namen.

Oscar fand einen Stock und warf ihn. Wow, er konnte wirklich weit werfen. Ringo setzte seine alten Gelenke in Bewegung und apportierte mit Begeisterung. Einmal, zweimal, ich sah den beiden grinsend zu. Dann warf ich auch mal, und wieder flitzte der Hund los, froh, endlich mal richtig Auslauf zu haben.

Immer wieder schickten wir Ringo zwischen uns hin und her. Bis Oscar besonders weit warf. »Oh, das dauert«, sagte er, und wir schlenderten gemeinsam auf meine Bank zu. Ich freute mich total. Oscar wollte lieber mit mir auf der Bank sitzen, als Stöckchen zu werfen oder weiter zu trainieren. Der Hund kam zurück, aber anstatt zu uns zu laufen, blieb er mit seinem erbeuteten Schatz im Maul vor der Mauer sitzen. Wir lachten. Oscar sprang mit beiden Füßen auf die Lehne der Bank, balancierte da oben herum, setzte sich dann aber.

»Der liebt die Mauer, nicht dich!«, rief Meckes, denn Ringo saß immer noch in seiner Position. Meckes hüpfte von seiner Stange und kam leider mit Noah zu uns rüber.

Wir unterhielten uns. Über die Zeugnisse, wir hatten es alle in die elfte Klasse geschafft, über die Ferien, wer wo hinfuhr. Wir lachten über den immer noch die Mauer anbetenden Ringo, und Noah holte zwei Flaschen Energydrinks aus seinem Rucksack, die wir teilten. Oscar trank direkt nach mir und hielt meine Finger bei der Übergabe ein bisschen zu lange mit der Flasche fest. Hatte das jemand außer mir überhaupt bemerkt? Er turnte inzwischen wieder auf der Lehne der Bank herum, doch er sah mir oft ins Gesicht und in die Augen, und ich schaute sogar immer öfter zurück, und er nickte, wenn ich etwas sagte, und irgendwann saß er neben mir, ziemlich dicht sogar. Er roch lecker, obwohl er geschwitzt hatte. Wirklich.

»Ich bin jetzt jeden Tag hier im Park.« Er lächelte und legte seine Hand ganz leicht, ganz kurz auf mein Bein. Yesss! »Vielleicht sehen wir uns ja manchmal, wenn du den dünnen Schlagzeuger-Hund …«

Wir schauten zu der Mauer, doch der dünne Schlagzeuger-Hund saß nicht mehr da, wo er eben noch gesessen hatte. In diesem Augenblick quietschten Bremsen, und ich hörte etwas jaulen, so schrecklich gequält und schmerzlich, dass mir eiskalt im Magen wurde.

»Fuck, ey. Der ist hinüber«, sagte Meckes.

»Alter!«, rief Oscar und schlug fest auf den Oberschenkel seines Freundes. »Sag doch nicht so einen Scheiß vor ihr!« Dann sprangen wir alle zusammen auf. Doch ich wusste, der blöde Meckes hatte recht, und fing an zu laufen und zu weinen.

2. Kapitel

KATASTROPHEN UND NOCH MEHR KATASTROPHEN

Das darf nicht sein, dachte ich, während wir rannten, bitte, bitte, lass ihn leben!

Doch Ringo machte seinem Nachnamen Ehre, er lag starr auf der Straße. Tot. Absolut tot sah er aus.

»Es tut mir so leid!«, wiederholte die Frau, der er vor das Auto gelaufen war, immer wieder. Wir sahen alle auf den braunen Körper auf dem Asphalt. Andere Autos hielten, Menschen blieben stehen.

»Sie haben nicht auf die Straße, sondern auf Ihr Handy geschaut!« Ein alter Tüpi zeigte anklagend mit seinem Walking-Stock auf die Fahrerin. »Ich habe das genau beobachtet. Ich werde bei der Polizei eine Aussage machen! Es hätte auch ein Kind sein können, das Sie überfahren! Hier ist Zone 30!«

Ich warf mich schluchzend auf die Knie und betastete den leblosen Hundekörper. Mein lieber Fledermausohr-Ringo-Starr, das Fell so abgewetzt wie bei einem uralten Stofftier, aber doch so süß! Er war noch warm, aber er atmete nicht mehr. *Er wird mich nie mehr anschauen, und ich bin schuld!*, war alles, was ich dachte. Die Frau hockte sich neben mich.

Ich kann nie mehr nach Hause zurück, nie mehr, ging es mir durch den Kopf, während ich verzweifelt über Ringos Brustkorb strich – da hob er sich plötzlich und senkte sich wieder! Ein Wunder! »Ich glaube, er lebt noch!«, rief ich aufgeregt.

»Yeah!«, riefen die Jungs im Chor, und die Menschen, die im Kreis um uns standen, applaudierten.

»Ich fahr dich zum Tierarzt«, sagte die Fahrerin mit krächzender Stimme. Sie hatte offenbar auch ein schlechtes Gewissen, so wie ich, und wollte schnell weg von dem alten Mann, der immer noch was von Polizei brabbelte.

Wir wickelten Ringo vorsichtig in eine Decke, die sie aus dem Kofferraum geholt hatte, die eine Pfote hing komisch herunter. War sein Bein etwa gebrochen? Mit ihm im Arm setzte ich mich auf den Beifahrersitz.

»Schreib mir, was mit ihm los ist, ja?«, flüsterte Oscar in mein Ohr. »Ich möchte das wissen, ich *muss* das wissen, unbedingt!«

»Der Mauergucker wird es schaffen, das Biest ist zäh!«, brüllte Meckes und kassierte dafür einen Kick in die Rippen von Oscar, bevor der sanft die Autotür zuschob. Trotz meiner Angst um den Hund und den Tränen in meinen Augen musste ich kurz lächeln. Natürlich würde ich Oscar schreiben!

♥

Als ich vor unserem Haus aus dem Auto stieg, war es schon sieben. Ich hatte Mama zwischendurch geschrieben, dass ich bald nach Hause komme, aber nicht, was passiert war.

Auf Zehenspitzen und mit hochgezogenen Schultern betrat ich das Haus. Mir war so schlecht! Der Anblick von Tante Dettes Sahne-Mundwinkel am Nachmittag war nichts dagegen. Nur ein paar Stunden lag das zurück, da war noch alles gut gewesen, ich hatte es nur nicht gewusst.

Wenn ich doch die Zeit zurückdrehen könnte! Und eine winzige Kleinigkeit anders machen dürfte! Ringo nicht mitnehmen, oder einfach an der Leine lassen. Mehr bräuchte es ja gar nicht.

Opa Edgar kam die Treppe herunter, sofort zog sich mein Magen noch mehr zusammen vor Angst.

»Wo ist der Hund?«, fragte er sofort, als er mich mit dem Leinenausroller in der Hand an der Tür stehen sah.

»Also, ich muss dir was erklären, es geht ihm gut, aber …«

»Denise!« Wenn Opa etwas von mir wollte, schaltete er meine Mutter ein. Mit mir sprach er meistens gar nicht.

»Was ist denn?« Mama steckte ihren Kopf aus der Küchentür. Ich hörte Gelächter, und es roch nach Rouladen, Opas Lieblingsgericht, das es jedes Mal an Weihnachten und an seinem Geburtstag gab, seitdem er vor zwei Jahren bei uns eingezogen war. Dabei aß ich doch kein Fleisch mehr. Aber das kümmerte keinen.

Einen Moment später saß ich im Wohnzimmer beim Verhör. Opa stand an der offenen Terrassentür, mit dem Rücken zu mir, doch die restlichen Erwachsenen kreisten vor dem Sofa und ließen die Fragen auf mich niederprasseln:

»Nur die Pfote verrenkt? Und eine Gehirnerschütterung?«

»Und wie lange muss er dort bleiben?«

»Können wir die Ärztin noch anrufen?«

»Wie heißt diese Frau, hast du ihre Adresse?«

»Wie konntest du ihn nur ohne Leine laufen lassen, du weißt doch, dass er …«

Ich weinte, ich schniefte, ich antwortete, so gut es ging, und legte die Visitenkarten von Frau Doktor Degen, der Tierärztin, und von Ellen Grünberg, der Fahrerin, auf den Tisch. »Sie hat auf ihr Handy geschaut, hat sie selbst zugegeben. Und es tut ihr leid, und mir erst mal! Ich werde es wiedergutmachen. Echt jetzt.«

Stille. Sehr ernste Stille. Ich spürte, dass sich etwas verändert hatte, das sah ich an ihren Blicken: der von Dette war mal wieder äußerst selbstgefällig, klar, doch selbst Opa hatte sich umgewandt und schaute mich traurig-vorwurfsvoll an.

»Wir reden morgen darüber«, sagte Mama. »Heute möchte dich hier keiner mehr sehen.«

»Ja, das verstehe ich«, wisperte ich. »Entschuldigung, Entschuldigung, Entschuldigung.« Niemand nickte, niemand lächelte, also stand ich auf und floh hinauf in mein Zimmer.

Ich weinte nicht mehr, sondern aß aus Verzweiflung ein paar Chips und einen Schokoriegel, von denen immer ein ganzer Pack in meinem Schrank lag, und schrieb Jana, was passiert war.

Die wollen mich heute Abend nicht mehr sehen. Das ist so hart, wenn man das hört. Immer passiert mir so was, gerade wenn ich echt aufpasse, dass so was *nicht* passiert!!!

Hast du dich bei deinem Opa entschuldigt?

Natürlich, ich habe tausendmal gesagt, es tut mir leid.

Vielleicht reicht ihm das nicht, kannst du ihm nicht eine Entschuldigungskarte schreiben und unter der Tür durchschieben?

Gute Idee.

Aber erst mal schrieb ich an Oscar.

♥

Am nächsten Morgen stand ich extra früh auf, um beim Frühstück nicht zu fehlen (ab heute würde ich mich super viel einbringen, hatte Mama das nicht gewollt?), doch bevor ich noch Butter auf meinen ersten Toast schmieren konnte, ging das Strafgericht weiter.

»Also, Emma. Wir haben uns da was überlegt«, begann mein Vater. »Und leg jetzt mal das Handy weg!« Der Tisch war hübsch gedeckt, aber niemand aß.

»In letzter Zeit sind viele Sachen, die dich betreffen, nicht in Ordnung gewesen.« Mama übernahm. »Wir glauben einfach, dass du lernen musst, mehr Verantwortung zu übernehmen.«

»Hä? Was ist denn noch passiert?«, protestierte ich. »Und wegen Ringo habe ich mich doch schon entschuldigt.« Die Karte für Opa fiel mir wieder ein. Mist, warum hatte ich das Ding nicht einfach geschrieben? Das zu erwähnen, wäre jetzt echt hilfreich gewesen. Oscar hatte gestern Abend nicht geantwortet und vor lauter Warten hatte ich das mit der Karte dann vergessen.

»Die Geschichte mit den Hasen?«

»Die Vereinbarung mit der Spülmaschine?«

»Der Vorfall mit dem Kellerschlüssel?«

Ich stöhnte auf. Echt jetzt? Die alten Sachen wollten sie wieder aufwärmen?

Tante Dette schaute mich kopfschüttelnd an. »Und meine Geschenke zu deinem Geburtstag? So viel ich weiß, musste deine Mutter dich mehrfach auffordern, bevor du dich bedankt hast. Dabei sollte das in deinem Alter doch eine Selbstverständlichkeit sein!«

In deinem Alter, in deinem Alter, äffte ich sie in meinem Kopf nach. *Du hast doch keine Ahnung von meinem Alter.*

»Das mit den Hasen war echt doof von mir, aber ich hatte

so viel in der Schule zu tun.« Unsere Nachbarn hatten mich gebeten, in den Osterferien ihre langweiligen Zwergkaninchen zu füttern. Meistens hatte Mama das dann für mich noch mitten in der Nacht erledigt. Sie wären sonst verhungert, hatte sie behauptet. Übertrieben. Die Spülmaschine räumte ich wirklich nie aus, es fiel mir einfach nicht ein, und wenn ich mal daran dachte, war sie wie von Zauberhand schon wieder leer. Okay, den Schlüssel für die Tür, die von außen in den Keller führte, hatte ich verloren. Konnte jedem passieren, oder? Leider mussten sie dann die ganzen Schlösser austauschen, weil das gleichzeitig auch der Haustürschlüssel war. Immer hatte ich so ein Pech. Ich verdrehte die Augen. Als ob ich das absichtlich machen würde ...

»Die Tierärztin hat schon angerufen, Ringo ist wach, er bleibt noch bis übermorgen zur Beobachtung, aber es geht ihm gut!«

Ich atmete tief durch, und der schwere Kloß, der gestern zwischen meinen Magen und das Zwerchfell geplumpst war, wurde ein bisschen leichter. Gott sei Dank!

»Da ruft diese Frau Doktor sogar am Sonntag an«, sagte Tante Dette. »Was das alles kosten wird! Ob dein Taschengeld dafür reicht, Emma?«

»Das übernimmt die Frau, die ihn angefahren hat«, sagte ich schnell. »Hat sie jedenfalls versprochen.« Jetzt wurde alles wieder gut! Wir konnten uns wieder beruhigen, oder? Nach einem Blick auf mein Handy sank meine Laune noch mehr. Mist. Oscar hatte immer noch nicht zurückgeschrieben. Dabei war er doch so besorgt um Ringo gewesen.

»Wir möchten, dass *du* es bezahlst, Emma.«

Was?! Warum das denn? Mein schlechtes Gewissen wog immer noch mehr als tausend Tonnen und sollte als Strafe eigentlich reichen. »Und wie soll ich das bitte schön zusammenbekommen?«

»Deswegen haben wir entschieden, den Sommerurlaub für dich ausfallen zu lassen.« Papa tauschte einen Blick mit Mama, die bestätigend nickte.

Wie, *ausfallen zu lassen*? Die zwei Wochen Bretagne? War zwar manchmal langweilig dort, aber dennoch gemein, sie zu canceln. »Aber dann habt ihr ja auch keinen Urlaub«, warf ich ein. »*Ihr* findet das da doch immer so toll.«

»Das lass mal unsere Sorge sein. So geht es jedenfalls nicht weiter.«

Boooah, die waren ja echt sauer auf mich. Aber warum denn auf einmal so lange? Konsequent waren meine Eltern sonst nur in ihren stressigen Jobs. Opa Edgar war zum Glück oben geblieben, sein trauriges Gesicht hätte ich nicht gut ertragen.

Ich zuckte mit den Schultern und versuchte, meine Verwirrung nicht allzu sehr zu zeigen. Na und, umso besser, würde ich eben jeden Tag Oscar im Bode-Park besuchen. »Okay, und wie geht es dann weiter? Wollt ihr mich etwa in so ein Strafcamp für asoziale Kinder schicken? Wo ich für fünfzig Cent Stundenlohn Teller waschen muss?«

»Du musst endlich mal Verantwortung lernen, mit deinen fast sechzehn Jahren, das meinen sie!« Tante Dette tunkte ihr Croissant so heftig in die Aprikosenmarmelade, dass die Spitze abbrach. Ich wusste, dass Mama Krümel in der Marmelade hasste, aber sie sagte nichts.

»Wir haben gestern entschieden, dass du mit Dette nach Rom fliegst.« Papa kreuzte seine Arme vor der Brust.

»Was?! Rom? Nein, mach ich nicht!« Ich schnaubte durch die Nase. Und schon gar nicht mit Dette!

»In der Pension gibt es genug zu tun«, erklärte Mama. »Du verdienst das Geld für die Tierärztin und kannst gleichzeitig beweisen, dass man sich auf dich verlassen kann.«

Ich schüttelte den Kopf und sprang auf. »Ihr seid doch bescheuert! Ich kann das Geld für Ringo auch anders verdienen.«

»Ja, wie denn, wo denn?« Die Augen meiner Tante verengten sich zu zwei Schlitzen. »Die Frau Doktor wird das Tier für zwei weitere Nächte dabehalten, die hat sicher das Bein geschient, hat ihn immer unter Beobachtung, das wird eine Rechnung von mindestens 700 Euro, die spätestens in vier Wochen fällig ist. Das verdienst du nicht mal eben, wenn du drüben in dem piefigen Kiosk Gummischlangen verkaufst.«

Ich zuckte mit den Schultern. Was hatte sie gegen unseren schönen Kiosk? Dann eben woanders, ich würde schon was finden.

»Ich bin deine einzige Chance, meine Liebe!« Sogar im Sitzen gelang es meiner superfiesen Tante, arrogant auf mich herabzuschauen.

Pfff. Du bist garantiert nicht meine *einzige Chance*, und ich bin nicht *deine Liebe*, du blöde Kuh!

»Vier Wochen bei mir in der *Casa Romolo e Remo* als Mädchen für alles, Kost und Logis frei, den Rest der Summe würden deine Eltern dir gnädig erlassen.«

Ich funkelte Papa und Mama an. Nicht euer Ernst, oder? Könnt ihr bitte auch mal was dazu sagen? Die beiden schwiegen, wichen meinem Blick aber nicht aus. Ich wette, sie hielten unter dem Tisch Händchen, um das durchzuhalten. Hand in Hand hatte ich sie schon lange nicht gesehen.

»Okay. Nur mal angenommen, ich arbeite für dich, was machst du dann?!«, fuhr ich meine Tante an. »Stehst zusammen mit der supertollen Amalia hinter mir und passt auf, dass ich alles richtig mache?!«

Tante Dette lächelte ihr falsches Lächeln. »Ich würde dir alles zeigen und mich dann zum Schreiben zurückziehen. Ich habe doch diesen Kurzgeschichtenwettbewerb gewonnen und brauche Zeit, um endlich meinen ersten Roman zu beginnen. Ach, Schwesterherz!« Sie umklammerte den Arm meiner Mum. »Die Literaturstiftung hat übrigens auf mein Schreiben reagiert, sie wollen mir aber immer noch nicht die Reisekosten zur Preisverleihung zahlen ...! Bleibt die Hauptpreisträgerin eben zu Hause in Rom, das ist denen anscheinend egal. Unglaublich, oder?«

»Aber du bist doch sowieso hier wegen Edgars Geburtstag«, sagte Mama. »Geh morgen da hin, hol dir deinen Preis ab, in Düsseldorf bist du schnell.«

»Aber das wissen die ja nicht! Nein, nein, ich fliege heute zurück, denn ich möchte schon als Künstlerin ernst genommen werden. Jawohl!«

Ich grinste verstohlen. Ganz schnell waren wir wieder bei Tante Dettes Problemen angelangt. Immer musste sie einen Aufstand machen, diesmal wegen einer albernen Kurzgeschichte ... Doch das war mir ganz recht. Wenn ich mich ruhig verhielte, würden die blöde Rom-Idee und das mit dem Geldverdienen wahrscheinlich in Vergessenheit geraten. Und überhaupt war es völlig bescheuert, zu denken, ich würde heute noch nach Rom fliegen, das war doch nach der ganzen Aufregung viel zu knapp.

Ich stand auf und holte den Krug mit dem Orangensaft vom Küchentresen. Seht her, da habt ihr eure Tochter, die Verantwortung übernimmt und *etwas für die Allgemeinheit tut.*

Doch Papa schien das nicht zu beeindrucken. »Für Dettes Flug um fünf sind noch genügend Plätze frei, ich buche das gleich, du solltest besser nach oben gehen und packen.«

Mir blieb der Mund offen stehen. Wie bitte? Meinte er das wirklich ernst?

»In Rom ist es heiß, nimm luftige Kleider mit. Aber nicht zu kurze!« Dette kaute schon an ihrem zweiten Croissant, was sie nicht davon abhielt, weiterzureden. »Zum Putzen der Zimmer bekommst du einen Kittel von mir, keine Sorge.«

»Ich flieg da nicht hin!«

»Ich glaube, du hast keine andere Wahl«, sagte Mama trocken.

»Nein, hast du nicht.«

Okay, Mum war schon immer die Strengere gewesen, aber Papa!? Der doch nicht. An diesem Morgen hatte er sie allerdings längst überholt.

»So, und jetzt lasst uns schön frühstücken!« Mama tat so, als ob alles in Ordnung wäre. War es aber nicht! Vor allen Dingen, weil jetzt eine Nachricht von Oscar kam.

Hey, alles gut bei dir??? Gehirnerschütterung? Hört sich ja übel an für den Kleinen, wie geht es ihm …

Weiter kam ich nicht. »Handys vom Tisch!«, riefen drei Erwachsene im Chor. Ging's noch? Sogar Dette mischte sich ein. Die mir gar nichts zu sagen hatte.

»Ey, was denn? Das ist wichtig!«

»Emma!«

Ich schnaubte und legte das Handy weg. Sie wollten das also durchziehen, mich nach Rom schicken, mich einfach meiner Tante mitgeben, die nichts von mir wusste und trotzdem überzeugt davon war, mich erziehen zu müssen? Bitte schön, konnten sie haben. Ich würde mitfliegen, aber mich in dieser ewigen Stadt nicht zusammenreißen, im Gegenteil, sobald ich da wäre, würde ich austicken, ausrasten, streiken, alles! Dette und ihre disziplinierte, ach so sportliche Tochter würden froh sein, wenn sie mich am nächsten Tag in den Flieger zurück nach Köln setzen dürften. Zack, wäre ich wieder hier, Mama und Papa sollten mal sehen, was sie von ihrer Idee hatten. Nichts, außer rausgeschmissenem Geld für umweltbelastende Flüge! Dabei waren sie doch solche Ökos. Ich stand auf, schnappte mein Handy und ging hoch in mein Zimmer. In mir kochte es.

Bin gerade echt wütend auf meine Eltern, die wollen, dass ich nach Rom fliege. Heute noch.

Oscars Antwort kam eine Sekunde später.

Waaas?!

Wie süß! In meinem Bauch wurde es ganz warm vor Freude. Ich beschrieb ihm, was bei mir zu Hause los war.

Alles wegen Ringo? Und schon heute?
Dann sehe ich dich ja gar nicht mehr.

Ja eben, genau das ist ja das Allerschlimmste, dachte ich und wusste nicht, ob ich heulen oder lachen sollte, und entschied mich für eine Mischung aus beidem. Ich schrieb mit Oscar, das war bei dem ganzen Drama, das hier gerade stattfand, der einzige Trost und schon ziemlich genial …

Spätestens übermorgen bin ich wieder hier, ich werde meine Tante terrorisieren und Rom verwüsten!

Er schickte mir einen lachenden Smiley und einen Affen, der sich die Augen zuhielt.

Du bringst so was. Da würde ich gerne zuschauen!

Das klang nach Bewunderung und auch flirtig. Mein Herz machte einen Satz, plötzlich fühlte ich mich stark und schön und ziemlich gut.

Muss jetzt trainieren gehen, melde dich.

Sogar ein Smiley dahinter. Ohne Herzaugen, aber immerhin.

Ich schmiss ein paar Klamotten aufs Bett und ging hinunter in den Keller, um meinen Koffer zu holen. *Ich bin mal eben für zwei Tage nach Rom geflogen,* würde ich nach den Ferien erzählen, *bis meine Tante genug von mir hatte.* Eine coole Geschichte, *und so bin ich dann mit Oscar zusammengekommen.* Eine noch coolere Geschichte! Und sie würde wahr werden, ich spürte es! Ich musste nur die richtigen Dinge tun, nur die richtigen Entscheidungen treffen!

3. Kapitel

EMMA FÄHRT (NICHT) NACH ROM

Um halb drei wurde es hektisch, das hörte ich an den schnellen Schritten auf der Treppe im Haus. Rauf, runter, wieder rauf ... Mama riss die Tür zu meinem Zimmer auf und rief übertrieben laut, ob ich denn nun endlich alles beisammen hätte.

»Ich bin *ready*«, sagte ich nur.

Sie hatte schon Luft geholt, um in einen unserer endlosen Streits abzutauchen, doch nun blieb sie mit offenem Mund stehen. »Sorry, Emma, aber mich stresst das auch alles hier!«

Keine Ahnung, was meinte sie genau? Ringos Unfall? Die drei Tage mit ihrer anstrengenden Schwester? Oder die ernsten Blicke, die sie mit Papa tauschte, von denen die beiden wohl dachten, ich bemerke sie nicht? Zwischen ihnen war irgendwas nicht in Ordnung, ich hatte aber noch nicht herausgefunden, was.

»Dein Ausweis ist bei mir«, sagte sie leise. Mist, ich hatte gehofft, dass sie den vergessen würde, doch sie hatte daran gedacht. Ohne den würde mich keine Airline fliegen lassen, ich hatte das gegoogelt. »Gebe ich dir am Flughafen«, fügte sie hinzu, »den solltest du sowieso ab jetzt immer bei dir tragen.«

Ich nickte und schaute sie ohne zu lächeln an, doch in mir war alles ruhig. Erst in Rom würde meine Stunde kommen. Doch dann richtig. Gewaltig. Mama sah mich misstrauisch an, ging aber ohne etwas zu sagen. *Mama!,* hätte ich am liebsten gerufen und mich in ihre Arme geworfen, so wie früher, und sie so lange gedrückt, bis alles wieder gut war, aber das ging in letzter Zeit nicht mehr. War das etwa Erwachsenwerden? Zu kapieren, dass manche Sachen nicht einfach wieder gut wurden, nur weil man sich umarmte?

Kurz darauf rief Papa durch das Haus: »Wir fahren!«

Ich rannte in Opa Edgars Dachgeschoss und schob nun doch noch eine selbst gemalte Karte unter seiner Wohnungstür durch. Ein einzelnes *Sorry!*, mit einem knallroten Herz darum, dann setzte ich den kleinen Rucksack auf und brachte den Koffer hinunter. Mein Portemonnaie hatte ich, Waschlotion und Abdeckstift fürs Gesicht und natürlich Handy und Ladekabel!

Ich stand im leeren Untergeschoss. »Emma!«, rief Papa von draußen. Ja, ja, jetzt warteten die mal wieder alle auf mich und würden deswegen auch gleich auf mir rumhacken.

Ich vertrödelte extra noch einige Sekunden. Auf der Kommode vor dem Spiegel lag eine hässliche rote Geldbörse mit zwei verschlungenen goldenen Buchstaben darauf. Ich ahnte, wem die gehörte. Mamas war es nicht, die Firma war italienisch, und Tante Dette trug meistens Rot. Wahrscheinlich dachte sie, das passt zu ihren dunklen Haaren. Falsch gedacht. Das Rot machte sie nur blass.

Ich sah mich im Spiegel an. Meine dunkelbraunen Haare fielen über meine Schultern, die hellbraunen Augen hatte ich mit Kajal umrandet, die vollen Lippen, die ich selbst ganz gut fand, glänzten vom Lipgloss. »Emma – auf dem Weg nach Rom«, flüsterte ich. *Oh no!* Wenn mir das gestern jemand um diese Zeit gesagt hätte. Unfassbar.

Später dachte ich noch oft an diesen Moment.

Warum hatte ich Dettes blödes Portemonnaie nicht einfach dort liegen lassen?

Ich weiß es nicht. Ich griff eben danach und verließ das Haus.

In diesem Moment wurde es wahnsinnig hell und ein Blitz schickte seine Zacken über den Himmel. Sie kamen bis zu mir herunter, schienen direkt nach mir zu greifen. *Wow, what the* ... Erschrocken zog ich den Kopf ein und sprang zurück unter das Vordach. Mein Herz klopfte, einen Moment lang bekam ich keine Luft, doch dann entlud sich die Spannung mit einem gewaltigen Donnern über uns, und es ging wieder mit dem Atmen.

»Meine Güte!«, rief Papa, er stand geduckt vor dem Auto. »Komm, Emma, schnell!«

»Was war das denn?!«, rief ich, während ich meinen Koffer zu Papa rollte und mich dann mit einem Satz auf die sichere Rückbank rettete. Ich sah zurück, und beinahe war es, als ob ich noch mal unter dem Vordach stand. Eine zweite Emma. Oder Emma hoch zwei.

»Ein Gewitter?« Mama klang genauso überrascht wie ich. »Das war aber nicht vorhergesagt.«

»Köln eben«, sagte Tante Dette neben mir und streckte ihre Hand nach dem Portemonnaie aus, das ich immer noch in der Rechten hielt.

♥

Ich stand im leeren Untergeschoss. »Emma!«, rief Papa von draußen. Ja, ja, jetzt warteten die mal wieder alle auf mich und würden deswegen auch gleich auf mir rumhacken.

Ich vertrödelte extra noch einige Sekunden. Auf der Kommode vor dem Spiegel lag eine hässliche rote Geldbörse mit zwei verschlungenen goldenen Buchstaben darauf. Ich ahnte, wem die gehörte. Ich sah mich im Spiegel an. Wenn mir gestern jemand um diese Zeit gesagt hätte, dass ich schon am morgigen Tag nach Rom fahren sollte, hätte ich nur gelacht. Unfassbar.

»Ha!«, rief ich leise. »Emma auf ihrem Weg, aber nicht nach *Rom*. Nein, liebe Leute!«

Später dachte ich noch oft an diesen Moment.

Warum hatte ich das Portemonnaie einfach dort liegen lassen?

Hatte ich eben. Ich warf nur einen Blick darauf und verließ dann das Haus.

♥

Auf dem Flughafen hetzten wir zum Schalter, gaben Dettes großen und meinen kleinen Koffer auf. Schon hier wollten sie unsere Ausweise sehen. Als meine Tante ihre hässliche Geldbörse zu diesem Zwecke hervorholte, warf sie mir einen Seitenblick zu und presste tatsächlich ein »Danke dir« hervor.

Ich verdrehte nur die Augen. Warum?! Warum um alles in der Welt hatte ich ihr das hässliche Ding auch noch hinterhergetragen? Bereits im Auto hatte ich mich das hundertmal gefragt. Was für ein schöner Moment wäre es gewesen, wenn *sie*, die gut organisierte, megaschlaue Dette, die ja anscheinend nie etwas falsch machte, plötzlich ohne Papiere dagestanden hätte. Zu spät. Unsere Koffer fuhren auf dem Band davon, und wir bekamen unsere Bordkarten.

Vor der Sicherheitskontrolle verabschiedete ich mich von meinen Eltern. Sie drückten mich und versuchten zu lachen, doch ich lachte nicht zurück und schaute sie kaum an. Als klarwurde, dass mir nicht einmal Papa ein paar Scheine Taschengeld zustecken würde, etwas, mit dem ich trotz allem gerechnet hatte, war ich endgültig so verletzt und durcheinander, dass mir die Tränen in die Augen stiegen. Die drei sollten das natürlich nicht sehen, also ging ich schnell durch die Kontrolle.

Gott sei Dank musste ich dann nicht neben Tante Dette sitzen, sondern weit hinter ihr, in Reihe vierundzwanzig. Ich hatte mich wieder beruhigt. Meine Eltern verstanden mich nicht, und ich verstand meine Eltern nicht. War eben so! Also machte ich lieber Fotos von mir auf meinem Fensterplatz und schickte sie als Snapchat herum. Oscar bekam ein lustiges Bild von der Kotztüte vor mir im Sitz, auf der *Alles muss raus* stand. Er schickte mir einen Daumen nach oben zurück, und dann:

Bin im Park, wäre echt schön, wenn du jetzt auch hier wärst.

Oh mein Gott! Ich schrieb sofort an Jana.

OMG! Er hat zurückgeschrieben!!!

Eine Stewardess ging durch die Reihen und kontrollierte, ob wir angeschnallt waren. Sie warf einen strafenden Blick auf das Handy. Ja, ja. Ausgerechnet jetzt musste ich das Ding auf Flugmodus stellen.

Beim Start hörte ich Musik, und als wir über der weißen Zuckerwatteschicht aus Wolken waren, streckte ich mein Gesicht in die Sonne. Wenigstens das, nach dem Kölner Grau. Ich wollte nicht nachdenken. Nicht über meine Eltern, nicht über den armen, gehirnerschütterten Ringo, nicht über mein *Verhalten*, das in letzter Zeit angeblich so furchtbar war. *Pfff.* Dabei waren sie doch selbst alle furchtbar!

Bei der Ankunft in Rom spielte ich kurz mit dem Gedanken, auf dem Flughafen verloren zu gehen, meine Chance stand gut, denn alles war so groß und wahnsinnig viele Menschen liefen an uns vorbei oder kamen uns entgegen. Doch ich war zu müde und spürte, dass ich in der Masse auch leicht Panik bekommen könnte, also trottete ich wie ein Zombie hinter Dette zum Gepäckband. Eine halbe Stunde später folgte ich ihrem roten Koffer, über Rolltreppen und endlos lange Gänge, bis wir an einer Art Bahnhof ankamen. Der Zug stand schon parat, wir ergatterten zwei Sitzplätze, mittlerweile fand ich alles nur noch schrecklich, ich hatte Hunger, und meine Wasserflasche war leer.

Schweigend bot meine Tante mir einen Schluck aus ihrer Flasche an. Nee, lass mal. Niemals. Wir hatten bisher kein Wort miteinander gesprochen. Warum auch?

Ich schaute mir Oscars Bilder auf Snapchat an. Er auf der Mauer, er im Anflug auf eine Reckstange, er auf einem schmalen Geländer. Sah echt toll aus. Ich scrollte mich durch TikTok, doch schon bald hatte ich keinen Empfang mehr. Nach einer halben Stunde mussten wir aussteigen. Draußen war es total warm, ich war viel zu dick angezogen.

»Ab hier sind es nur noch ein paar Minuten, ungefähr eine Viertelstunde.« Dettes erster Satz an mich sollte wohl aufmunternd klingen. Ich stieß nur die Luft aus. *Roma Ostiense* las ich. Scheinbar war ich noch nicht mal im richtigen Rom gelandet. Treppen runter, Treppen rauf, wir latschten die Straßen entlang und atmeten schön die Abgase von Autos, Bussen und Motorrollern ein. Ich hatte wieder Empfang und versuchte, mit dem Daumen an Jana zu schreiben. Irgendwann hob ich den Blick, um ein Foto für Snapchat zu machen. Überrascht hielt ich die Luft an. Boooah, wie sah es denn hier aus?!

Eine Art Torbogen, ziemlich alt und imposant, zwischen noch älteren Stadtmauern und darüber Bäume mit riesigen, platt gedrückten Kronen, lauter Regenschirme, wie kleine Kinder sie malen. Und so viel Platz!

Die Sonne strahlte die weißen Wölkchen auf dem knallblauen Himmel orange an, der Lärm des Verkehrs war ohrenbetäubend, die Menschen, die uns entgegenkamen, redeten laut miteinander, oder mit ihren Handys. Ein Mann trank aus einem Wasserhydranten, der mitten auf dem Bürgersteig plätscherte, jeder schrie jeden auf Italienisch an, *ciao, ciao, tutto bene*? Fast alle Mädchen in meinem Alter, die ich sah, hatten kurze Kleider an, die sich ab der Taille wie ein Ballon aufblähten, und einige trugen viel zu lange Ponyfransen, war das etwa Mode? So würde ich doch nie rumlaufen. Aber irgendwie sah es cool und elegant aus. Die Jungs trugen hochgezogene, weiße Socken in den Sneakern, das war wie in Deutschland. Trotzdem fühlte sich alles ganz anders an als in Köln.

Wir überquerten den Platz, Dette zeigte auf eine komische Pyramide aus weißem Stein. »Das ist die *piramide.*«

Ach, echt? Hätte ich nicht gedacht.

»Darin befindet sich das Grabmal von Cestius Epulo, das ist über zweitausend Jahre alt, sehr interessant, kannst du mal besichtigen, und *Piramide* heißt auch die U-Bahn-Station, die du nehmen musst, um ins Zentrum zu kommen.«

Ich werde weder ins Zentrum fahren noch irgendeinen alten *bullshit* besichtigen, aber danke, dachte ich. Wir zockelten weiter. Die Straße führte anscheinend nur noch endlos geradeaus, wir quetschten uns in eine Straßenbahn und stiegen zwei Stationen später schon wieder aus. Ich schwitzte, ich roch meinen eigenen Schweiß. Ich hatte so einen Durst! Bei meinen Eltern hätte ich mich schon längst wie ein Kleinkind auf den Boden geworfen und gestreikt. Bei Dette traute ich mich das nicht.

»*Testaccio!* Mein Viertel!« Dette drehte sich stolz einmal um sich selbst. Rechts der breiten Straße erhob sich eine Mauer, darüber ein ganzer Wald, ein Berg, mitten in der Stadt. Na klar sah das toll aus, doch dafür konnte Dette ja nun am allerwenigsten, sie tat allerdings so, als hätte sie das Viertel eigenhändig erschaffen.

Mit einem langen Schlüssel öffnete sie das schmiedeeiserne Tor, das in der Häuserwand auftauchte. Wir gingen durch einen Bogen, vorbei an einer altmodischen Pförtnerloge, und standen in einem Innenhof. Meterhohe, abgeblätterte Hauswände, viele schmale Fenster, aber auch zwei große Palmen, eine blühende Hecke, Oleanderbüsche, Blumentöpfe, noch mehr Bäume, darunter einige Motorroller.

»Und hier wohnen wir!« Sie zeigte vage auf den gelb angemalten Kasten, der weiter hinten in diesem chaotischen Garten zu sehen war; auch er hatte einige Fenster und eine Tür, zu der ein paar Stufen hinaufführten. Darüber ein geschwungener Bogen, auf dem *CASA DEI BAMBINI* eingemeißelt war.

»Aber doch nicht in diesem Kindergarten?«, sagte ich ungläubig. Wahrscheinlich kreischten die Kinder ab morgens um sieben hier unten im Hof rum, und ich würde nicht schlafen können.

»Ma si!«

Die Rollen von Dettes Koffer schleiften über den Kies, als sie jetzt auf die Treppe zusteuerte. »Früher war hier tatsächlich mal ein Kindergarten drin, nun wohnen Amalia und ich dort. Drei der Zimmer vermieten wir an Touristen, alle paar Tage kommen neue. Eine kleine Pension, eine winzig kleine, und bald dein Arbeitsbereich, junge Dame!«

Ach, sei doch still. Ich mochte nicht zugeben, dass ich das flache Haus und die Palmen echt schön fand. Ich wollte mich nur noch irgendwo hinlegen und weinen. Aber vorher noch trinken. Und essen. Und auf die Toilette musste ich auch.

In dem gelben Kasten war es dunkel, aber nicht ganz so warm wie draußen, ich ließ alles fallen, denn nun musste ich wirklich sehr, sehr nötig! »Toilette!?« Meine Stimme war hysterisch und viel zu laut, Dette zeigte auf eine Tür, ich knallte sie von innen zu, erledigte das, was am dringendsten war, und hängte mich danach unter den Wasserhahn. Nach gefühlt drei Litern fragte ich mich, ob man das Zeug eigentlich trinken konnte oder ob mir jetzt schlecht werden würde. *Alles muss raus.* Geschähe denen da draußen recht.

In diesem Moment hörte ich meine Cousine Amalia mit ihrer Mutter loslachen, es klang gemein, als ob sie sich über jemanden lustig machten. *Über wen wohl, Emma?*, fragte mich mein Spiegelbild, während ich mir die Hände wusch. Über wen wohl ...

Ich tastete mich über die dunklen Steinfliesen in den einzig erhellten Raum. Die Küche. Jemand sprang auf.

»Hi, Cousine!« Amalia überragte mich um einen ganzen Kopf und drückte mich kurz an ihren mageren Oberkörper.

Sie trug knallroten Lippenstift und tatsächlich den gleichen, sehr schwarzen Bob wie ihre Mutter. Als ob man Dette zu einem dünnen Model, mit Tendenz zur Magersucht, langgezogen hätte, dachte ich.

»Na, von dir hört man ja Sachen.« Amalia *sprach* auch wie ihre Mutter. »Ab morgen kannst du richtig ranklotzen, wir haben großen Zimmerwechsel.«

Ranklotzen? Ich mache gar nichts morgen, dachte ich und setzte mich auf einen Stuhl. Außer zurückfliegen! Irgendetwas auf dem Herd roch köstlich. Ungeduldig wartete ich, bis Dette einen vollen Teller vor mich stellte. »Amalia hat gekocht. Amalia kann hervorragend kochen!«

»Wenn man will, kann man alles«, antwortete die großartig geratene Tochter und drapierte noch schnell ein

Basilikumblatt auf meinen rot gefärbten Nudelberg. Gierig spießte ich die erste Nudel auf die Gabel, kaute und schluckte. Es schmeckte toll, war aber scharf, merkte ich einen Moment später. Aber so richtig!!! Hilfe! Ich riss die Augen auf. Dette und Amalia lachten einstimmig.

»*Penne all'arrabiata,* wütende Nudeln«, sagte Amalia. »ich hoffe, du magst es scharf. Wütend scheinst du ja in letzter Zeit sowieso schon zu sein.«

Ich hasste scharfes Essen. »Ja, nee … alles …« Meine Stimme versagte und meine Augen standen voller Chili-Tränen. Ich trank einen Schluck Wasser, was aber nicht viel half. »… alles gut.« Okay, verstanden. Ich musste mich in Rom nicht nur mit einer, sondern gleich mit zwei Feindinnen herumschlagen.

Tante Dette regte sich immer noch auf, dabei lag der Flughafen schon wieder weit hinter uns. »Mein Gott! Wo habe ich nur mein Portemonnaie gelassen, das haben sie mir gestohlen, eine andere Erklärung gibt es nicht, ich bin doch immer so ordentlich mit meinen Sachen …«

Wer *sie*, die angeblichen Diebe, waren, wollte sie aber nicht sagen. »Und kein Flug morgen nach Rom! Nur übermorgen von Frankfurt mit der Lufthansa und dann dreimal so teuer!« Sie ließ von ihrem Handy ab und wühlte zum tausendsten Mal in ihrer Handtasche herum.

Ich grinste heimlich, denn ich wusste ja Bescheid, doch das ließ ich natürlich niemand im Auto merken.

»Wir werden es finden!« Mama versuchte, ihre Schwester zu beruhigen. »Es liegt bestimmt noch irgendwo im Haus!«

»Das kann nicht sein! So was passiert mir einfach nicht!«

Doch, dachte ich. Zufällig *passierte* es dir und du hast das hübsch hässliche Ding direkt vor dem Spiegel liegen lassen, du Blindschleiche. Dette schnaubte nur.

»Dann geh doch heute zur Preisverleihung«, schlug Mama vor.

»Ach!« Dette schnaubte wieder durch die Nase. Und dann nach ein paar Kilometern gnädig: »Na ja, mal sehen.«

Und so kam es, dass Bernadette Krautwickel (Mama hat nach der Heirat netterweise Papas Nachnamen Lilienthal angenommen und an mich weitergegeben) sich herabließ, noch an diesem Abend der Preisverleihung in Düsseldorf beizuwohnen. Ich dagegen wurde in mein Zimmer geschickt.

»Wir wissen noch nicht, wie es weitergeht«, sagte Papa nur. »Die Bretagne fällt dieses Jahr jedenfalls aus.« Dann ging er hinunter, vielleicht um sich mit Mama zu streiten. Über mich wahrscheinlich. Das machten die beiden jetzt manchmal. Danach war es immer eisig still im Haus.

Ich schaute auf Snapchat nach, wo meine Freunde sich gerade befanden (Oscar war zu Hause), scrollte mich durch TikTok und guckte irgendwas auf Netflix. Als mein Magen laut knurrte, schlich ich hinunter in die Küche. Meine Eltern fanden ihre Tochter zwar gerade unmöglich, doch dass sie verhungerte, wollten sie vermutlich nicht.

Vor dem Kühlschrank hörte ich Mama am Handy reden. Die Küchenuhr zeigte halb zehn. Ich verstand nicht alles, doch es konnte nicht um mich oder Papa gehen, denn Mama sagte Worte wie *Schreib-Workshop, einmalige Chance* und *Buxtehude*. Aha, sie sprach also mit Dette.

»Wenn die Autorin dich einlädt und das fast umsonst ist, warum nicht.« Mamas Stimme klang müde. »Gleich eine ganze

Woche? Und Amalia?« Pause. »Ach, mach dir keinen Kopf, das kriegen wir auch ohne dich hin.«

Ich wusste, damit waren der Plan mit Rom und meine Bestrafung gemeint. Mit einem Stück Käse ging ich wieder nach oben. Dort warf ich mich auf mein Bett und grinste an die Decke, während ich kaute. Rom hatte sich erledigt, Ringo, mein Lieblingshund in diesem Haus, war *safe*, und Oscar hatte mir noch ein Smiley geschickt, einfach so. Das Glück war ausnahmsweise mal auf meiner Seite.

4. Kapitel

GARTENSCHLAUCH-BOY UND LILLY-BABY

Ich erwachte davon, dass laut an meine Tür gedonnert wurde. »Emma, wach werden, neue Gäste kommen!«

Wie, wo, was? Wo war ich? Es war dunkel, ich war müde, und es dauerte ein paar ziemlich lange Sekunden, bevor die Erinnerung an gestern wieder in mein Bewusstsein knallte. Ich war in Rom und sollte hier meine Schulden abarbeiten. Pah. Was für eine miese Strafe. Aber da konnten sie ewig drauf warten, ich würde doch jetzt nicht schon aufstehen! Ich würde heute *gar nicht* aufstehen, sondern in meinem Gefängnis streiken! Denn mein Zimmer war eher eine Zelle, in die nur ein schmales Bett und ein Schrank hineinpassten. Das Fenster konnte man vom Bett aus mühelos erreichen, so winzig war alles. Und es war wie in einem echten Knast vergittert, deswegen hatte ich es über Nacht auch offen gelassen. Ich hörte Vögel zwitschern, ansonsten war es draußen ruhig. Ich öffnete den Fensterladen einen Spalt und schaute mit zusammengekniffenen Augen hinaus. Oben sah ich ein Stück knallblauen Himmel, die Palme wedelte grün im leichten Wind. Wow! Richtig schön. Und so friedlich. Bis auf das Bollern an der Tür. Und das Klackern der Klinke. Gut, dass ich abgeschlossen hatte.

»Emma!«

Mach ruhig weiter, nützt dir auch nichts, dachte ich, und griff nach meinem Handy. 7.30 Uhr. In Köln war es bewölkt und hatte vierzehn Grad. Natürlich noch niemand auf Snapchat. Waren ja Ferien. Ich wollte weiterschlafen, doch ich musste dringend auf die Toilette, also schlüpfte ich fünf Minuten später in eine kurze Hose, schloss leise die Tür auf und schob mich vorsichtig, mit angehaltenem Atem, durch den Spalt.

»Ah, da bist du ja!« Amalia hatte mir aufgelauert und begrüßte mich mit dem fiesen Grinsen von gestern. Einen anderen Gesichtsausdruck schien sie nicht zu kennen. »Da liegen Geld und der Haustürschlüssel, die Pasticceria ist gleich links, ein paar Meter neben unserem Tor. Holst du uns ein paar *cornetti*, zwei mit *crema* für meine Mutter, eins mit *marmellata* für mich, und was willst du? Keine Ahnung«, antwortete sie sich selbst, »aber nicht mehr als zwei, hörst du, und beeil dich.« Sie drehte sich um und verschwand hinter einer Tür.

Danke. Was für ein Start in den Tag. Ihr habt sie ja nicht mehr alle, dachte ich. Doch nachdem ich mir die Zähne geputzt, meine Flipflops und Sonnenbrille übergestreift hatte, griff ich nach Geld und Schlüssel und ging nach draußen. Einfach so. Ungeschminkt, nicht gekämmt … Ich würde natürlich nicht tun, was meine blöde Cousine mir aufgetragen hatte, ich wollte mich nur irgendwo versteckt hinsetzen, mein ungewaschenes Gesicht in die Sonne halten und meine Ruhe haben.

Auf den Stufen vor der Tür empfing mich ein sehr warmer Wind, schon jetzt war zu spüren, dass es ein heißer

Tag werden würde. Von irgendwoher hörte ich ein gemütliches Rauschen, wie Tropfen, die auf Blätter pladderten, und es roch gut, nach nasser Erde. Aber anstatt sich auf die Treppe sacken zu lassen, streckte mein Körper sich wie von selbst und ging die Stufen hinunter, um zahlreiche bepflanzte Terracotta-Töpfe und die grüne Hecke herum, die mich abgeschirmt hatte. Warum nicht eine kleine Entdeckungstour?

Ich sah in eine der Palmen hinauf, in der tausend Vögel tschilpten, und auf die drei knallbunten Motorroller unter ihr. Einer gelb, einer rot, einer orange. Ich sah, dass jemand einen grinsenden Hund mit Sonnenbrille und eine besorgt schauende Katze auf den Radkasten des orangenen Rollers gemalt hatte, in einem Strich, mit einem Lackstift vermutlich. Die beiden sahen witzig aus, wie aus einem Comic. Die Rollerreihe wäre ein cooles Bild für Snapchat, die beiden Tiere ein super Detail, leider lag mein Handy noch in meinem Zimmer. Ich setzte mich halb auf den orangenen Comic-Roller und kontrollierte mein Gesicht im Seitenspiegel. Ausnahmsweise keine Pickel unter dem Pony, gut!

Ich genoss die Stille und die Wärme in der Luft, die meinen Körper von Sekunde zu Sekunde aufzutauen schien. Ausnahmsweise dachte ich mal an gar nichts und wischte mir gerade unauffällig den Schlaf aus den Augen, als mich ein kalter Strahl von hinten traf. »Hey!« Schreiend sprang ich von der Sitzbank. Mein Haar war nass geworden, Mann, ich hasste nasse Haare, und mein T-Shirt war am Rücken durchweicht.

»No!«, sagte jemand hinter mir mit tiefer Stimme. *»Don't touch!«*

»Deswegen muss du mich doch nicht begießen … du blöder …!« Ich blinzelte in das helle Licht und schirmte meine Augen dagegen ab, um zu erkennen, wer der Typ war.

»Sorry!«, sagte er. *»But Vespa, no!«* Nun sah ich ihn besser. In einer Hand hielt er einen Gartenschlauch, aus dem er das Wasser jetzt in einen der Blumenkübel fließen ließ, mit der anderen wackelte er mit dem Zeigefinger, spießig wie Opa Edgar. Dabei wirkte er eigentlich ziemlich jung, dunkle Haare, schulterlang und lockig, ärmelloses T-Shirt, dünn, wenig Muskeln, *pfff,* Parkour konnte der Gartenschlauch-Boy schon mal vergessen … Er war kaum älter und auch nur ein bisschen größer als ich. Und seine Schuhe erst! Sie sahen aus wie die komischen Sandalen, die die Römer immer bei *Asterix und Obelix* anhatten. Das Leder schlängelte sich bis hoch um seine Waden. Wer trug so was denn freiwillig?

Ich zuckte mit den Schultern. Gehe ich eben raus aus diesem Hof, damit der mich nicht weiter nerven kann, dachte ich und formulierte meinen ersten Satz für Oscar im Kopf … *Rom ist furchtbar, hier spinnen alle!* Ich drehte dem Gartenschlauch-Boy meinen nassen Rücken zu, schüttelte mein Haar und spazierte möglichst lässig um ihn herum. Das eiserne Tor stand offen, die Pförtnerloge war nicht besetzt, schon war ich draußen.

Autolärm, knatternde Motorroller, halb Rom schien auf den Dingern unterwegs zu sein. Die Straßenbahn quietschte vorbei, ein Martinshorn quälte mein Gehör mit einem komisch verzerrten *Tatütataa,* das hier ganz anders klang als in Deutschland. Ich ging nach links und machte einen Bogen um den großen Hund, der mitten auf dem Bürgersteig lag. *O Dio,* rief ein Mann in sein Handy, die italienische Version von OMG. Es roch nach Abgasen, aber auch himmlisch nach Gebäck, mein Magen zog sich hungrig zusammen. Da stehe ich morgens um acht in Flipflops und nassem Schlaf-T-Shirt auf einer Straße in Rom, dachte ich. Total *strange*, aber gleichzeitig total egal, hier kennt mich ja keiner. Und auch wenn Amalia mich mit ihrer Zack-zack-los-jetzt-Art nervt, kaufe ich jetzt eben die *cornetti*, wenigstens kann ich dann selbst davon essen.

Der Duft aus der *Pasticceria,* die neben mir auftauchte, haute mich um. Ich betrat den Laden, und schon beim Hinausgehen angelte ich mir das erste Hörnchen aus der Tüte und biss hinein. Eine Explosion aus Vanillepudding, Zucker und süßem Blätterteig füllte meinen Mund. *O Dio,* das Beste, was ich seit langem gegessen hatte. Unglaublich! Ausgerechnet im ewig-blöden Rom.

Und wie kommst du nun weg aus dem ewig-blöden Rom?, fragte ich mich, als ich zurück zum Tor schlenderte. In zwei Tagen wolltest du wieder in Köln sein. Du hast vor Oscar sogar damit angegeben, Tante Dette zu terrorisieren und Rom zu verwüsten.

Okay, das überlege ich später, antwortete ich mir. Erst mal will ich in Ruhe frühstücken.

Doch dazu kam es nicht, denn Amalia riss mir die Tüte aus der Hand, kaum dass ich den gelben Kindergartenkasten wieder betreten hatte.

»Super, wunderbar, und auch nur zehn Minuten später zurück, als ich berechnet hatte. Doch heute Morgen haben wir leider zwei weitaus größere Probleme als deine Langsamkeit, komm mit!«

Sie zog mich an der Hand wieder hinaus in den Garten, dann um die Ecke, durch eine blaue Tür an der Seite des kleinen Gebäudes. Ein paar Stufen hoch, schon standen wir in einer anderen Wohnung. »Das ist unsere Gästewohnung, *La Casa Romolo e Remo*, mit drei Zimmern, *Luna*, *Sole* und *Stella*, und hier geht alles gerade schief. Verdammter Mist!« Amalia sah einen Moment aus, als ob sie gleich anfangen wollte zu heulen (würde sie wirklich?), doch als sie meinen interessierten Gesichtsausdruck sah, fing sie sich sofort wieder. »So! Folgendes!« Sie drängte mich über einen kleinen Flur in die Küche. »Riechst du was?«

Ich schnupperte. »Nein. Sollte ich?«

»Gott sei Dank. Zwei Sachen: Erstens, das WC ist übergelaufen, nur klares Wasser, keine Sorge, ich habe es mit Putzlappen notdürftig gestoppt, muss aber jetzt auf diesen Klempner warten. Das ungarische Paar aus *Stella* ist heute Morgen schon abgereist, *Luna* wird heute um elf frei.«

Na und? Was ging mich das an? Ich schaute auf die Küchenuhr, die über einem alten *Trinkt-Martini!*-Poster vor sich hin tickte. Halb neun, *O Dio*! Da wäre ich in Köln noch niemals wach. Durch die weißen Gitterstäbe konnte man in den Hof gucken. Der Himmel war natürlich immer noch blau, auch die Rollerreihe stand noch genauso bunt unter der Palme. Nur dass der Gartenschlauch-Boy jetzt auf dem orangenen Roller mit den witzigen Tieren saß und Pause machte. Ich weiß nicht, warum, aber ich ging näher an das Fenster und rief: *»Don't touch the Vespa, no!«*, dann duckte ich mich und kicherte.

Amalia seufzte und verdrehte die Augen. »Zweitens: Das kanadische Pärchen mit dem Kind in *Sole* ist krank. Sie haben hohes Fieber, ich habe ihnen schon ein Thermometer gebracht. Das Baby hat nichts. Kein kalter Schweiß, kein roter Kopf. Keine Ahnung, warum es verschont geblieben ist.«

Echt nicht? Du weißt und kannst doch sonst immer alles, Amalia! Mein Grinsen wollte einfach nicht verschwinden. Der Gartenschlauch-Boy guckte bestimmt jetzt noch dumm in der Gegend rum, auf der Suche nach mir.

»Weiß nicht, was daran so lustig ist.« Amalia zog sich rosa Gummihandschuhe über. »Deine Aufgaben werden heute sein, und nun pass auf, denn ich sage Dinge ungern zweimal: Du gehst gleich in die Apotheke und holst ein Fieber senkendes Mittel für die Kanadier, ich schreib dir auf, was du sagen sollst. Dann zeige ich dir, wie du das freie Zimmer putzt und die Betten beziehst, ich kümmere mich um das verdammte Klo und mache es sauber, sobald es wieder funktioniert. Ja, so bin ich, und nun sei froh, dass du das nicht machen musst! Den Dottore Vincenzo habe ich auch schon angerufen, der muss jeden Moment kommen!«

»Wo ist denn Tante Dette?«, fragte ich und schnappte nach Luft. Schon bei dem Gedanken an *Klo putzen*, auch wenn es nicht mehr überlief, wurde mir ganz anders.

»Na, die sitzt oben und schreibt, deswegen bist du ja hier!«

Oben. Aha. Wo war *oben*? Auf dem flachen Kindergartendach? Doch ich kam nicht dazu, das herauszufinden, denn hinter einer der Türen fing ein Kind laut an zu weinen, und Amalia scheuchte mich mit einem Zettel und Geld in der Hand hinaus, zur nächsten *farmacia. Vai, vai!* Ich durfte mich noch nicht mal richtig anziehen.

Eine Viertelstunde später war ich wieder zurück, mit einer Tüte voller Medikamente. Ich war ein bisschen stolz, denn ich hatte alles sofort gefunden, alles sofort bekommen und mich sogar beeilt. Doch Amalia nickte nur.

»Bring du denen das eben rein, das Wasser steigt wieder …!« Sie kämpfte mit Lappen und einem Wischmopp gegen das überlaufende Toilettenbecken an. Ich blieb in sicherem Abstand stehen.

»Hast du schon den Haupthahn abgedreht?« Das hatte ich mal in einem Film gesehen.

»*Porco cane*, nein. Wo soll der sein?«

»Der da oben vielleicht.« Ich wies an die Decke. Und da war er tatsächlich: ein kleiner, unscheinbarer Hahn. Amalia rannte, um eine Leiter zu holen, und ich vermisste mein Handy. Die sprudelnde Toilette im Bad würde ein schönes Video abgeben.

»Los, die Medikamente für die Kanadier!« Amalia ächzte unter dem Gewicht der alten Leiter, die sie aus einer verborgenen Kammer hervorgezerrt hatte.

»Ich soll die denen …? Nee. Dann stecke ich mich vielleicht noch an.« Das Kind weinte immerhin nicht mehr. Gut.

»Einer muss es tun. Jetzt hab dich nicht so!«

Ich warf Amalia den beschwörendsten Blick zu, zu dem ich fähig war. »Dann hilfst du mir aber auch!«

»Klar!«

»Wenn ich hier wegwill?«

»Klar!«, sagte Amalia zum zweiten Mal beiläufig, sie schaute mich nicht an, doch ich lächelte. Eine Verbündete für meine heutige Flucht aus Rom wäre natürlich super hilfreich. Oder spätestens morgen! Leise klopfte ich an die Tür mit dem Schild *Sole.*

»Please!«, kam es von innen. Es klang schwach. Ich öffnete die Tür und räusperte mich. *»Here. This is for you.«* In dem dämmrigen Zimmer war es stickig, schnell legte ich die Apothekentüte auf den kleinen Tisch an der Wand. Die beiden Gestalten in dem Doppelbett waren kaum unter ihren Laken zu erkennen. Am Fußende des Bettes hockte ein kleines Kind auf einem Handtuch, ungefähr ein Jahr oder auch zwei vielleicht, so genau konnte ich das immer nicht einschätzen, es trug nur ein Unterhemdchen und starrte mich mit hellblauen Augen an. Es hatte kaum Haare auf dem Kopf. Junge, Mädchen, keine Ahnung.

»Lilly-*Baby*«, stellte die Frau vor, in wisperndem Englisch fuhr sie fort: *»Sitting on one of your towels, sorry, we were running out of diapers.«*

Hatte ich es richtig verstanden? Sie hatten keine Windeln mehr, deswegen saß das Kind auf dem Handtuch?

»Oh. *That's bad*«, fiel mir nur ein. Sollte ich jetzt etwa auch noch … Nein, oder?

Die beiden stöhnten im Chor und tasteten sich gegenseitig die Stirn ab, es ging ihnen offenbar wirklich schlecht. Ich zuckte bedauernd mit den Schultern. Was konnte ich noch tun? Ich kramte den Satz *»The doctor is coming any minute«*, aus meinem Gehirn hervor.

»Thank you so much, and sorry«, sagte der Mann. Das Kind fing an zu schreien. Es streckte seine Ärmchen nach

mir aus, blieb aber auf dem Handtuch sitzen, dann zog es sich das Hemdchen halb über den Kopf und schluchzte. Ein kleines, kahlköpfiges Unterhemd-Gespenst.

»I take care of Lilly-Baby, if that's okay for you?« Es sollte nur aufhören, diese traurigen Geräusche von sich zu geben!

»Thank you so much!«

Ich nahm das Kind mitsamt dem Handtuch hoch, es hörte vor Erstaunen auf zu weinen. Unauffällig hielt ich es von mir ab, was, wenn es ausgerechnet jetzt musste? Kaum waren wir aus der Tür, strampelte es, schlang die Arme wie ein Äffchen um meinen Hals und machte es sich mitsamt Handtuch und nacktem Popo auf meiner Hüfte gemütlich.

♥

»Was?«, rief Amalia mit hochgezogenen Augenbrauen, als sie mich sah. »Sie haben dir ihr *Kind* gegeben? Dann muss es ihnen echt noch schlechter gehen, als ich dachte!«

»Darf ich vorstellen, Lilly-Baby!« Ich ließ das Kind auf meiner linken Hüfte hüpfen. Es gluckste vor Freude.

Amalia sah mich an. Konnte ich einen Ausdruck der Bewunderung für mich in ihren Augen entdecken? Wohl eher nicht. Gemeinsam standen wir vor dem Bad, in dem ein großer Mann vor der Toilette kniete, sein rechter Arm bis zum Ellbogen verschwunden.

»Und jetzt?«, fragte ich, doch dann merkte ich, wie es an meiner linken Seite nass und warm wurde. »Aaargh … na super, sie hat … *arrivederci*, Schlaf-T-Shirt!«

Lilly-Baby zeigte lächelnd ihre zwei einzigen Zähne im Unterkiefer, sie klebte buchstäblich an mir.

»Badewanne. Drüben«, sagte Amalia.

Ich schüttelte den Kopf. »Und wenn das Wasser da auch abgestellt ist?«

»Probier's aus! Mach dich und das kleine Wesen nur irgendwie sauber. Und dann geh mit ihm Windeln kaufen.«

Windeln kaufen? Ich? Mit dem Lilly-Kind? Mann, was denn noch!?

»Wo bekomme ich die denn her? Meinst du, der komische Billigladen mit den Sonnenhüten und dem Plastikspielzeug nebenan hat welche?«

»Der doch nicht! Die gibt es auch in der Apotheke, in der du gerade warst.«

Dafür bekomme ich aber was, signalisierte ich Amalia mit den Augen.

Ja, ja, sie klopfte mir zweimal auf die freie Schulter. »Nun los!« Ich setzte mich gerade in Bewegung, da öffnete sich die Tür von *Luna* und ein Paar schaute heraus. Groß, rosig, vermutlich deutsch, mit vorwurfsvollem Blick. »Oje, was ist denn hier los, ist das Bad besetzt? Wir würden gerne duschen.«

»Wir haben eine kleine Panne mit dem WC, sind aber sofort fertig!« Amalia lächelte charmant. Wie schaffte sie das? »Darf ich Ihnen in der Zwischenzeit einen Kaffee machen oder einen Tee?«

Das Paar nickte gnädig und warf einen Blick auf mich und *little* Lilly-Baby. »Ach, das ist der Schreihals von nebenan! Das war ja heute Nacht ein Getöse! Wir haben kein Auge zugetan!«

Ja, sorry, das ist nicht meins, wollte ich sagen, wurde aber durch einen strengen Blick von Amalia gestoppt. Also begab ich mich schnell die Stufen hinunter, doch bevor ich die blaue Haustür erreichte, klopfte draußen jemand. Ich öffnete.

»*Hello, here we are. Can we come in?*« Zwei ältere Typen mit zwei schicken kleinen Koffern standen im Hof. Ihrem Akzent nach kamen sie aus Frankreich.

»Äh … *yes, no, I don't know*«, stammelte ich.

»*Welcome guys*«, Amalia rauschte an mir vorbei und begrüßte die beiden. »*Excusez-moi!*« In recht flüssigem Französisch erklärte sie, dass das Zimmer erst ab 15 Uhr frei sei. Natürlich. Neben Deutsch und fließendem Italienisch konnte die tolle Amalia auch Französisch. War ja klar.

Die Herren protestierten. »*Nous sommes fatigués!*«

Ach, ihr seid *müde*, Jungs, ratet mal, wer noch, dachte ich.

»Es tut mir leid, Check-in erst ab 15 Uhr. Aber Sie können natürlich Ihr Gepäck bei uns …« Weiter konnte ich Amalias französischen Erklärungen nicht folgen, denn schon schleppte ich Lilly über den Kies des Palmengartens ins Haus. Drinnen setzte ich sie mitsamt Handtuch in die altmodische Sitzbadewanne. Vorsichtig prüfte ich an der Handdusche, ob wir Wasser hatten. *Yes!* Perfekt.

Erst duschte ich ihren Popo ab, dann ließ ich Wasser ein. Lilly schaute mich die ganze Zeit an und sagte keinen Ton. »Etwas Schaum gefällig?« Ich rührte Flüssigseife ins Wasser, bis große weiße Flocken entstanden. »Aber nicht essen!« Dann ließ ich die blaue Kappe von einem Deoroller ins Wasser fallen und warf eine Haargummispirale aus Plastik hinterher. »Mehr Spielzeug haben die in Rom nicht. Blöde Stadt eben.« Doch Lilly patschte freudig auf das Wasser und versuchte, die beiden Teile zu erhaschen. Ich zog mein nicht nur Gartenschlauch-nasses, sondern nun auch Pipi-nasses T-Shirt aus, kreuzte die Arme vor der Brust und betrachtete das Kind von oben. Seine Haut warf süße Speckfalten an der Seite und am Bauch. Ich grinste. Es gab Hunde, die auch so aussahen. Plötzlich kippte die kleine Lilly um, und ich warf mich auf die Knie und grabschte hektisch nach ihren Ärmchen, bevor ihr Gesicht unter Wasser kam. Hilfe! Ich sah wieder Ringo vor mir, leblos auf dem Asphalt, und mein Magen krampfte sich vor Scham und Sorge zusammen, wie immer, wenn ich an ihn dachte. Ich setzte das Mädchen auf und streichelte ihm über den nassen, schaumgekrönten Kopf. Es hatte nur erstaunt den Mund aufgerissen, weinte aber nicht. Glück gehabt – eine Katastrophe, wenn diesem Kind etwas passierte!

»Weißt du, was – mach mal bisschen Platz!« Ich streifte auch meine Hose ab, setzte mich in die winzige Wanne und klemmte das glitschige Baby mit den vielen Hautrollen zwischen meine Schienbeine, damit es nicht wieder umfiel … Es gurgelte entzückt und bohrte seine kleinen Finger mit den winzigen Fingernägeln in meine Haut. Verdammt, warum hatte ich mein Handy nicht endlich aus dem Zimmer geholt? Das wäre doch eine echt gute Story. *Rom, ungefähr 9 Uhr? Mit Lilly-Baby in einer uralten römischen Wanne …* Ich grinste das kanadische Baby an.

WTF, Emma, würden alle schreiben. *Wie cool. Mega. Was tust du da?!*

Erst halb neun, ich war viel zu früh aufgewacht, obwohl Ferien waren, obwohl mich niemand geweckt hatte, nicht mal das Montagmorgen-Müllauto. Sofort fiel mir wieder alles ein, als ob jemand in meinem Gehirn grelles Licht angeschaltet hätte. Die Sache mit dem Unfall, und auch der schwere Klotz, der auf meinen Magen drückte, war wieder da, die hohe Rechnung der Tierärztin, die ich mit irgendeinem Job abstottern sollte, aber ich wusste auch: Rom würde ausfallen, denn Tante Dette war weg. Unterwegs zu einer Woche mit anderen Möchtegern-Schriftstellerinnen, irgendwo am *culo* der Welt. Was *culo* bedeutete, wusste ich noch aus dem wenigen Italienisch-Unterricht, den ich in der achten Klasse genossen hatte. Amalia konnte sich weitere Tage allein mit irgendwelchen Gästen und ungeputzten Zimmern rumschlagen. Das würde die Super-Tochter ganz prima hinbekommen, da war ich mir sicher. Ich grinste an die Decke meines Zimmers und streckte mich wohlig. Das Bettzeug roch beruhigend nach Weichspüler und mein langes Schlaf-T-Shirt auch.

Wie genial, das Haus gehörte nun wieder uns, und ich konnte mich auf Oscar konzentrieren. Ich angelte nach meinem Handy. Wo steckte der an diesem grauen Morgen? Noch zu Hause, das sah ich auf der Map.

Ob Mama und Papa immer noch darauf bestehen würden, dass ich mir einen Job suchte, um das Geld für Ringos Behandlung zu verdienen? Wenn ich es nicht erwähnte, würden sie es vermutlich vergessen. Sie gingen jeden Morgen los, um acht oder zehn Stunden am Stück zu arbeiten. Mama zu *Gruber & Sohn*, einer Architekten-Gemeinschaft, wo sie auf riesige Displays mit Plänen starrte. Alle im Team trugen Designerjeans und hippe T-Shirts mit dem Aufdruck von Bands. Mama auch. Die wollten alle nicht alt sein … Aber sie *waren* alt. Die Bands kannte nämlich leider niemand mehr außer ihnen.

Papa war als Graphiker selbständig. Auch er hatte ein Büro in der Innenstadt von Köln und entwarf den ganzen Tag Logos für die Firmen anderer Leute.

Abends saßen sie dann gestresst beim Essen. Und redeten, aber auch nur wieder über ihre Jobs. So viel arbeiten? Das konnte ich mir echt nicht vorstellen. Schule war ja schon ätzend genug, aber da hatte man wenigstens ab und zu Pause.

Ich drehte mich wohlig grunzend noch mal um. Ob unser Urlaub in der Bretagne wirklich ausfallen würde? Vielleicht ja auch gar nicht wegen mir? Meine Eltern hatten sich gestern noch ziemlich gestritten, nicht laut, aber dafür mit so eisigen Stimmen wie nie, ich hatte es durch die Wohnzimmertür gehört. Worüber redeten sie eigentlich? Die sollten sich gut verstehen, und fertig, mehr wollte ich gar nicht wissen. Wenn sie sich küssten, schaute ich weg, aber das taten sie sowieso nicht mehr so oft. Wenn sie sich noch lieben würden, bekämen wir womöglich … aber für einen kleinen Bruder oder eine Schwester waren sie schon zu alt, oder?

Obwohl, Mays Mutter hatte auch noch eins bekommen. Und die war ähnlich alt wie Mama, schon über vierzig. Aber ein Baby in der Familie? Wäre ich überhaupt eine gute große Schwester? Vermutlich würde ich das nie herausfinden.
Ich seufzte. Was sollte ich mit dem heutigen Tag anfangen? Plötzlich lag der Sommer endlos, wie eine öde weiße Fläche vor mir. Wenn wir nicht wegfuhren, hatte ich nichts zu tun.

Außer sich Oscar zu klären, sagte eine Stimme in meinem Kopf, die verdächtig nach meiner Freundin Jana klang. Aber wie?, fragte ich mich. Ohne meinen wunderbaren Ringo kann ich ja nicht schon wieder im Bode-Park auf dem Parkour-Feld auftauchen. Es sei denn, Oscar fordert mich auf, dort vorbeizugehen. Soll ich Jana fragen, ob sie mitkommt? Aber die mag seine Kumpels noch weniger als ich, und außerdem fliegt sie morgen schon in die Türkei. Und was soll ich mit ihm reden, und was soll ich anziehen? Ich zog mir die Decke über den Kopf. Keine Lust, diesen Tag überhaupt erst zu beginnen…

5. Kapitel

GROSSE UND KLEINE FLUCHTEN

Ich hob Lilly sehr lebendig und nach Schaum duftend aus der Badewanne, trocknete sie auf meinem Bett ab, wickelte sie in mein kürzestes T-Shirt und band es mit einem Tuch um ihren kleinen Trommelbauch fest. Die windellose, sehr süße Glatzenträgerin trug jetzt immerhin ein schickes Kleid. Ich schleppte sie zwei Straßen weiter bis zur Apotheke, und hoffte, dass sie unterwegs nicht wieder auslief.

Die Straßen waren belebt, es roch nach Kaffee, von irgendwoher wehte Akkordeonmusik, man winkte mir zu, und jeder, wirklich jeder, machte einen Spruch über das Baby auf meinem Arm und blieb stehen, wollte es knuddeln und berühren … *Che bella, che carina!*, wie schön, wie süß – die Menschen schienen hier Zeit für so was zu haben. Sie liefen auch nicht besonders schnell, sondern schlenderten eher durch ihr Viertel, immer auf der Suche nach einem kleinen Schwätzchen.

Ein paar Minuten lang fühlte ich mich wohl und tat so, als sei ich hier zu Hause. Eine Römerin in ihrem Viertel mit ihrer winzigkleinen Schwester … Doch wenig später war ich ganz froh, das kleine Mädchen trocken und sauber bei seinen Eltern abliefern und mit einer frischen Windel versehen in das Reisebettchen legen zu können.

»*Ciao ciao*, Lilly-Baby.« Es sah mich von unten an, schloss die Augen und schlief sofort ein. Die Eltern flüsterten auf Englisch, der Doktor sei da gewesen, und habe ihnen eine Spritze gegeben. Das Fieber müsste jetzt bald sinken. Für mich gab es ein ziemlich erschöpftes, aber doppeltes *Thank you!*. Ein großartiges Gefühl durchströmte mich, erleichtert und ziemlich stolz. Leise schloss ich die Tür hinter mir.

»Da bist du ja endlich«, empfing Amalia mich. »Wir müssen *Stella* und *Luna* putzen.«

Stella und *Luna* putzen, das hieß, staubsaugen, wischen, Betten abziehen, frische Laken aus der Kammer holen, Betten wieder neu beziehen, staubwischen. Nach einer Stunde tat mir der Rücken weh, und ich hatte immer noch nichts gegessen, außer einem *cornetto*.

Irgendwann beschwerte ich mich und durfte mir tatsächlich einen Tee in der Küche machen. Amalia kochte sich einen Espresso und erklärte mir, welche Teller und Gläser in welche Schränke gehörten, was die Gäste immer zurückließen (das billigste italienische Bier und Kartons mit halb aufgegessenen Anchovis-Pizzen), und wie oft man den Kühlschrank mit Essigreiniger auswischen müsste, damit es darin nicht schimmelte.

Ich rollte mit den Augen. »Ja, toll, aber was geht mich das an? Ich bin doch spätestens morgen weg.«

»Du willst wirklich zurück?«

»Ja klar. Hier bleibe ich nicht.« *Und du wolltest mir dabei helfen, Super-Cousine. Hast du das etwa schon vergessen?!*

»Gibt es denn Flüge? Ab morgen streiken die Fluglotsen«, sagte Amalia beiläufig, während sie immer noch mit dem verdammten Kühlschrank und dem Essigreiniger beschäftigt war.

»Echt?! Dann fliege ich heute.«

Ich rannte hinüber in mein Zimmer, holte endlich mein Handy und checkte die Webseiten. Aber alle Flüge nach Köln oder wenigstens Deutschland waren natürlich schon heute Morgen gestartet. Um neun, um zehn hätte ich locker direkt nach Köln entschweben können, aber nein, ich musste ja mit kanadischen Babys ein Bad nehmen. Ein Flug ging noch um 20 Uhr nach München, aber der war superteuer. So viel Geld hatte ich nicht auf meinem Konto.

Schnell wischte ich mir die blöden Tränen weg, die meine Augen plötzlich überfluteten, doch Amalia beachtete mich gar nicht, sondern pustete auf ihren Espresso, bevor sie ihn mit einem Schluck hinunterkippte. Mit zwei Bissen verschlang sie daraufhin das *cornetto*, kaute ordentlich den Mund leer und tupfte sich die knallroten Lippenstiftlippen mit einem Kleenex ab. »Zur Not setzt du dich in den Zug.«

»Ach ja! Züge gibt es ja auch noch!!!« Beinahe wäre ich aufgesprungen und hätte meine Cousine umarmt.

»Nachtzug, heute um 20.17 Uhr ab Termini, morgen früh einmal in München umsteigen, nachmittags um 14 Uhr bist du in Köln.«

Danke, du lebender Fahrplan! Ich strahlte sie an. Dann checkte ich schnell, ob mir jemand auf Snapchat geschrieben hatte. Na klar, ich hatte super viele Nachrichten, doch zunächst war nur eine wichtig! Yesss, Oscar hatte mir geschrieben. Gleich zweimal. Die erste:

Wann kommst du?

Und dann noch:

Hier ist es langweilig, lass uns deinen süßen Ringo-Hund mitnehmen und Eis essen gehen!

Er wollte mit mir und Ringo Eis essen gehen! Mir wurde ganz heiß im Brustkorb, und ich bereute noch einmal, dass ich keine Fotos gemacht hatte. *Muss erst noch Roller fahren lernen und Lilly das Schwimmen beibringen*, oder irgendwie so was hätte ich dazu schreiben können. Das wäre echt cool gewesen. So schrieb ich nur:

Eisessen, morgen Nachmittag um drei? Wenn mein Zug pünktlich ist …

♥

Okay, heute Abend also Flucht aus Rom. Um halb sieben würde ich mich auf den Weg machen. Mit der U-Bahn war ich zwar in weniger als elf Minuten am Bahnhof Termini, ich hatte das nachgeschaut, aber sicher ist sicher. Denn ich musste mich ja auch noch an einen Schalter stellen und ein Ticket kaufen. Ich war aufgeregt, fühlte mich aber sehr erwachsen!

In der *Casa Romolo e Remo* ging es unterdessen weiter. Immer wenn ich dachte, jetzt habe ich aber echt genug getan, kam die Vorzeige-Tochter wieder mit irgendeiner

Aufgabe für mich um die Ecke. Den Boden im Flur wischen, die Lampen abstauben, die Bettwäsche falten.

»Noch bist du hier und arbeitest deine Schulden ab, wenigstens für einen Tag«, sagte Amalia mitleidslos. Ihr schwarzer Bob glänzte, ihr weißer Kittel sah trotz unserer Schufterei noch makellos aus. Ich hatte mich geweigert, so ein Teil anzuziehen.

»Und wo ist Tante Dette?«

»Die schreibt.«

Lustlos wischte ich mit meinem Lappen über den bereits blitzblanken Tisch. Wir hatten auch die Küche in der Wohnung von Dette und Amalia geputzt. Und das Bad, und den Flur …

»Sie hat sich bei Andrea oben im dritten Stock ein Zimmerchen gemietet«, erklärte Amalia. »Der ist auch ein *poeta*, läuft zumindest immer mit wichtiger Dichtermiene rum. Die wird sich hier unten nicht blicken lassen, bevor sie nicht ihr Pensum geschafft hat. Vier Seiten täglich von der großen Familiensaga. Meine Mutter wird etwas Grandioses erschaffen.«

Aber ja. Mindestens. »Bezahlt sie dich denn auch? Du arbeitest den ganzen Tag!«

»Sie hat mir gesagt, sie findet eine Lösung, damit ich diesen Sommer endlich mein Reitabzeichen machen kann.«

Aha, die Lösung war ich, die dumme Emma, die nicht mal auf einen Hund aufpassen konnte. Erst jetzt ahnte ich, wie wunderbar der Unfall und meine Unaufmerksamkeit in Dettes Pläne gepasst hatten. Aber die dumme Emma würde heute Abend nicht mehr da sein. Ich grinste und las, was meine Eltern mir in diesem Moment schrieben.

Gib dir bitte EIN MAL Mühe, und mach, was Dette dir sagt!

(Mama)

Du wirst das sehr gut hinbekommen, ich vertraue dir!

(Papa)

Ich schüttelte den Kopf. Wussten die überhaupt noch, was ich dachte oder was ich wollte? Früher war das einfach gewesen: Ich hatte etwas erzählt, mir etwas gewünscht, mich ganz doll über etwas gefreut, und die Sache war klar für sie. Heute kapierten sie nicht mal die einfachsten Sätze von mir. Wann war das verloren gegangen?

Gelangweilt trieb ich mich ein paar entspannte Minuten auf TikTok herum, bis Amalia eine neue Aufgabe für mich gefunden hatte: die Haustür vom *Casa Romolo e Remo* feucht abwischen, von innen und außen. Die Haustür!!! *Dio*, wer machte denn so was?

Aber egal, noch anderthalb Stunden, dann würde ich Zahnbürste und durchweichtes Schlaf-T-Shirt ins Rollköfferchen schmeißen und hier abhauen. Tante Dette würde in ihrem Schreibrausch noch nicht einmal etwas davon mitbekommen.

Wieder checkte ich meine Bahnverbindung, doch dabei entdeckte ich in der App, dass mein Zug, *oh no*, nicht nur der, dass *alle* Züge ausgebucht waren. Neiiin! Das durfte nicht sein!

Ich fragte Amalia um Hilfe, die mit den Augen rollte, bevor sie gnädig in ihrer italienischen App nachschaute.

»Tja, sieht so aus«, murmelte sie. »*Keine Sitzplatzreservierungen möglich.* Alle, die nicht fliegen können, weichen wahrscheinlich auf die Bahn aus.«

»Egal, ich werde mich da irgendwie noch mit reinquetschen!« Ich musste morgen mit der wichtigsten Person der Welt Eis essen gehen!

»Du kannst kein Italienisch, oder?«, fragte Amalia mich. Oh Wunder, hatten wir plötzlich Zeit für einen kleinen Talk? Offenbar. Der Fensterwischer lag still in ihrer Hand.

»Na ja. In der Achten habe ich das Fach sogar gewählt und war gar nicht so schlecht.«

»Wie schön, und hast es dann hoffentlich weiter betrieben?« Jetzt klang sie wie eine dieser Erwachsenen, die meinten, die Antwort schon zu wissen, bevor sie fragten.

Ich starrte auf die blaue Haustür. »Nee. Irgendwie keine Lust drauf gehabt.«

»Hach, aber dann erinnerst du dich ja an nichts mehr«, stellte Amalia auf Italienisch fest. Klar, sie wollte mich prüfen.

»Doch«, murmelte ich auf Deutsch.

»Hey, das hast du verstanden!«

»So schwer war der Satz nun auch nicht zu übersetzen.«

»Bleib doch hier, in ein paar Wochen bist du richtig gut! Meine Mutter hat schon in der Sprachschule nebenan gefragt, ob die noch einen Platz für dich haben. Du könntest nachmittags einen Kurs machen, zwei Stunden, umsonst!«

»Ich möchte aber nach Hause! Ist echt wichtig!«

»Na gut, wenn du meinst, dass das die richtige Entscheidung ist …«

»*Certo!*« Ich war mir ganz sicher.

♥

Am Bahnhof war es so voll, dass ich mal wieder Panik bekam. Menschen drängten sich rücksichtslos aneinander vorbei und stießen sich ihre Koffer in die Hacken. Ich kam nur langsam voran, während ich nach den Ticketschaltern suchte. Zufällig stieß ich auf drei lange Schlangen, wollten die etwa alle ...? Ich schaute ängstlich auf die große digitale Uhr über mir. Gott sei Dank hatte ich noch über eine Stunde Zeit! Dann musste ich nur noch Gleis 23 finden. Ich wählte die mittlere Schlange, doch wie sich herausstellte, war das war mal wieder eine doofe Entscheidung, sie rückte viel langsamer vorwärts als die anderen. Fünfundvierzig Minuten später war ich endlich dran. Fast. Doch dann wollte die Dame vor mir nicht glauben, was der Mann hinter dem Schalter ihr erzählte, sie schrie »Nooo!« und gestikulierte wild herum. Auch rechts und links hatte ich immer wieder die Worte *mi dispiace, niente biglietti – sorry, no tickets!* gehört.

Mann! Ich trat aus der Reihe und stapfte wütend in die Richtung, in der ich Gleis 23 vermutete. Fuhr ich eben schwarz, das sollte mal einer kontrollieren, wenn ich erst an Bord war, würde mir schon etwas einfallen!

Und richtig: Gleis 23 war nicht weit, ich sah auf die Uhr, noch fünfzehn Minuten, bis der Zug nach München abfuhr, dort musste ich in dreizehn Stunden umsteigen. Ich hatte es fast geschafft, da sah ich eine Sperre, die jemand vor dem Bahnsteig errichtet hatte, mehrere Typen in dunklen Uniformen kontrollierten jeden Reisenden. Was??? Die ließen mich da nicht durch?! Was war das denn für ein bescheuertes Land? Alle streikten, und die, die mal hätten streiken sollen, taten freiwillig ihre Arbeit? Ich seufzte tief. Unfassbar! Ich kam nicht in den Zug, ich kam hier nicht weg. Sollte ich etwa wieder zurück zu Fake-Schriftstellerin Dette und Putzkönigin Amalia? Niemals! Aber was sonst, wenn ich Italien nicht verlassen konnte? Wo sollte ich bleiben?

Nach einer halben Stunde in dem Menschengewühl war ich so verschwitzt, konfus und allein, dass mir der gelbe *Romolo-e-Remo*-Kasten wie ein Paradies vorkam. Dort hatte ich ein Bett und konnte eine kühle Dusche nehmen. Würde ich eben morgen … Mein Telefon klingelte. Mama! Ich presste die Lippen aufeinander, um nicht loszuheulen, so fertig war ich.

»Jooah, geht mir ganz okay.« Mit diesem Satz beantwortete ich ihre vielen Fragen. Mich hatte nur gerade so ein bärtiger Typ verfolgt, der mich erst seltsam anschaute, dann meinen Rucksack für mich tragen wollte, was ich natürlich ablehnte, und schließlich fünf Euro für Essen von mir verlangte, fünf!, was für Preise in Rom, nur damit er mich in Ruhe ließ. All das sagte ich natürlich nicht, stattdessen: »Und bei euch, ist Ringo wieder zu Hause?«

War er. Doch bevor ich von meinen Rückreiseplänen erzählen konnte, kam meine Mutter mit einer anderen Neuigkeit hervor. »Wir nehmen uns eine Auszeit, Emma. Wir fahren schon jetzt in das Häuschen in der Bretagne. Papa und ich brauchen das, wir haben ein paar große und ein paar kleine Probleme, wir müssen das in Ruhe klären.«

Ohne dich. Etwas in meinem Brustkorb krampfte sich zusammen. Das meinte sie doch damit. »Habe ich dann demnächst getrennte Eltern und zwei Zimmer, eines bei jedem von euch?«

»Darum geht es ja gerade, wir wollen das wirklich hinbekommen. Aber wir müssen daran arbeiten, und umso schöner ist es, dass du in Rom gut aufgehoben bist!«

»Ich bin hier überhaupt nicht gut aufgehoben!« Wieder stiegen mir die Tränen in die Augen. Das vierte Mal innerhalb von vierundzwanzig Stunden, wenn ich richtig mitgezählt hatte.

»Dette hat gesagt, du hättest dich sehr gut gemacht am ersten Tag.«

Dette hat keine Ahnung, die weiß nicht einmal, wo ich bin, hätte ich beinahe gerufen.

»Bist du irgendwo am Bahnhof? Es hört sich so laut an.« Mama klang nicht die Spur besorgt.

»Ja, nein, ach, egal. Kann ich nicht zurückkommen und in der Zeit auf unser Haus aufpassen?«

Du??? Sie sagte es nicht, doch ich spürte, dass meine Mutter es dachte, denn sie druckste eine Weile herum, bevor sie antwortete. »Wir haben das Haus für die nächsten zwei Wochen an eine Familie aus Schweden vermietet, über dieses Portal, bei dem Dette auch ist. Das ging ganz einfach.«

»Was? Warum macht ihr so was?« Jetzt flüsterte ich nur noch in mein Handy, so entsetzt war ich. »Etwa auch mein Zimmer?!«

»Nein, dein Zimmer schließen wir ab.«

»Na super, ihr habt alles schon ohne mich geplant!« Die Gegend um mein Herz herum krampfte sich zusammen. Nun hatte ich nicht mal mehr in Köln ein Zuhause!

»Ach, Emma. Wir versuchen doch auch nur …«

Ja, ja, ja. »Grüß Papa von mir«, unterbrach ich sie mitten im Satz, »und vielen Dank!« Ich legte auf und merkte, dass ich zitterte, so verletzt war ich. Was dachten die sich eigentlich? Dann schaute ich auf die Bahnhofsuhr. 20.42 Uhr. Allein. In Rom. Zurück also in den gelben Kasten. Beinahe war ich dankbar, dass es ihn gab. Vorher schrieb ich aber noch an Oscar.

> Habe hier echt einen riesigen Aufstand gemacht, darum streikt heute ganz Italien … und die lassen mich nicht zurück.

Dazu schickte ich ihm ein Foto von der Anzeigetafel, auf der auch irgendwas mit Streik – *sciopero* – stand.

In der Linie B sah ich alle paar Sekunden auf mein Handy, aber Oscar antwortete nicht. Ich war in einer fremden Stadt. Einsam. Unglücklich. Und gleich wieder im vergitterten *Romolo-e-Remo*-Knast.

Es war schon fast 9 Uhr und immer noch total hell! Wie cool! Ich saß im Bode-Park und mit wem?! Mit Oscar. Das war natürlich noch viel cooler. Es war nicht wirklich warm, doch wir quatschten und tranken Bier, das Oscar am Kiosk gekauft hatte, denn er war ja schon sechzehn. Bier war mir eigentlich zu bitter, aber das sagte ich nicht. Nachdem ich den ganzen Tag nur rumgelegen, Netflix geglotzt und mich vor Opa Edgar unsichtbar gemacht hatte, war dieser

Abend eine echte Überraschung! Oscar hatte mich einfach gefragt, ob ich noch vorbeikommen würde, und da meine Eltern sowieso irgendwo spazieren waren (warum spazieren, um diese Uhrzeit?), war ich natürlich hingegangen. Ich hatte ja keinen Hausarrest oder so was.

»Wann kommt Ringo zurück«, fragte Oscar in diesem Moment. Er war allein gewesen, als ich kam. Keine Kumpels weit und breit zu sehen. Hatte er extra auf mich gewartet? Ich fragte nicht, hoffte aber, dass er das getan hatte.

»Morgen.«

»Und hast du irgendeine Strafe bekommen, jetzt wo du nicht nach Rom fahren musstest?« Oscar knibbelte an dem Etikett der Bierflasche herum.

»Nein, keine Ahnung. Nur dass ich meinen Opa unterstützen soll. Aber da es niemand für nötig gehalten hat, mir zu erklären, was genau ich tun soll, habe ich das mit der Unterstützung heute erst mal gelassen.« Ich lachte und freute mich, als Oscar mitlachte. Dabei hatte ich ein schlechtes Gewissen wegen des Hundes und überhaupt keine Lust auf den morgigen Tag. Ich sah mich schon oben bei Opa Edgar rumstehen, und die Zeit würde nicht vergehen. Opa war still, las jede Menge Bücher, und seltsame Musikinstrumente baute er auch, die hingen an den Wänden, aber er spielte nie darauf.

Das Flutlicht ging an. Die Jahnwiesen wurden beleuchtet, ein paar Hobbymannschaften spielten Fußball, von drüben hörte man die Skater-Mädchen und -Jungs durch die hell angestrahlte Half-Pipe rauschen. Die Räder der Boards knallten auf den Beton und ab zu legte sich einer von ihnen hin. Es fing an zu nieseln, ausgerechnet jetzt. Toller Sommerabend, danke.

»Komm, wir gehen zu dir.« Hatte Oscar das wirklich gerade gesagt? »Nee, Spaß!« Er grinste.

Mir fiel trotzdem keine Antwort ein. Konnte ich einfach so einen Jungen mit zu mir nehmen?

»Aber hier werden wir sickig nass.«

Ich lachte und fühlte mich gleich besser. Oscar benutzte immer so witzige Wörter. Er kam aus Husum, total aus dem Norden, das hörte man immer noch. Plötzlich nahm er meine Hand, zog mich von der Bank und lief mit mir über den Rasen.

Ich laufe über den Rasen mit Oscar, konnte ich nur denken. *Hand in Hand!* Wir rannten bis zu dem Spielplatz, bis vor die Betonröhre. Als ich klein war, hatte ich hier immer mit den Zwillingen gespielt, nun waren meine Beine mindestens doppelt so lang wie früher, und wir mussten uns ziemlich zusammenfalten, als wir hintereinander hineinkrochen. Der Regen rauschte jetzt richtig stark vor der runden Öffnung nieder. Unsere Oberschenkel berührten sich beinahe. »Na super, wir sind voll nass! Was für ein mieser Sommer!«, sagte Oscar und schüttelte seine blonden Haare wie ein Hund.

Mir egal, dachte ich, Hauptsache, ich sehe dich möglichst oft und möglichst lange. Zwei Leute liefen in einigem Abstand an uns vorbei, sie hatten keinen Schirm dabei, keine Kapuzen auf, keine Mützen. Sie gingen einfach mit gesenkten Köpfen nebeneinanderher, ließen sich nass regnen und redeten miteinander. Das heißt, sie stritten sich. Die Frau hatte die Arme verschränkt, der Typ hielt etwas Abstand und gestikulierte wild. Er schaute sie an, sie ihn nicht.

»Sie hat Schuld und er wirft ihr das vor!«, sagte Oscar. »Guck mal, wie er sich bewegt, ich habe da mal was drüber gelesen. Körpersprache ist nicht zu unterschätzen!«

Wir grinsten uns an. Dann schaute ich noch mal kurz rüber und sah, dass das meine Eltern waren, die da durch den strömenden Regen liefen.

Ach, nee. Das ging mir jetzt aber ziemlich auf die Nerven. Die sollten keine Probleme haben, glücklich sein und mich ganz happy in Ruhe lassen. Sorry, klingt bisschen gemein, aber so war es nun mal.

»Und was sagt dir meine Körpersprache?«, fragte ich schnell und hoffte, dass ich nicht rot wurde.

»Eindeutig.« Oscar hob den Kopf. »Deine Haltung, so wie du da sitzt ...«

»Wie sitze ich denn?«, fragte ich und hielt meine Arme mit aller Kraft davon ab, sich vor meiner Brust zu verschränken. Meine Füße hatte ich in die Wölbung gegenüber gestemmt. Die Oberschenkel parallel nebeneinander.

»Du bist interessiert an allem, bist aber zurückhaltend. Ich mag das!«

Ich lächelte ihn an. »Ach, ja?«

»Ach, ja!«

Er flirtete, das war eindeutig flirten!

»Wie lange bist du noch in Köln?«, fragte er jetzt. »Du fährst doch auch in Urlaub, oder?«

Keine Ahnung. Ich zuckte mit den Schultern. »Eigentlich in die Bretagne, aber das fällt vielleicht aus.«

»Dann bist du ja hier, cool.« Er schaute mich viel zu lange an.

»Warum ist das cool?« Ich sah nicht weg, sondern direkt in seine wunderschönen hellgrauen Augen mit den braunen Wimpern und wunderte mich selbst, wie mutig ich war.

»Dann können wir morgen was zusammen machen, Eis essen zum Beispiel. Und wenn Ringo wieder richtig laufen kann, werfen wir Stöckchen für ihn, und du siehst mir jeden Tag beim Trainieren zu, und beim Wettkampf auch.«

Ich zog die Augenbrauen hoch. »Verplanst du gerade meine ganzen Ferien?«

»Könnte sein, ja.« Er grinste, und ich war einen Moment so glücklich wie nie zuvor in meinem Leben.

6. Kapitel

IN DEM DIE LIEBE SO RICHTIG WICHTIG WIRD

In den nächsten Tagen spielte sich alles von vorne ab, wie in einem endlosen Traum, bei dem man immer wieder losrennt und doch nicht ans Ziel kommt. Ich rannte und rannte, zwischendurch schrieb ich Jana, was bei mir los war:

> Mittlerweile streiken hier nicht nur die Fluglotsen, sondern auch die Bahn und die Post und überhaupt alle … *Sciopero generale,* Generalstreik oder so. Zurück nach Köln, das brauche ich gar nicht mehr zu planen, da ist sowieso keiner, der auf mich wartet, nur eine fremde Familie, die auf unseren Sofas vor unserem Fernseher liegt, von unseren Tellerchen isst und dabei Schwedisch spricht.

Erst Stunden später kam die Antwort.

> Du schreibst so lustig, Emma, ich liege am Pool und lach mich gerade kaputt. Bitte mehr davon!

> *nice*. Danke.

Sorry, war gerade Volleyball spielen mit Tolga, hier im Club gibt es voll die süßen Animateure, mit denen wir jeden Abend Party machen. In Bodrum waren wir auch, und das türkische Essen ist mega! Wusstest du das?

Sie war völlig abgelenkt, von Mitleid mit mir keine Spur.

Und deine Tante? Ist die noch fies zu dir?

Immerhin das fragte sie noch. Ach, ich hatte ihr so viel zu erzählen, viel zu viel, um es zu schreiben. Also machte ich mich daran, eine Sprachnachricht aufzunehmen:

»Nee, Dette bekomme ich kaum zu Gesicht, das ist das einzig Gute, Amalia reicht mir schon. Im *Romolo e Remo* gibt's keinen *sciopero generale*. Jeden Morgen scheucht die mich viel zu früh aus dem Bett, und dann erteilt sie mir nur noch Befehle: *cornetti* aus der *Pasticceria* holen, Espresso kochen, Gästezimmer putzen, das Bad putzen, ey, ich putz hier so viel wie noch nie in meinem ganzen Leben!
Zwischendurch darf ich dann sogar mal was essen oder mit Lilly-Baby kurz in den Hof gehen. Das ist das kleine kanadische Mädchen, habe ich dir doch geschrieben, oder? Den Eltern geht es besser, sie haben kein Fieber mehr, sind aber irgendwie noch schwach, sie löffeln Brühe, wirklich, die wollen nur Brühe und schönes italienisches Weißbrot, aber raus in die Sonne wollen sie noch nicht. Darum nehme ich das kleine Girl mit in den Hinterhof, das ist voll schön da! Ich muss nur aufpassen, dass Lilly keine Blüten oder Kieselsteine isst.

Zum Supermarkt werde ich auch andauernd geschickt und darf die Einkaufsliste von Amalia abarbeiten. Und es ist heiß hier, die Hitze staut sich voll in den Straßen, der *Tevere*, also der Tiber, ist zwar in der Nähe, sogar richtig nah, nur siebzig Meter entfernt, ich habe das auf Google Maps ausgemessen, aber darin willst du echt nicht baden. Das Wasser fließt ganz langsam, ist aber schmutzig braun. Manchmal sitze ich nämlich mittags oben auf der Mauer, zwischen den Zweigen der Bäume, da kann man sich gut verstecken und einfach nur runter auf den Fluss starren. Oft kommen Ruderer vorbei, in langen Booten, und der, der vorne sitzt, ruft immer: *avanti-avanti!*, und auf den Fahrradwegen rechts und links am Ufer ist es richtig voll. Doch das ist immer nur eine kurze Pause, bis ich wieder vor Amalia antanzen darf und sie mir das Leben und das Putzen erklärt und wie man den Gästen das Frühstück macht. Das ist echt heftig, und wenn dann wirklich nichts mehr zu tun ist, darf ich mich sogar ausruhen. Ich schlafe dann wie im Koma, ganz nackt … « Ich kicherte ein paar Sekunden. »… nur mit einem Laken über mir, denn im Zimmer ist es heiß, die haben nicht mal eine Klimaanlage hier, und sobald ich aufwache, muss ich eine Dusche nehmen. Nicht zu lange, denn wenn ich fünf Minuten überschreite, bollert Amalia an die Tür und schreit: Denk an die Umwelt, Wasser ist knapp in Rom! Ey, die stoppt das, glaube ich, ich sage dir, das nervt!
Aber kochen kann sie, sie kocht jeden Abend für Dette und mich, die beste Pasta überhaupt, das ist okay, und das Eis hier natürlich auch. Wir holen uns immer welches zum Nachtisch, aber nicht in so kleinen lächerlichen Kugeln, nee, so eine ganze Box muss es sein. Wir mögen nämlich alle drei dieselben Sorten. Komisch, oder? Scheint die einzige Familienähnlich-

keit zu sein, die wir haben. Himbeere heißt *lampone*, anfangs habe ich immer *tampone* gesagt, konnte mir das einfach nicht merken, und *crema*. *Crema* schmeckt wie Vanille, nur besser! Manchmal setze ich mich damit auch auf die Stufen vor unsere Haustür. Das ist ein super Platz, da kann ich echt gut nachdenken. Neulich ist mir dort auch eingefallen, dass ich das mit dem Sprachkurs doch machen könnte, dann bin ich nachmittags jedenfalls weg und muss nicht dauernd in der Hitze rumhängen und auf neue Gäste warten und so … Vielleicht haben die ja eine Klimaanlage in der Sprachschule.«

Ich hielt inne, setzte dann mit einer neuen Nachricht wieder ein.

»Wow, 3 Minuten und 2 Sekunden waren das, jetzt habe ich dich ganz schön zugelabert, aber, hey, war schön, mit dir zu sprechen!« Ich schickte zwei Herzen hinterher.

♥

Am nächsten Nachmittag machte ich mich gegen vier auf den Weg, die Sonne knallte auf mich herunter, auf dem Bürgersteig der Via Marmorata huschte ich von Markise zu Markise, von Schatten zu Schatten. Ich hatte Glück, die Sprachschule lag nur zwei Straßen weiter. Auch wieder ein Gebäude mit Hinterhof und Palmen, genau wie bei uns, nur dass der kleine Kasten in der Mitte weiß angemalt war und dass er früher kein Kindergarten war, sondern eine Wäscherei beherbergt hatte. Das war 1919, als diese Häuser für kinderreiche Familien gebaut wurden, oder noch früher. So genau hatte ich Dettes Erklärungen nicht zugehört. Alt war jedenfalls alles hier, danach sah es auch aus, der Putz bröckelte von den Mauern, und Balkone gab es auch nicht. Die fand man damals für Kinder nicht nötig, so viel hatte ich mir gemerkt.

Ich ging die vier Stufen hinauf (wie bei uns) und betrat die Schule. Am liebsten hätte ich mich sofort auf dem hellgrauen Steinboden (auch wie bei uns) ausgestreckt, denn es war herrlich kühl (nicht wie bei uns). Überall hingen Plakate von jungen Menschen, die einen Wahnsinnsspaß zu haben schienen, dazwischen ein Stadtplan von Rom. An einer der Türen sah ich ein Schild, *ufficio*, hinter den anderen beiden hörte ich Gemurmel und tatsächlich ab und zu Gelächter. Sollte ich mich anmelden? Dette wollte mir den Kurs gnädigerweise spendieren. »Aber nur, wenn du wirklich regelmäßig hingehst, denn du musst nicht!«

Oh Mann, sie ging mir mit jedem Wort auf den Wecker. Immer noch. Das würde sich auch nicht mehr ändern. *»Du musst nicht!«*, imitierte ich sie laut. Als ob ich das nicht selbst wüsste …

Hinter mir fiel scheppernd etwas um, ich zuckte zusammen. Ein dünner Typ, der mir bis jetzt nicht aufgefallen war, hatte seinen metallenen Wischeimer umgehauen. Er trug einen grauen Hausmeisterkittel, das Putzwasser breitete sich auf dem Boden vor ihm aus. Ich kicherte und zog den Kopf zwischen die Schultern. Es war nicht nett, so schadenfroh zu sein, aber es platzte nun mal aus mir heraus. Sorry!

»Ah, ancora questa ragazza«, sagte er. Ich war nun bereits lang genug in Rom, um den Sing-Sang und das Genuschel der Römer zu verstehen, wenn die Sätze kurz und

einfach waren. Und dieser Satz war kurz und einfach: *Ah, wieder dieses Mädchen.*

Ich warf dem Hausmeister einen verstohlenen Blick zu. Er stützte sich auf seinen Mopp, der graue Kittel hing ihm bis auf die Knie und war einfach der Horror, darum erkannte ich ihn erst eine Sekunde später.

»Du bist das!«, sagte ich erstaunt. *»Oh no.«* Vor mir stand der Gartenschlauch-Boy! Ja, genau der, der mich am ersten Tag auf der Vespa nassgeregnet hatte. Ich überlegte kurz und hoffte, dass mein Italienisch korrekt wäre. »Du bist aber auch überall.«

»Parli italiano!«

Nein, ich sprach nicht wirklich Italienisch. Würde ich sonst in dieser Sprachschule stehen? *»Perché questo …* Kittel?!« Keine Ahnung, was »Kittel« auf Italienisch hieß, also zeigte ich auf das furchtbare Kleidungsstück, das seinen dünnen Körper umschlackerte.

»Questo?« Er zuckte selbstbewusst mit den Schultern und warf sich in Positur, als ob er auf einer dieser Filmpremieren vor der Wand mit den vielen Logos stünde und etwas wahnsinnig Cooles trug. Der Mopp an seiner Seite störte kaum.

»Horribile«, sagte ich und grinste. Er sah eigentlich ganz süß aus, mit den dunklen Locken, dem breiten Mund und den tief liegenden, sehr ernsten Augen.

»Ich muss verstecken«, sagte er auf Deutsch.

»Was? Den Kittel? Ja. Besser wäre das.« Ich freute mich über meine plötzliche Schlagfertigkeit.

»Mich.«

»Echt, wovor denn?«

»Mädchen. Alle.« Er zeigte auf die Türen, die Decke und schloss die ganze Welt um uns herum mit ein.

»In diesem *Kittel*?!«

»*Si*, in diese *Kittel*!«

Ich lachte los. »Guter Trick, die sind ja sonst alle hinter dir her, weil du so toll aussiehst!«

»Si!« Er nickte, doch er lachte nicht.

»Hör mal, den Satz kannst du gar nicht verstanden haben! So gut ist dein Deutsch garantiert nicht.«

»Nein.« Er nickte erneut, blieb aber ernst.

Wieder musste ich gegen meinen Willen lachen. »Was denn jetzt?«

»Devo lavorare.« Er wandte sich wieder Mopp und Wassereimer zu. *Na, dann arbeite du mal,* dachte ich nur.

»*Lavoraren*, auf deutsch«, berichtigte er sich.

Ich runzelte die Stirn. »Dir ist schon klar, dass nicht jedes Verb, an das du ein *-en* hängst, deutsch ist?«

»Doch!« Er grinste. »Macht ihr immer.«

Pfff. »Na, dann viel Spaß noch beim Deutschlernen …« *Gartenschlauch-Boy,* fügte ich für mich hinzu und ging wieder hinaus. Zu spät merkte ich, dass ich mich gar nicht angemeldet hatte, aber zurückgehen wollte ich auch nicht. Komischer Typ.

Ich überquerte den Hof, wobei die Hitze mich wie ein viel zu dickes Tuch umgab, und war schon am Torbogen, als ich jemanden rufen hörte. *»Non toccar-en la Vespa!«*

Ich drehte mich um. Da stand er oben an der Treppe, die Hände in den grauen Kitteltaschen, und guckte streng. *Nicht die Vespa anfassen!* Das meinte der doch nicht im Ernst? Welche Vespa denn überhaupt? Im Hof stand jedenfalls keine. Ich schüttelte den Kopf und ging schneller. Bloß raus hier.

Auf der Straße, direkt vor dem Tor, war ein orangener Motorroller geparkt. Es war der, auf dem ich in unserem Hof gesessen hatte. Ich erinnerte mich genau an seinen hellbraunen, etwas verschlissenen Sitz, und da an der Seite über dem Radkasten prangten auch der grinsende Sonnenbrillen-Hund und die besorgte Katze. Der musste ihm gehören. Plötzlich hätte ich ihm gerne was auf den Seitenspiegel geschrieben, oder eine Sprechblase über die Tiere: *Attenzione*, *Kittel-Boy*, oder so. Zu schade, dass ich keinen Lackstift dabeihatte. Ich sah mich um, nahm eine leicht eingedrückte Club-Limonata-Dose, die unter einem der Bäume an der Straße lag und stellte sie auf die Sitzbank. Mit spitzen Fingern fügte ich auch noch einen verknitterten Pappbecher-*to-go* hinzu. Er würde wissen, dass der Müll von mir kam, und sich hoffentlich ärgern.

Dann zog ich mein Handy hervor, machte ein Foto von meinem Werk und schickte es an Oscar.

Kunst in Rom.

Doch obwohl Oscar gerade auf Snapchat war, antwortete er nicht. Dafür kam eine Nachricht von Mama.

Bilder vom Ferienhaus in Loctudy, dem Garten, dem Strand. Die Katze von letztem Jahr sei wieder da, schrieb sie, das Wetter sei angenehm, nicht viele Touristen unterwegs. Mama mochte Touristen nicht, dabei war sie doch selbst keine Französin. Na toll, dass ihr es so schön habt, dachte ich mir. Was ist jetzt mit den großen und kleinen

Problemen? Gibt es die noch? Wie um meine Frage zu beantworten, schrieb Papa mir in diesem Moment:

> Wir leben hier in aller Ruhe, kochen, essen, schlafen, Strandspaziergänge. Warst du schon im Colosseum, an der Spanischen Treppe, auf dem Petersplatz? Beneide dich, Rom hat ja so viel zu bieten!

Ach, echt? *Pfff.* Eure Tochter hat keine Zeit für Sightseeing, die arbeitet sich fast tot, versucht, die Sprache zu verstehen und in der Hitze zu überleben.

Ein großer Nachrichtenschreiber war Oscar nicht, doch das war egal, denn wir sahen uns ja oft genug. Wie versprochen waren wir Eisessen gegangen, jeden Tag, das war unser Ding, auch heute waren wir wieder verabredet. Gerade bekam ich allerdings meine Zweifel, denn ich wartete schon seit zehn Minuten vor der Eisdiele *Paradiso,* nur ein paar Straßen von uns entfernt, auf ihn. Mann, wann kam er endlich? Ich zog meine Kapuze tiefer ins Gesicht, denn es nieselte schon wieder, und schaute auf mein Handy. In einer Stunde musste ich zurück sein und wollte natürlich jede Minute mit ihm nutzen. Sollte ich schon reingehen und unseren Tisch in der Ecke besetzen?

In diesem Moment kam er mit seinem Bike um die Ecke. »Hi!« Er grinste mich an, und sofort verzieh ich ihm alles und wunderte mich über meine Ungeduld. Er sprang ab, umarmte mich locker, er war so groß, er sah so gut aus … Mein Herz sprang glücklich auf und ab. Dann gingen wir rein.

Als ich die Karte von mir wegschob, verzog Oscar sein Gesicht. »Booah, willst du schon wieder nur zwei Kugeln Vanille und zweimal Himbeere? Echter Mädchengeschmack!«

»Ach ja, aber jeden Tag Pistazie und Joghurt ist besser?«

»Viel besser.«

Ich war happy, wenn er mich auf diese Weise ärgerte, und er ärgerte mich gerne.

»Was machst du heute noch?«, fragte er mich. »Kommst du mit? Sobald der Regen aufhört, wischen wir alles trocken und trainieren. Der Rest des Teams kommt auch. Boris und Karl, die kennst du noch gar nicht.«

Ich lächelte. Er stellte mir alle seine Freunde vor, das war wirklich schön. *Das ist Emma, äh, eine Freundin*, sagte er, aber mit so einem Unterton, als ob er lieber *meine* Freundin sagen würde.

Ich zuckte mit den Schultern. »Nee, kann leider nicht.«

»Warum nicht, immer hast du so wenig Zeit.« Oscar rutschte auf seinem Stuhl herum, sah mich nicht an.

Ich habe doch oft Zeit, dachte ich, wir sitzen ja meistens hier im *Paradiso* oder im Park und ich schau dir zu. »Ich muss meinem Opa helfen. Heute soll ich seine Bücher sortieren, befürchte ich.«

»*Nice*, ausgerechnet Bücher!« Er schüttelte sich. »Ich lese fast nie.«

Ich musste ihn so erstaunt angeschaut haben, dass er schnell fortfuhr:

»Na ja, wenn du mir ein Buch empfehlen würdest, würde ich's natürlich lesen.«

Echt? Wie süß. Ich las gern, aber nicht die ollen Dinger, die Opa Edgar in seinen Regalen rumstehen hatte. »Das ist eben die Strafe, die meine Eltern sich für mich ausgedacht haben: Ich soll mich um ihn kümmern. Der will das aber gar nicht. Er ist von mir genervt und ich von ihm.«

In den ersten Tagen hatten wir kein Wort miteinander gesprochen. Er schrieb Listen, und ich machte schweigend, was da draufstand. Staubsaugen, die leeren Flaschen zum Container bringen, Säcke mit Blumenerde für ihn nach oben schleppen. Ein fieses Gefühl, diese Stille. Mittlerweile sagte er wenigstens mal »hallo«, und unsere Sätze bestanden manchmal sogar aus mehr als zwei Worten. Ich hatte mitgezählt.

»Super Deal.« Oscar schnippte mit dem Finger und wedelte mit der Hand in Marios Richtung. »Wie immer, für uns!«, bestellte er quer durch den Raum. Und mir wurde ganz warm vor Freude. *Für uns.*

»Dabei geht es dem kleinen Ringo doch wieder gut, oder?«

»Dem geht's prima. Die Pfote ist verheilt, er hinkt kaum noch, und sein Kopf scheint auch wieder in Ordnung zu sein.«

»Na also, wo ist dann das Problem? Bring ihn doch mit, oder darfst du das jetzt nicht mehr?«

»Schlechtes Thema …«

»Verstehe.« Er sah mich an. »Musst du da echt jeden Tag hin zu deinem Großvadder?« Er sagte *Großvadder*, das war es wieder, das Nordische.

»Wir können ja auch mal was anderes machen«, schlug ich statt einer Antwort vor. »Kino oder so.«

»Kino? Ja, klar. Läuft denn was Gutes? Ey, es sind nur noch drei Wochen zum Trainieren, und den Backflip kriege ich noch nicht sauber hin.«

Ich presste die Lippen zusammen. Wenn ich jetzt nicht schnell das Thema wechselte, würde er wieder nur vom Turnier reden, von Backflips, den anderen Teams, seinen eigenen Chancen und den Schiedsrichtern.

Unsere Eisbecher kamen. Ein guter Moment: »Ich glaube, meine Eltern werden sich trennen.«

»Echt?« Sein Löffel verharrte eine Sekunde in der Pistazieneiskugel. »Das ist Horror.«

Ja. Plötzlich fühlte ich mich total von ihm verstanden. *Das ist Horror* waren zwar keine tollen Worte, aber sie trafen es mehr als alles andere. »Mama hat jemanden kennengelernt, das hat sie Papa gestern gesagt.«

»*Shit*. Und dein Vadder? Ist er ausgerastet?«

»Nein.« Papa wurde ganz still, das war noch viel schlimmer, dachte ich.

»Und dieser Typ, ist sie in den …? Hast du ihn schon gesehen?«

»Nein.« Sie waren so leise, ich hatte das Gespräch belauschen müssen.

»Wird nicht mehr lange dauern.« Oscar war schon bei seiner dritten Kugel, er aß sein Eis so schnell wie kein anderer Mensch, den ich kannte. »Wenn deine Mudder es euch schon sagt.«

»Kennst du dich da aus?«

»Leider ja.« Er grinste mich bedauernd an, und mit einem Mal wusste ich, dass manche Dinge eben nicht wieder gut werden, auch wenn man es sich noch so sehr wünscht.

»Kommst du gleich noch mit?«, fragte er. »Ich will dich zum Lachen bringen, das kann ich nämlich!«

Ich schüttelte mühsam den Kopf. Lachen? Mir war nicht

nach Lachen, denn die Traurigkeit breitete sich wie ein schweres Tuch auf meinen Schultern aus und drückte mich nieder.

Oscar rückte näher an mich heran, plötzlich hielt er mein Gesicht in seinen warmen, breiten Händen und schaute mich sehr lieb an. »Ich kenne das. Du willst es nicht, es tut weh, und sie machen es trotzdem.«

Ich nickte, nicht in der Lage, ihn anzuschauen, denn sonst hätte ich weinen müssen.

»So, wie wenn du deinen großen Bruder gebeten hast, dir endlich deinen wackelnden Milchzahn rauszurupfen, und es dir dann noch mal anders überlegst, aber zu spät!«

Seine Hände waren noch immer an meinen Wangen und sollten bitte für immer da liegen bleiben! Ich zuckte mit den Schultern, denn ich hatte keinen großen Bruder, doch ich musste kurz auflachen.

»Okay, war ein doofer Vergleich. Dann sehe ich dich morgen?« Oscar entführte seine Hände und stand auf, doch dabei gab er mir einen schnellen Kuss auf die rechte Wange. *What?* Das hatte er noch nie getan. Er lächelte auf mich herab und zwinkerte mir zu. »Ich bezahle, keine Sorge.« Dann drehte er sich um, rief Mario etwas zu und war schon draußen.

Oscar hatte versucht, mich zu trösten, er hatte mir einen Kuss gegeben, einen kleinen nur, aber immerhin. Ich saß stocksteif da und berührte die Stelle mit den Fingern. Er war so *cute*! Waren wir jetzt zusammen?

♥

Als ich kurz darauf bei Opa Edgar im Wohnzimmer vor dem vollgestopften Regal stand, lief irgendetwas in mir über, weil ich so glücklich war. »Verdammt viele Bücher. Sind da auch welche mit Liebesgedichten dabei?« Ich bereute meinen Redeschwall sofort. War ich denn wahnsinnig?

»Liebesgedichte? Brauchst du so was?« Edgar lächelte nicht, er lächelte sehr selten, aber er sah mich mit einem anderen Blick als sonst an. »Für die Schule?« Wow. Ein Einwort-Satz und dann noch zwei Sätze mit vier und drei Worten!

»Ja, genau, für die Schule.« *Hey, es sind Ferien!*, dachte ich. Aber wenn du das schon nicht mitbekommen hast, wirst du auch nicht kapieren, was bei mir sonst noch los ist. Keiner in diesem Haus weiß, wer ich bin, wie ich mich fühle. Weil niemand sich die Mühe macht, näher hinzuschauen.

Außer Ringo, der kratzte sich mit der Hinterpfote am Ohr, während er mich anstarrte. *Ja, du bist echt wahnsinnig, ihn nach Liebesgedichten zu fragen*, schien sein Blick zu sagen.

Oh Gott, ich las schon die Gedanken von Hunden.

»Wenn wir die Bücher hier unten weggeräumt haben, suche ich dir was raus«, sagte Opa plötzlich. »Goethe und Rilke, oder ach, Morgenstern. Und Jacques Prevert, den auch.« Edgar bückte sich und schob die leeren Kisten hin und her, die für die aussortierten Bücher bestimmt waren. Ich zog die Augenbrauen hoch. Er redete mit mir! In ganzen Sätzen.

»Ich glaube, den Franzosen verstehst du jetzt.« Seine Stimme klang ernst. Vielleicht fand er es auch traurig, dass sein Sohn und seine Schwiegertochter sich neuerdings stritten, weil sich einer von ihnen neu verliebt hatte. Dabei schwor man sich bei der Hochzeit doch die ewige Liebe, oder nicht?

»Na ja, nicht so wichtig«, sagte ich schnell.

»Doch, sehr wichtig!« Das erste Mal sah ich ein verhaltenes Lächeln auf dem faltigen Gesicht.

7. Kapitel

LEBENSRETTER CLUB-LIMONATA UND GEDICHTE

»Morgens wirfst du als Erstes einen Blick auf den Plan, um sicherzugehen, dass du seit dem gestrigen Abend nichts übersehen und vergessen hast, verstehst du? Welche Anreisen, welche Abreisen haben wir?« Dette zeigte mit dem Finger auf mich und klopfte dann mit ihrem kurzen Nagel auf das iPad vor sich, während sie sprach. »Immer auf dem aktuellen Stand sein!«

»Ja. Weiß ich doch.« Ich rührte die geschmolzenen Reste von *crema e lampone* auf meinem Glasteller zu einem rosa Brei zusammen.

»Das ist wichtig! Haben die Gäste Frühstück dazugebucht? Was haben sie für Sonderwünsche?«

»Die schreibe ich ja immer in die Sparte *Extras* neben die Zimmerbelegung«, fiel Amalia ihrer Mutter ins Wort und wischte mit zwei Fingern durch die Belegungspläne. »Hier zum Beispiel ein extra Kinderbett. Ist ja wieder frei, seit das kanadische Kind weg ist.«

»Lilly-Girl«, murmelte ich. »Die war süß.« Wenn ich Zeit hätte, würde ich sie noch mehr vermissen, aber Zeit hatte ich nun mal extrem wenig gehabt in den letzten Tagen.

»Lade dir die aktualisierten Pläne auf dein Handy und überprüfe sie, sooft es geht. Du musst informiert sein.

Wie heißen die Gäste, sprich sie möglichst mit Namen an. Wollen sie extra Kissen? Haben sie nach Föhn und Rauchmelder gefragt? Internetzugang, Passwort. Zeig ihnen das alles gleich zu Anfang!« Dette trommelte beschwörend auf den Küchentisch, an dem wir saßen. »Das ist unsere Aufmerksamkeit, die uns so unverwechselbar macht und gute Rezensionen auf der Plattform hinterlässt!«

»Jetzt, Ende Juli, gibt es fast täglich ein oder zwei Abreisen«, sagte Amalia. »Da musst du dich beeilen, das Frühstück vorzubereiten und die Zimmer bis nachmittags für die neu anreisenden Gäste herzurichten.«

Ich nickte und seufzte. Ab übermorgen würde Amalia nicht mehr da sein, und ich wäre allein für alles verantwortlich.

»Natürlich besprechen wir jeden Morgen den neuen Tag.« Tante Dette schickte einen Blick zu mir herüber, der wohl aufmunternd sein sollte. »Und auch zwischendurch sehe ich nach dem Rechten!«

Das hieß nichts anderes, als dass sie sauer war, ihren Schreibthron im vierten Stock verlassen zu müssen, und mich dann mit dieser schlechten Laune kontrollieren würde!

»Und wenn du nachmittags im Sprachunterricht bist und wir Anreisen haben sollten, übernehme ich das natürlich auch.«

Wie nett! Erst ließ sie ihre achtzehnjährige Tochter wochenlang in der Pension schuften und nun durch mich, ihre Nichte, ersetzen. Dabei war ich erst fünfzehn. Na gut, in vier Wochen wurde ich sechzehn. Aber dennoch. Ein Teenager machte die Arbeit, während *la Signora* Schriftstellerin weit oben über dem Hinterhof in ihrem Kämmerchen residierte und an ihrem Buch schrieb.

»Hätte nicht gedacht, dass dir das so guttut, *Mammina*«, sagte Amalia in diesem Augenblick. »Ich hatte eher damit gerechnet, dass du jeden Abend bleich und unzufrieden wieder zurückkommst. Aber du siehst so cool und glücklich aus wie lange nicht! Ja, du bist sogar bisschen gebräunt. Sitzt du da oben etwa am offenen Fenster? Dann brauchst du Sonnencreme!«

»Manchmal.« Tante Dette schaute vor sich auf den Tisch und sah eine Sekunde so aus, als ob sie sich schämen würde. »Ich bin tatsächlich sehr happy, denn ich tue, was ich liebe!«

Niemand von uns, selbst Amalia nicht, durfte Dette dort oben besuchen. Ihr Zimmerchen war für uns tabu. Mir war das egal. Ein Tisch, ein Stuhl, ein Laptop, vielleicht noch ein Drucker und ein paar Zettel an der Wand, was konnte daran schon Besonderes sein?

»Und das ist wunderbar, *Mammina*! Wie viele Seiten hast du denn schon?«

Ich verdrehte die Augen. Jetzt würde Amalia wieder endlos über den kreativen Prozess reden, um den sie ihr Mamma-chen so beneidete. Während sie ja *nur* auf Pferden ritt.

»Seitenzahlen? Weiß ich gar nicht so genau … Du lässt mich wissen, wenn du Hilfe brauchst, nicht wahr, Emma?«

Oh, das klang ausnahmsweise mal fürsorglich.

»Ja. Ich schreie dann laut *aiuto!* über den Hof.«

Ich spürte, wie Mutter und Tochter sich über meinen Kopf hinweg ansahen, bestimmt zogen sie Grimassen.

Mein Handy gab einen leisen Harfenton von sich. Oscar! Er schrieb mir immer noch. Manchmal sehr oft, dann ab und zu wieder nicht so oft, aber ich hatte das Gefühl, das er sich echt für mich interessierte. Eine der letzten Nachrichten lautete:

Wäre echt super, wenn du hier wärst.

Dazu ein zwinkernder Smiley. Das war doch mehr als irgendeine Freundschaft, oder etwa nicht …? Jana fand das auch.

»Und was machen deine Fortschritte in der Sprachschule?«, unterbrach Dette meine Gedanken. »Immerhin bezahle ich das. In welches Level bist du eingestuft worden?«

Oh yeah, vielen Dank, mich zu erinnern, wie großzügig du bist, Dette, beinahe hätte ich es vergessen. »Level B1.«

»Nur?! Also da werde ich gleich morgen mal mit Maria reden, du kannst doch viel mehr!«

Nein, bitte nicht. Ich winkte ab. »Ich komme da echt sehr gut mit.«

»Na eben. *Sehr gut mitkommen* ist zu einfach, das darf es aber nicht sein! Du musst dich mehr fordern, mein Mädchen!« Dette kniff die Augenbrauen zusammen. »Amalia hat auch immer mehr geleistet, wenn sie sich …« Bla bla bla. Ich hörte nicht mehr zu, sondern schob mein Handy über den Tisch und träumte von einem Wiedersehen mit Oscar.

Ein Wiedersehen mit Oscar gab es in den nächsten Tagen leider nicht, wie auch? Dafür mit Hausmeister Gartenschlauch-Boy. Er stand im Flur der Sprachschule und unterhielt sich mit ein paar Mädchen, die alle aussahen, als ob sie den letzten Snapchat-Beauty-Filter auf ihren Gesichtern dauerinstalliert hätten ... Und etwas älter als ich waren sie auch.

Gartenschlauch-Boy trug an diesem Tag ein weißes T-Shirt, eine halblange, weite Hose und Sneaker. Die Locken hingen ihm ins Gesicht, er strich sie mit einer selbstbewussten Geste nach hinten, seine Arme und Beine waren gebräunt, vom vielen Blumengießen wahrscheinlich ... Gerade strahlte er in die Runde der Mädchen und erzählte etwas in wahnsinnig schnellem Italienisch. Plötzlich wirkte er richtig hübsch, und ein kleiner fieser Blitz fuhr durch meinen Bauch. Die Mädchen lachten, und gleich zwei von ihnen fassten rechts und links an seine schmalen Schultern und rüttelten daran. *»No! Dai!«*

Sie flirteten. Flirten erkannte ich aus zehn Metern Entfernung. Was wollten die Tussis hier? Offenbar konnten sie alle die Sprache schon, in der ich mich seit fünf Tagen im zweituntersten Level abplagte.

Jetzt hatte er mich entdeckt und auch erkannt. Er zog die Augenbrauen hoch, ansonsten keine Regung. Das bewundernde Lachen der Mädchen ließ sein Gesicht leuchten. Mir passte das nicht, warum war er zu denen so nett? Warum meinte er, mich nass spritzen und mit Verboten zutexten zu müssen? Ich hatte plötzlich den unbändigen Drang, ihm das heimzuzahlen.

»Na, kein Kittel heute?«, fragte ich auf Deutsch, während ich an ihm vorbei auf die offene Tür meines Klassenraums zuging.

»*No*. Kein schöne Kittel!«, bestätigte er.

Gegen meinen Willen mochte ich seine Aussprache, doch schon zog er wieder sein selbstsicheres Gesicht.

»Sorry«, sagte ich, drehte mich noch mal um und maß ihn von oben bis unten mit einem Blick. »Der Kittel war nicht schön, sondern grottenhässlich.«

»Grotten…?« Natürlich scheiterte er an dem Wort. Die italienisch sprechenden Mädchen guckten sich untereinander fragend an, das gefiel mir. Ich musste grinsen, nahm die Schultern zurück und ging meiner Wege. Aufrechter als sonst betrat ich den Klassenraum und steuerte auf meinen Platz zu.

Unsere Lehrerin Signora Carnevale kam hinter mir hereingerauscht. »*Buon pomeriggio, ragazzi*«, begrüßte sie uns, während sie die Tür hinter sich schloss, und rief, als unser Gemurmel nicht sofort abklang: »*Silenzio*!«

Dann begann Lektion Nummer vier, und wir fragten uns gegenseitig zwei Stunden lang, ob dieser Sitzplatz frei sei und was Paul aus Boston eigentlich in Italien wollte.

Als der Unterricht gegen sechs beendet war, schlenderte ich mit Zazie und Ole über den Flur. Sie waren beide viel älter als ich, schon neunzehn, aber supernett, und wir quatschten über die Unmöglichkeit, das Wörtchen *gli* auszusprechen, als mir jemand plötzlich tief und laut ins Ohr raunte: »Nicht *toccaren* die Vespa!«

Ich machte einen Satz und griff mir ans Herz. »Mann, hast du mich erschreckt!«, fuhr ich ihn an. Denn es war natürlich Gartenschlauch-Kittel-Boy, der da hinter mir stand und wieder seine falsche deutsche Endung an das

Verb gehängt hatte. »Ich *toccare* deine blöde Vespa schon nicht. Da kaufe ich mir lieber eine eigene!«

»Okay«, sagte er grinsend und verschwand im Büro.

»Wer ist *er* denn?«, fragte Zazie. Sie kam aus Düsseldorf und wir hatten schon verabredet, uns gegenseitig zu besuchen, wenn wir wieder in Deutschland waren. »Der ist ja süß!«

»Der ist gar nicht süß, du hättest ihn in seinem Hausmeisterkittel sehen sollen, in dem er hier putzt!«

»Also, mich erinnert er an diesen Schauspieler, der bei den Oscars manchmal Röcke trägt und auffälligen Schmuck.« Ole lebte in Kopenhagen, wäre am liebsten Däne und stand auf Männer; mit diesem Satz hatte er sich auch im Kurs vorgestellt. »Sehr *sweet* ist der, das sage ich euch!«

»Er ist ein nerviger Besserwisser«, widersprach ich. »Den treffe ich dauernd irgendwo, auch in meinem Hof treibt er sich rum, tut so, als ob er da die Blumen gießt, hat wohl überall so Nebenjobs.«

»Aber das ist doch toll!« Zazie schaute sich nach ihm um, aber er tauchte nicht wieder auf. Gott sei Dank.

»Ich würde ihn gerne fragen, woher er diese ultracoolen Sandalen hat. Wisst ihr, an was die mich erinnern?« Sie zupfte an den Ponyfransen ihrer weißblond gefärbten, sehr kurzen Haare herum.

»An die, die die Römer immer in den *Asterix-und-Obelix*-Comics tragen«, sagte ich gelangweilt.

»Genau!« Zazie quietschte begeistert los. »Die muss ich unbedingt haben! Werde ihn beim nächsten Mal fragen, woher er die hat, wenn er hier putzt, wahrscheinlich verdient er sich den Deutschkurs auf diese Art!«

Aha, in dieser Sprachschule konnte man also auch Deutsch lernen. Schön. Aber musste ausgerechnet dieser Typ an dem Kurs teilnehmen?

»Was kann er denn dafür, dass er kein Geld hat, Emma?« Auch Ole wies mich zurecht. »Vielleicht gibt es da zufällig eine Rechnung, die er abstottern muss?«

»Ja, danke!« Ich hatte ihnen von meinem Missgeschick mit Ringo erzählt und von der Strafe, die meine Eltern sich für mich ausgedacht hatten.

»So, Themenwechsel, was machen wir heute, *ragazze*?«, fragte Ole jetzt. »Fahren wir ins Monti-Viertel und gehen aus?«

Zazie war sofort dabei. »Oder wir schlendern einfach über die Brücke nach Trastevere, da ist abends auch viel los!«

Ich rollte mit den Augen. »Ich würde ja gerne, aber ich bin so müde!«

»Habt ihr frühe Anreisen?«

»Nee, aber ich muss für vier Leute Frühstück machen. Meine Cousine geht ab morgen ins Reiter-Camp, ich bin das erste Mal ganz allein.«

»Wow, das hört sich heftig an!«

Ich genoss das Mitleid der beiden, verabschiedete mich von ihnen und lief die paar Meter nach Hause. Die Bürgersteige waren belebt, auch die Piazza Testaccio quoll über vor Menschen, überall hörte ich Gelächter und Gläserklirren, die Tische der Pizzerien waren jetzt schon besetzt. Touristen essen ja generell viel zu früh, daran erkennt man sie, hätte Mama bestimmt gesagt.

Ich kam auf die breite Via Marmorata, der Verkehr

dröhnte neben mir. Nur der Hund von der *Pasticceria* lag unbeirrbar in dem ganzen Chaos auf dem warmen Pflaster im Schatten und zwang die Passanten, einen Bogen um ihn zu machen. Erleichtert durchquerte ich den kühleren Torbogen. Ich wollte nur raus aus der Hitze, einen Teller Nudeln essen, mich im Dunklen aufs Bett legen und mich in mein Handy versenken. Doch jemand machte mir einen Strich durch die Rechnung. *Zia* Dette! Sie stand oben auf der Treppe und winkte mich heran, als ich am Oleander vorbei auf sie zu gestapft kam.

»Emma, da bist du ja endlich. Wir müssen reden, besser gesagt, ich muss dir etwas zeigen!«

»Kann ich eben was trinken, pinkeln und mir danach vielleicht sogar noch die Hände waschen?«

Dette nickte, doch sie klopfte ungeduldig mit dem Fuß, ich hörte es bis in die Toilette.

In der Gästewohnung war es dunkel und leer. Na klar, unsere Gäste feierten ihren Urlaub und waren an diesem warmen Sommerabend alle in der ewigen Stadt unterwegs. Dette stieß die Tür zu *Sole* auf. Das Zimmer hatte ich heute Morgen nach der Abreise der beiden älteren Damen aus Holland schon sauber gemacht, doch neue Gäste kamen erst morgen. Eine ungebuchte Nacht, so was kam selten vor in der *Casa Romolo e Remo*. Dette drehte an den hölzernen Fensterläden, das Zimmer lag jetzt im gestreiften Abendlicht und sah gemütlich, sauber und einladend aus.

»Also! Dieses Zimmer soll fertig für unsere Gäste sein, nicht wahr?«

»Ja?« Ich ahnte Schlimmes bei der Frage. Und schon ging es los: Dette fegte durch den Raum, plötzlich trug sie einen weißen Baumwollhandschuh über der rechten Hand und fuhr über alle Kanten und Flächen. »Hier, hier, hier!« Sie zeigte mir die immer schwärzer werdenden Fingerspitzen. »Die Nachttische nicht abgewischt, die Lampenschirme staubig, die Leisten oben an den Bildern, den Schranktüren … hach, habt ihr da jemals …?! Nein, offenbar nicht.« Sie schnalzte missbilligend mit der Zunge.

Ich schüttelte den Kopf. Die Kanten der Schranktüren abstauben? »Hat mir Amalia nicht gesagt.«

»Amalia, ja, mit der muss ich leider auch ein Wörtchen reden!« Dette sprach jetzt in den leeren Kleiderschrank. »Und die Bügel hier?« Sie pflückte einige Drahtbügel von der Stange und warf sie auf das Bett. »Die haben hier drin nichts zu suchen, die gehören weggeschmissen, wie sehen die denn neben unseren schönen Holzbügeln aus?«

Ich zuckte mit den Schultern. Nicht so schlimm, fand ich.

»Und das Bett?! Ist das ein gut gemachtes Bett?« Sie rupfte die dunkelrote Tagesdecke vom Doppelbett und fuhr an der Matratzenkante entlang. »Hier hängt ein Zipfel vom Laken, da vorne ist es nicht glatt gezogen, die Kissen liegen schief. So geht das nicht!«

Ich presste die Zähne aufeinander. Wenn wir Spannbettlaken hätten und nicht diese riesigen Dinger, wäre es einfacher, dachte ich. Und die Kissen lagen vorher garantiert nicht schief. Ich schwöre.

»Du machst das Bett jetzt noch mal unter meiner Aufsicht.« Dette verschränkte die Arme vor der Brust. Die dunklen Schweißflecke unter den Armen ihres roten Sommerkleids sah man trotzdem.

»Lief das Schreiben heute nicht so gut?«, fragte ich und fühlte mich schon wie Amalia. Nettigkeit war ihr bester Trick bei rummotzenden Gästen.

»Das Schreiben lief sehr gut, danke, ich will mich nur auf dich verlassen können! Dafür bist du ja hier, um zuverlässiger zu werden, nicht wahr?«

Ich knirschte mit den Zähnen, doch ich begann, das Laken glatt zu ziehen, einen Winkel zu falten und unter der Matratze einzuschlagen, bis meine Tante zufrieden war. In der Küche zeigte sie mir einige Stellen, die noch zu putzen waren (auf dem Kühlschrank, in den Fächern der Tür, neben dem Herd), und wenn das erledigt sei, sollte ich noch das Wäscheregal in der Kammer sortieren. »Kopfkissen, große Laken, kleine Laken, bitte alles Kante auf Kante, da darf nichts raushängen!«

Ich gähnte verstohlen mit geschlossenem Mund.

»Du wirst noch zu einem ordentlichen Zimmermädchen, Emma.«

Ja, das ist mein Traum, dachte ich nur, und sah an den schiefen Bettwäschestapeln entlang, obwohl ich am liebsten etwas kaputt gehauen hätte.

»Was hast du dir denn in der Stadt schon angeschaut?«

Nichts. Ich zuckte mit den Schultern. Das hatten meine Eltern mich auch schon gefragt.

»Als deine Tante sollte ich ja mit dir losgehen, doch ich habe tagsüber überhaupt keine Zeit.«

Nee, lass mal, ist auch so okay … »Na ja, Colosseum und so habe ich schon gesehen. Spanische Treppe, Vatikan. Alles.« Ich war dort gewesen, doch die vielen Menschen, die Hitze und der Lärm hatten mich panisch werden lassen, und so war ich in einiger Entfernung stehen geblieben und gleich wieder umgekehrt.

»Na, dann ist ja gut!«, murmelte Dette abwesend. »Ich muss mich fertig machen.« Sie zuppelte nervös an ihren gefärbten Haaren. »Andrea hat mich heute Abend zum Essen eingeladen, aber, ach, natürlich nur ein reines Geschäftsessen, unter Kollegen sozusagen.«

Wie schön für dich, dachte ich. Aber was gibt es dann heute bei uns? Dette schien auf Diät zu sein, der Kühlschrank war leer.

»Vielleicht kommt Amalia ja bald nach Hause und kocht.« Dette hatte meine Gedanken erraten, doch wir wussten beide, dass Amalia in den letzten Tagen ihre Freiheit genossen hatte und immer bis spätabends mit Freunden unterwegs war.

»Es müsste noch ein Rest Tomatensalat im Kühlschrank sein und Brot in der Schublade.«

Großartig.

»Und falls du ausgehst, sei bitte um halb zehn wieder hier, wenn du in Begleitung von Freunden bist, um halb elf; das habe ich deinen Eltern versprechen müssen!«

Ich nickte, in Köln durfte ich länger weg sein, aber das hier war das, ach so gefährliche Rom und meine Eltern machten sich deswegen wahrscheinlich sowieso schon in die Hose. Seufzend machte ich mich an die Arbeit.

Gegen acht war ich fertig und nahm eine kalte Dusche. Niemand außer mir befand sich in der schwülen Wohnung, ich hatte meine Ruhe. Doch jetzt ins Bett zu gehen, war unmöglich, denn ich platzte beinahe vor Wut. Die beiden Krautwickels machten Feierabend und ließen sich nicht mal sehen, um was zu kochen. Und ich? Durfte hier schuften! Ich nahm den Schlüssel und ging hinaus.

»So gemein«, sagte ich vor mich hin. »So gemein sind die. Und rücksichtslos. Und egoistisch.« Ich lief über die Straßen des Viertels, vorbei an den Menschenmassen, die zwischen den Restaurants, Bars, Kneipen und Pizzerien flanierten. Das war etwas anderes als bei uns zu Hause in Junkersdorf. Sollte ich Zazie und Ole fragen, wo sie gerade waren? Trastevere war gleich drüben auf der anderen Seite des Tiber, doch ich hatte keinen Drang, mich durch weitere Menschenmengen zu schieben. Und außerdem hatte ich mein Handy vergessen! Ich vergaß nie mein Handy! Das kam alles nur, weil ich so müde war.

An einer Ecke hielt ich an und setzte mich auf einen Steinpoller. Es war immer noch sehr warm. All meine Freunde und Freundinnen machten sich in Köln oder auf der Welt verstreut ein schönes Leben, meine Eltern waren froh, in der Bretagne endlich mal ihre Ruhe vor mir zu haben, und ich saß allein in Rom an einer Straßenecke. Und anstatt in mein Handy zu schauen, starrte ich auf die vertrockneten Grashalme, die neben mir aus dem Pflaster gesprossen waren, um dann einen elenden Durst-Tod zu sterben. So wie ich gerade … ich hatte noch nicht mal Geld mitgenommen.

Gereizt, mit am Gaumen klebender Zunge, schaute ich mich um. Vor mir breitete sich eine Pizzeria über zwei Seiten des Bürgersteiges aus. Weiße Sonnenschirme mit Aufdruck einer Bierreklame, Tische und Stühle standen eng aneinandergepresst, sie waren zur Straße mit halbhohen Holzwänden eingezäunt, an denen Blumenkästen mit Geranien hingen. Mehrere Kellner rannten herum, angetrieben von einem dicken Typ, der gleich zwei Sonnenbrillen auf seiner Glatze trug und Kommandos brüllte: »*Tavola sette, una bottiglia d'aqua, due birre!*«

Eine Flasche Wasser, zwei Bier für Tisch sieben! Allein bei den Worten glaubte ich, gleich verdursten zu müssen. Wo war noch mal der nächste Wasserhydrant im Viertel? Ich würde losgehen und ihn suchen, und wenn ich ihn nicht fände, würde ich wieder nach Hause gehen müssen.

»Leo! Na los, wo bleiben die *Calzoni* für Tisch vier, und keine Club-Limonata für Tisch drei! Das ist falsch, da gehört ein Bier hin, also weg damit!« Ich freute mich, dass ich das Italienisch des Chefs so mühelos verstand. Aber wer war der arme Leo, der da so angeraunzt wurde und seine Club-Limonata wieder mitnehmen durfte? Der Junge in dem weißen Hemd, der schwarzen Hose und den Hosenträgern, der zwischen den Tischen zu tanzen schien? Er musste es sein, denn er trug ein Tablett, auf der eine grellgrüne Dose und ein halb eingegossenes Glas standen. Jetzt blickte er hoch und suchte die Tische ab. Wollte er seine Club-Limonata doch noch irgendwo anders loswerden? Dunkle Locken, ernste Augen, unsere Blicke trafen sich.

No! Bitte nicht schon wieder! Das durfte doch nicht wahr sein. Der Kittel-Boy! Sogar seine Römersandalen hatte er wieder an. Die mussten ja verdammt bequem sein. Ich zwang mich, sitzen zu bleiben, als er jetzt auf mich zukam. »Hier, Club-Limonata, habe schon auf die Glas gegossen«, sagte er in seinem falschen Deutsch-Singsang. »*Prendila!*«

Zögernd nahm ich Dose und Glas, beides war eiskalt. Dankbar setzte ich das Glas an die Lippen und stürzte die Flüssigkeit hinunter, sie prickelte phantastisch in meiner Kehle. »*Grazie!*«, sagte ich außer Atem. Er hieß also Leo.

»Aber nicht legen auf meine Vespa, später.« Schon tanzte er wieder davon. *Halt, bleib doch hier!*, hätte ich am liebsten gerufen. *Rede mit mir. Ich bin so furchtbar allein!*

Ich lag im Bett und hörte Mama und Papa mal wieder unten streiten. Sie waren jetzt immer so mit sich beschäftigt, sie fragten nicht, was ich den ganzen Tag machte, das war ungewohnt und hätte mich eigentlich freuen müssen. Sie erkundigten sich nur nach Opa Edgar, ich erzählte von den Büchern, das reichte ihnen, alles weitere interessierte sie gerade gar nicht. Wie es mir ging, zum Beispiel.

Normalerweise hätte ich mir die AirPods eingesetzt, um sie nicht zu hören, doch die Musik störte mich an diesem Abend beim Lesen. Die Bücher, die mein Opa mir geliehen hatte, waren echt cool. Ich verstand nicht alle Gedichte darin, aber Edgar hatte mir was über Metaphern erklärt, einfache Bilder, die man benutzte, um komplizierte Gedanken auszudrücken. Manche waren toll, und ich liebte sie.

Und dann wusste ich genau, wie der Typ oder die Typin (Ingeborg Bachmann war eine der wenigen Autorinnen, die dabei waren) sich gefühlt hatte, als er sie schrieb. Ging es darum bei Gedichten? Sollte man als Leserin den Autor oder die Autorin verstehen oder sich gar genauso fühlen?

Liebe
Schön wie der Tag
Und schlecht wie das Wetter
Bei Schlechtwetter

So dichtete dieser Jacques Prévert.

Ja genau, so war es doch, alles war schlecht wie Schlechtwetter, wenn einer nicht mehr zurückschrieb! Oscar war echt ein bisschen launisch, mal wollte er mich unbedingt sehen, und wir saßen im *Paradiso* rum, dann hatte er plötzlich zwei Tage hintereinander keine Zeit. Mein Gesicht hatte er nicht mehr in die Hände genommen, den kleinen Kuss nicht wiederholt. Ich nahm einen Stift, las das Gedicht von Prévert noch einmal durch und wandelte es dann ein bisschen ab.

Im Paradiso
Abertausend Jahre Zeit
Fassen nicht
Die kleine Sekunde Ewigkeit
Da du mich küsstest
Eines Nachmittags im trüben Sommergrau
In einem Eiscafé in Köln
Auf dieser Erde
Die ein Stern ist.

Daran war echt unheimlich viel geklaut, die kompletten ersten vier Zeilen zum Beispiel, und die letzten beiden auch…, doch die Überschrift war von mir und ich fand es großartig. Sorry, Jacques, dachte ich, ich übe noch, das nächste schreibe ich allein. Ich legte mein nagelneues, gerade begonnenes

Gedichte-Heft beiseite und fühlte mich mit der ganzen Welt verbunden. Ich verstand alles und jeden, ich war alle, und gleichzeitig ich selbst. Und obwohl meine Eltern jetzt wieder eisige Stille durch das Haus schickten, war ich nicht allein.

8. Kapitel

NICHT DIE VESPA ANFASSEN!

18.10 Uhr. Signora Carnevale hatte, wie immer, überzogen, doch nun war der Kurs für heute geschafft, und wir verließen lärmend und unter viel Gequatsche den Klassenraum.

»Leute, ich muss mich beeilen, ich habe ein Date«, rief Zazie. »Muss dafür quer durch die Stadt, ins Lorenzo-Viertel.«

»Tinder?«, fragte Ole.

Zazie nickte. »Guter Typ, *é bellissimo*!«

»Wieso lässt du ihn nicht herkommen?« Ole schüttelte den Kopf. »Mein nächster Hoffentlich-Boyfriend erwartet mich in dieser Trattoria an der Piazza Testaccio. Und zwar« – er schaute auf sein Handy – »in vier Minuten, *Dio mio*!«

»Und du, *Piccola*?« Zazie nannte mich neuerdings *Piccola*, Kleine. Ich zuckte mit den Schultern und legte dann den Zeigefinger vor den Mund, denn ich hatte jemanden in der Gruppe vor uns auf dem Flur erspäht.

»Moment!« Ich machte ein paar große Schritte, schlich mich von hinten an ihn ran und flüsterte laut in sein Ohr.

»Cosa?« Er tat, als ob er sich erschrecken würde. Automatisch fiel ich in seine Antwort mit der Vespa ein, die jetzt kommen musste und auch kam. Wir lachten kurz, er

schlenderte weiter, und ich wartete grinsend auf Zazie und Ole.

»Was habt ihr zwei denn da immer miteinander zu reden?« Ole war der neugierigste Mensch, den ich kannte.

»Ach, nichts.« Ich biss mir vor Freude auf die Unterlippe. »Wenn ich ihn zufällig treffe, frage ich ihn: *Kein Kittel heute?!* Und dann antwortet er garantiert: *Nicht toccaren die Vespa!*« Ich lachte verlegen. »Na ja, das sagen wir dann beide extra falsch. Jedes Mal. Und, äh, beinahe jeden Tag.«

»Oooh, was ist das denn für'n süßes Spiel!« Zazie legte mir im Gehen einen Arm auf die Schulter und drückte mir einen Kuss aufs Ohr. Mit ihren neunzehn Jahren war sie wie eine große Schwester für mich, die ich nie gehabt hatte.

»Und mehr passiert nicht?« Ole stellte sich uns in den Weg. »Komm erzähl, wir wollen sofort alles wissen!« Für ein bisschen Tratsch war er offenbar bereit, verspätet zu seinem Date zu kommen.

»Nein, da ist nichts, ist eben so ein Ding zwischen uns. Nur ein Witz. Ich kenne den doch gar nicht.« Ich schubste den schlaksigen Ole spielerisch von mir weg.

»Ich fand den ja schon von Anfang an *cute*!« Zazie zog sich im Gehen ihre Lippen mit einem korallenroten Lippenstift nach und kontrollierte das Ergebnis in einem kleinen Spiegel.

Wir traten aus der klimatisierten Kühle der Schule in die abendliche Hitze, die sich unter dem hohen Himmel der Stadt ausbreitete. »Ich finde ihn nicht *cute*, sondern viel zu dünn«, sagte ich. »Hat keine Muskeln, und bisschen komisch ist er auch.«

Gemeinsam passierten wir den Torbogen. An der Straße

stand Kittel-Boy Leo und fummelte an seinem orangenen Roller herum. »Da ist er ja«, flüsterte Ole, wir blieben abrupt stehen, und niemand bewegte sich, als sei der Kittel-Boy ein scheues Tier.

»Der *hat* Muskeln, ganz sehnige, lange, der ist eben nicht so ein aufgeblasener Fitnessstudio-Idiot. Glaubt mir, mit Männern kenne ich mich aus.« Ole gab uns beiden rechts und links einen Schmatzer auf die Wangen und eilte davon. Auch Zazie verabschiedete sich. *»A domani!«* Ja, ja, bis morgen.

Ich linste unauffällig zu Leo hinüber und nahm seine nackten Oberarme in Augenschein. Wo waren da bitteschön Muskeln? Oscar hatte Muskeln, ja, *der* schon!

In diesem Moment gab mein Handy den Oscar-Harfenton von sich, den ich für ihn eingestellt hatte. Mein Herz puckerte los. Er hatte tatsächlich geschrieben, er, der seit Tagen nichts von sich hatte hören lassen!

Hey, du bist ja immer noch in Rom.

Ja, blöd, ich weiß. Sofort wollte ich wieder zurück nach Köln, aber das ging ja nicht, unser Haus war ja noch von Schweden besetzt. Und was, wenn er sich gar nicht mehr für mich interessierte, wenn ich endlich wieder zurück war? Immer wenn ich auf der Snapchat Map nachschaute, war da, wo Oscar war, auch dieses Mädchen namens Poppy. Ich kannte sie, sie ging in die 9b und war supersportlich und so. Vielleicht trainierte sie ja auch für ein blödes Turnier? Eine heiße Eifersuchtswelle stieg in mir auf, ich blieb stehen und beeilte mich, zurückzuschreiben.

Si, ich dachte, ich lern mal Italienisch. Ist echt easy und geht schnell.

Das war nicht mal gelogen. Innerhalb einer Woche war unser Dreier-Team in Level B2 aufgestiegen, ich verstand schon recht viel und notierte mir, wo und wann ich nur konnte, neue Wörter, die ich auf der Straße aufschnappte oder irgendwo las.

Und deine Tante? Ist die immer noch so aggro?

Geht so. Ich weiß jetzt ungefähr, was zu tun ist, und sie lässt mich meistens in Ruhe. Vielleicht mache ich nach der Schule eine Pension in Rom auf. – Spaß!

Die ersten Tage der neuen Woche hatte ich tatsächlich ganz gut hinbekommen. Putzen durfte ich ab jetzt allein, das war echt hart. Allerdings wusste ich inzwischen, mit was für Tricks Dette mich zu kontrollieren versuchte. Bei den letzten beiden Malen hatte sie kaum etwas gefunden, für das sie mich anmachen konnte. Sie schien beinahe etwas enttäuscht.

Doch sie hatte mir geholfen, die neuen Gäste – zwei Frauen aus Dänemark und ein junges Pärchen aus München – zu begrüßen. Das heißt, sie trompetete ihr überschwängliches *Buongiorno* und *si* und *no* und *allora*, und ich stand daneben, nickte dumm und fühlte, wie mein Grinsen ganz starr auf meinem Gesicht wurde. Mir waren fremde erwachsene Menschen einfach unangenehm.

Ich schickte Oscar eine italienische Fahne und einen Smiley und bekam einen mit Sonnenbrille von ihm zurück.

Du als Chefin einer Pension? Cool, ich komme vorbei!

Ja, mach das!

Ich schaute mich um. Leo stand noch immer unter dem Baum an seinem Roller und sah mich nicht. Seufzend machte ich ein paar unschlüssige Schritte. Wohin sollte ich gehen? Es war so verdammt heiß, und bis auf den schlammig braunen Tiber war kein Wasser in der Nähe. Ja, zu Hause hätte ich jetzt ins Stadionbad gehen können. Sogar bis nachts um halb zehn hatte das im Sommer auf. Ich sah auf mein Handy. Vierzehn Grad in Köln, was für einen eiskalten Sommer mussten die da oben im Norden ertragen? Nichts mit Stadionbad.

Hinter mir knatterte ein Motor los, Leo hatte seinen Roller endlich in Gang gebracht und fuhr auf dem Bürgersteig an mir vorbei, um sich zwischen zwei geparkten Autos auf die Straße quetschen zu können. Er nickte mir zu, ich winkte lässig zurück. Mit seinem weißen Eierschalenhelm und dem gelben T-Shirt sah er aus wie dieses Vogelküken aus der Anime-Serie. Ein Küken in braunen Römersandalen, bitte schön!

»Dove vai?«, fragte das Küken jetzt.

A casa, nach Hause, hätte ich beinahe lahm gesagt, doch dann antwortete ich: »Schwimmen.« Ich machte entsprechende Bewegungen mit den Armen.

»Ah, bene!« Er nickte, bevor ihm etwa einzufallen schien. »Moment, wo gehst du … schwimmen?«

»Keine Ahnung, sag du es mir! Im Tiber?«

Er schüttelte den Kopf. »*Nel Tevere? No*, vergisse das!«

Natürlich würde ich nie da reingehen, dennoch sagte ich: »Aber es ist so furchtbar heiß!« Stöhnend wischte ich mir den Schweiß von der Stirn, da sprang Leo schon vom Roller, öffnete die Sitzbank und reichte mir einen Helm, ganz ähnlich wie seiner. »*Eccolo*, ich zeige dir, wo wir können gehen!«

Eine Sekunde hielt ich den Helm in der Hand. Sollte ich wirklich?

»Ich fahre *vorsiktik*«, sagte er. »Wir haben Wasser und kalte Schatten!«

Super, *kalte Schatten* vermisste ich gerade sehr.

»Und kennst du der Orangengarten, oben?«

»Nein. Unten auch nicht.« Ich grinste.

»Und Schlüssellock?«

Was? »Nein.«

»Und magst du, wie nennt man das, wenn du schaukelst in die Matratze?«

Wie? *Schaukelst in die Matratze?* »Meinst du eine Hängematte?«

»Si!« Er lachte mich mit seinen dunklen Augen an und schwang sich wieder auf den Roller, dann rutschte er etwas nach vorne, um mir Platz zu machen. »*Allora*, es geht los. Wie heißt du eigentlich?«, fragte er auf Italienisch, und ich freute mich, dass ich ihn so gut verstand.

»Emma.« Ich kletterte auf den Sitz, wieder ertönte der Oscar-Ton in meiner Tasche. Doch das war kein guter

Moment, um da jetzt draufzuschauen … denn ich war damit beschäftigt, meine Beine irgendwo unterzubringen Und wenn ich nicht herunterkippen wollte, musste ich auch schnell etwas finden, woran ich mich festhalten konnte. Und das würde nicht sein Oberkörper sein!

»Mettili lì!« Er wies auf das Trittbrett, ich sollte meine Füße hinter seine stellen. Der Roller machte einen Satz auf die Straße, meine Finger tasteten nach der Stange hinter dem Sitz und krallten sich fest.

»Emma!«, rief er über die Schulter. *»Come Emma Watson! Le assomigli.«* Er fuhr dicht hinter einem Auto, versuchte, es zu überholen.

Was, hatte ich das richtig verstanden, ich sah Emma Watson ähnlich? Na ja. Glaubte er das wirklich? *»Credi davvero?«*

»Si, intelligente come lei, ma ancora più bella!«

»Grazie.« Ich grinste und hob den Kopf. Ich fuhr auf einem Roller durch Rom, und jemand behauptete, ich sei genauso intelligent, aber noch schöner als Emma Watson … *Pfff.* Diese Italiener warfen mit Komplimenten nur so um sich, das war ja bekannt. Egal. Er bremste scharf, und ich knallte mit meinem Helm gegen seinen Helm. Aua!

»Scusa!« Er bog links ab, wir fuhren in eine ruhige Seitenstraße, die jetzt immer mehr anstieg und den Berg hinaufführte. Derselbe Berg mit seinen vielen Bäumen, der von unserem Tor aus zu sehen war und auf den ich es bis jetzt noch nicht geschafft hatte. Ich schlang nun doch einen Arm um ihn, um nicht von der Sitzbank zu rutschen. Okay, was ich da fühlte, war nicht dünn, sondern fest und eher … ein Sixpack? Ich konzentrierte mich, um ihn mit

meinem Oberkörper nicht zu berühren und nicht noch mal gegen seinen Helm zu knallen, und betrachtete die Umgebung. Eine Villa nach der anderen zog an uns vorbei, bunt angestrichen in leuchtendem Gelb und Orange. Hinter den Mauern und eisernen Toren waren Gärten zu sehen, hohe Pinien streckten ihre Kronen wie platte grüne Kissen dazwischen empor. Die Vespa röhrte vor sich hin, doch der Fahrtwind war herrlich! Mir war schon gar nicht mehr so heiß.

»*Eccolo!*« Er hielt vor einem der Häuser, ließ mich absteigen und parkte den Roller zwischen zwei Autos.

»Gibt es hier die kalten Schatten?«

»*Ma certo*! Ich sollte ein bisschen Arbeit machen.«

Ich kicherte leise, ich mochte sein falsches Deutsch und hoffte, dass mein Italienisch für ihn mindestens genauso lustig klang.

Er zog einen dicken Schlüsselbund hervor, ging ein paar Schritte an der hohen, terracottafarbenen Mauer entlang und öffnete ein mit Efeu bewachsenes, schmiedeeisernes Gartentor. »Die Leuten sind nicht da, ich gieße der Garten.«

»*Den* Garten«, berichtigte ich automatisch, ich trat hinter ihm durch die Gittertür und folgte ihm auf dem schmalen Weg, der sich zwischen der herrschaftlichen Villa, dichten Oleanderbüschen und einem flachen Gartenhäuschen dahinwand. Wir bogen um eine Ecke, und ich schnappte nach Luft.

»Warum sagst du mir nicht, dass es so was in Rom gibt!?«, stieß ich hervor. Wir standen in einem verwunschenen Garten, dick, grün und schattig quoll er zwischen den Mauern hervor. Blühende Büsche, eine plätschernde, moosige Brunnenschale, groß und flach wie eine Riesenuntertasse, ein von Kletterpflanzen völlig überwucherter, windschiefer Tisch, dahinter ein Gewächshaus, aus dem Leo jetzt einen Gartenschlauch holte. Mit Scham erinnerte ich mich daran, dass ich ihn anfangs so genannt hatte: *Gartenschlauch-Boy*. Ich räusperte mich. »Wie viele Jobs hast du eigentlich?«

»Bin ich nur Gärtner in verschiedene Häuser.«

»Auch bei mir im Hof.«

»Ja.« Er tat, als ob er den Wasserschlauch auf mich richten wollte, und ich sprang kreischend zurück. »*Mi scusa*, das war nicht … an diesem Morgen, ich wollte nicht!«

Ich winkte ab. »Und in der Sprachschule putzt du.«

»*Si*, um den Kurs machen zu können«, antwortete er. Nun wieder auf Italienisch.

Mir gefiel unser Sprachmischmasch. »Aber in der Pizzeria arbeitest du auch?«

»Ist die von meinem Onkel. Der will das aber nicht, der sagt, ich soll lieber zur Schule gehen, um etwas Ordentliches zu lernen, nicht so wie er.« Er grinste und goss währenddessen die ersten Pflanzen in ihren Beeten und Kübeln. »Er kümmert sich um mich, seitdem ich bin allein.«

Hatte ich das richtig verstanden, Leo war allein? Ohne Eltern? Er musste meinen fragenden Blick gespürt haben. »Ich habe meinen Vater nicht gekannt, und Mama ist vor drei Jahren von uns gegangen.« Er schlug das Kreuzzeichen und ich schwieg. »Meine Brüder sind groß, sehe ich nie.« Meine Güte, allein bei der Vorstellung, ohne Eltern zu sein, bekam ich einen engen Hals und Tränen schossen mir automatisch in die Augen. Plötzlich fiel mir ein, dass ich verdammt weit weg von zu Hause war.

»Guarda!«, forderte Leo mich auf und zeigte tiefer in den Garten hinein.

Meine Stimme jauchzte auf, als ich den blütenweißen Stoff zwischen zwei Baumstämmen entdeckte. »Eine Hängematte!«

»Leg dich rein, mach eine Pause!«, sagte Leo auf Italienisch. »Ich muss was vorbereiten.«

Das ließ ich mir nicht zweimal sagen. Nachdem ich den Stoff von den heruntergerieselten Piniennadeln befreit hatte, kletterte ich hinein und schloss die Augen. Der Verkehrslärm, das Hupen und Kreischen der Straßenbahnbremsen, alles, was mir Kopfschmerzen machte, sobald ich auf die Via Marmorata trat, war kaum mehr zu hören. Stattdessen nur ein fernes Rauschen, das Wasser des Brunnens, das Pladdern auf den Blättern von Leos Gießaktion. Und es war kühler in dem Viertel hier oben, ein paar Grad wenigstens. Das war also auch Rom! Ich konnte es immer noch nicht fassen.

Leise im Schatten schaukelnd, war ich schon fast eingedöst, als er plötzlich neben mir stand. Der dünne Leo, der mir jetzt gar nicht mehr so dünn vorkam, mit den Locken und der hohen Stirn und diesem sehr wachen, sehr lustigen Lachen auf dem Gesicht.

»Andiamo?«

»Okay.« Ich streckte mich. »Wenn es sein muss.«

»Es muss nicht sein«, sagte er auf Italienisch. »Aber *la Signora* wollte doch auch noch schwimmen gehen.«

»Äh, ja?«

»Komm mit!«

Ungelenk wälzte ich mich aus der Hängematte und lief hinter ihm her. Nasse Gräser und Blätter streiften meine nackten Beine und Füße. Und dann sah ich sie! Unter den hängenden Ästen eines knorrig gewachsenen Baums stand eine Zinkbadewanne auf Löwenfüßen, sie war nur etwas mehr als einen Meter lang, dafür aber ziemlich tief und bis oben mit klarem Wasser gefüllt!

»Die ist ja toll! *Meravigliosa*!« Das Wort hatten wir heute im Kurs gelernt, es bedeutete *wunderbar*. Ich ließ eine Hand hineinhängen, das Wasser war superkalt!

»Der Pflanzen sind gegangen kaputt. Habe alle rausgeworfen, sauber gemacht und *eccolo*: Eine Pool für dich!«

Wie süß war das denn? »Danke! Das ist aber sehr nett von dem *Signore*!«

»Ich bringe noch was zum Reinsteigen.« Das sollte sein nächster italienischer Satz vermutlich bedeuten, denn Leo schaute sich suchend um und ging dann auf das Gewächshaus zu.

Ich zögerte, doch nach ein paar Sekunden war die Sache für mich entschieden. Leo hatte extra einen Pool für mich erschaffen, also würde ich jetzt auch darin baden! Ich streifte mein Sommerkleid ab und stand nur noch in Unterwäsche da. Beides neutral und schwarz. Glück gehabt.

Jana behauptete immer, dass meine Figur mega sei. *Man sieht noch, dass du mal geschwommen bist, und trotzdem hast du Kurven, ey, wenn ich so aussähe, Emma …*, sagte sie manchmal.

Ich zeigte ihn zwar nicht oft, aber ehrlich gesagt, war ich

selbst ganz zufrieden mit meinem Körper. Dass ich keine Kondition mehr hatte und in allem außer im Schwimmen und Turmspringen ziemlich unsportlich war, wusste ja niemand, der mich nicht beim Sportunterricht gesehen hatte.

Leo kam mit einem alten, dreibeinigen Hocker zurück, er glotzte meinen Körper nicht an, sondern tat, als sei ich immer noch angezogen.

»Eccolo!« Er stellte das Teil vor mich. Ich stieg darauf, streckte einen Fuß in das Wasser und zog die Luft zwischen den Zähnen ein. *»Dio!«* Ich hielt mich am Rand der Wanne fest, rein mit dem ersten Bein, das nächste, schnell bis zum Bauchnabel, die Haare hochhalten, dann bis zum Hals. Ich japste, ich prustete: »Mann, ist das kalt, *cavolo*, ist das geil!«

Leo stand vor mir und starrte mich nur an. »Du bist einmalig, Emma. *Sei unico*«, sagte er. »*Sei forte!* Du bist stark. Ich kenne kein Mädchen, das es hätte so schnell da reingeschaffte. Aber was heißt *geil*?«

»Äääh, erkläre ich dir später! Uuuaaah!« Ich schoss aus dem Wasser. »Jetzt reicht es aber auch!«

Leo streifte seine geliebten Sandalen, T-Shirt und Hose ab, ich versuchte nun meinerseits, nicht zu glotzen, sondern sprang auf und ab und schüttelte die Wassertropfen von mir ab. Ich war so wach, so klar im Gehirn wie lange nicht mehr!

Leo tauchte sogar mit dem Kopf unter, flüchtete aber nach Sekunden aus dem eiskalten Wasser. Ich sah an ihm und seiner nassen dunkelblauen Unterhose vorbei. Gott sei Dank eine von denen mit etwas längeren Beinen.

»Und jetzt, Emma? Was machen wir?«

»Was war mit dem Orangengarten und dem Schlüsselloch?«, rief ich und drehte mich von ihm weg. Ole hatte recht gehabt, so dünn war er gar nicht ... Total sehnig und Muskeln unter der Haut. Sorry, aber ein bisschen hatte ich natürlich schon hingesehen ...

»Zeige ich Ihnen gleich, Signora!«

»Grazie!« Ich suchte nach meinem Handy, streifte mir mein Kleid über die erfrischte Haut und ging durch den Garten. Die Hängematte, der moosige Untertassen-Brunnen, die Wanne unter den hängenden Ästen des Baumes, alles tolle Motive für meine Kontakte auf Snapchat und natürlich für ...

Ich ließ das Handy sinken. Plötzlich wollte ich keine Bilder mehr machen, um sie zu verschicken. Das hier war mein geheimer Garten, nur für mich, den wollte ich mit niemandem teilen.

Ich hörte, wie Leos Handy unter dem Baum mit den hängenden Zweigen klingelte. *»Oh nooo!«*

Ich streifte noch einmal durch den Garten, machte ein paar Fotos, nur für mich. Als ich zurückkam, war er angezogen. »Meine Onkel brauchte mich, Notfall *assoluto*! Er sagt immer, ich soll lieber mehr Deutsch lernen, damit ich in *Germania* weiter zu die Schule gehen und studiere kann, aber wenn Patrizia und Ugo fehlen, muss ich kommen!« Er schaute mich bedauernd an. *»Vieni con me? Mangi un piatto di Spaghetti da noi?«*

Ich grinste. Natürlich kam ich mit ihm, einen Teller Spaghetti konnte ich immer essen!

Ich ging über den Platz und machte ein Foto nach dem anderen von Oscar. Gar nicht so leicht, ihn gut einzufangen, er war einfach immer in Bewegung. Manchmal waren die anderen Jungs auch mit drauf, das war okay, sonst wären meine Bilder auf Snapchat zu auffällig gewesen. Aber eigentlich hatte es schon jeder und jede kapiert: Oscar und ich gehörten zusammen! Irgendwie jedenfalls. Oder traf er sich noch mit einem anderen Mädchen zum Eisessen und küsste sie auf ihre Wangen? Na also, eben nicht! Das wusste ich genau! Ich war jetzt so oft im *Paradiso*, ich hatte sogar schon andere Eissorten probiert, um mich nicht zu langweilen …

Ein bisschen mehr Italienisch konnte ich inzwischen auch. Ich musste nur zuhören, die Kellner im *Paradiso* machten den Gästen dauernd Komplimente. Immerhin hatte ich diese Sprache mal für ein Jahr in der Achten gehabt, aber danach nicht weitergemacht. Etwas, wofür Tante Dette mich bei ihrem Besuch natürlich sofort angemacht hatte. Egal. Was *Ma che cosa dici?!* bedeutet, wusste ich jetzt wieder, oder *sei forte, sei meravigliosa, sei incazzato*? Solche Redewendungen eben, die man nur lernt, wenn man viel unter Italienern ist. Ich hing da wirklich oft rum, weil es in der Nähe war, das Wetter immer noch mies war und ich nicht zu Hause sein mochte. Mama hatte mich doch echt gefragt, ob ich ihren neuen Freund kennenlernen wollte. *Oh bitte! Natürlich nicht!*

Papa ging nicht mehr ins Büro, er war den ganzen Tag zu Hause und bastelte in seinem Keller an einem seiner komischen Buddelschiffe herum. Er war traurig und tat mir auch total leid, aber ich konnte nicht lange in seiner Nähe sein. Er setzte dann immer dieses besonders fröhliche Gesicht auf:

Alles nicht so schlimm. Dabei war alles schlimm! Wie wollten wir denn bitte schön in dieser Laune meinen Geburtstag in drei Wochen feiern?! Konnte mir das mal jemand erklären? Mit diesem blöden Kai vielleicht sogar, oder wie der hieß? Niemals! Dann lieber gar nicht feiern. Oder sie sollten mir Geld geben, dann würde ich allen Parkour-Leuten im Bode-Park einen Kasten Bier ausgeben und Fassbrause, Eis und Chips dazu, das wäre cool! Oscar könnte den Kasten für mich kaufen und fände das bestimmt auch super.

Ich setzte mich wieder auf meine Stammbank, da wo Oscar auch immer saß, wenn er nicht trainierte, und seufzte. Eine Gänsehaut lief mir über den Rücken, aber nicht in freudiger Erwartung auf meine Bier & Chips Party, sondern weil mir kalt war. Es war 19 Uhr und alles andere als ein schöner, toller Sommerabend. Ich wählte die besten Fotos aus und machte auch noch ein Selfie von mir. *Lachen, Emma, lachen!* Nein, so ging das nicht, auf den Bildern sah ich viel zu traurig aus.

»Ich geh nach Hause«, rief ich Oscar zu. Ich hoffte, dass er von seinem blöden Reck sprang, um mir Tschüs zu sagen. Aber nein, er winkte nur: »Bis morgen, Emma!« Dann zwinkerte er mir auch noch zu. Eigentlich fand ich Zwinkern blöd. Aber egal.

♥

Zu Hause bearbeitete ich die schönsten Bilder von Oscar ein bisschen und stellte sie in meine Story auf Snapchat. Ich sah nach, was die anderen so machten. Als ich wieder aufschaute, war es schon eine Stunde später, aber immer noch nicht dunkel. Ich hörte Mama unten in der Küche, Papa nicht. Die beiden stritten nicht mehr, sie sprachen gar nicht mehr miteinander, und das sollte nicht schlimm sein?

Morgen Abend Party, Mädels?

Die Frage kam von einem Mädchen namens Poppy, das ich vor kurzem hinzugefügt hatte, aber auch nur, weil sie auf meiner Schule war.

Treffen bei Noah

Noah? Ich zuckte zusammen. Dem Freund von Oscar?

Ich fragte bei Hilli nach, vor der ich wusste, dass sie Poppy gut kannte.

Ja klar, der hat morgen sturmfrei, komm doch auch! Läuft da eigentlich was mit Oscar?

Ganz schön neugierig, diese Hilli. Sie wollte Regisseurin werden oder irgendwas beim Film und lief deswegen meistens mit einem Trenchcoat herum, bisschen albern, wie ich fand. Ich wurde rot, als ich die Antwort schrieb, doch mir war grade danach.

Ja, noch nicht offiziell, aber irgendwie schon.

Echt? Bist du sicher? Ich kenne jemanden, die interessiert das.

Interessiert was? Ob da was läuft zwischen uns?

Garantiert diese Poppy! Jetzt wurde ich sauer.

Oscar und Meckes sind jedenfalls *safe* da. Hat er dich nicht gefragt, mitzukommen? Seltsam.

Ich bin nicht eingeladen, wollte ich schon schreiben, doch die Schrift verschwamm vor meinen Augen, weil ich jetzt erst mal heulen musste. Oscar ging allein zu dieser doofen Party, und Poppy würde ihn sich schnappen, wenn ich nichts unternahm.

Ich musste da hin!

9. Kapitel

ESPRESSO IM ORANGENGARTEN

»Hi, Jana!«

Ich hatte mich ein paar Tage nicht gemeldet, und damit sie nicht glaubte, ich sei entführt worden, schickte ich meiner Freundin eine Sprachnachricht. Auf dem Bett liegend, diktierte ich in mein Handy: »Ja, ich bin immer noch hier. Ist aber okay, nach Hause könnte ich zwar wieder, aber jetzt will ich nicht mehr ...« Ich lachte auf. »Mann, ich bin schon über zwei Wochen in dieser crazy Stadt ... es ist so heiß, so anstrengend, so laut, so voll hier, du glaubst es nicht. Und ich habe so viel zu tun wie nie zuvor in meinem Leben, aber komischerweise macht mir das auch noch Spaß. Und Rom ist so genial! Die Wohnung nebenan mit den drei Zimmern nervt natürlich. Denn ich bin die, die jedes einzelne nach einer Abreise putzen muss, ich muss auch täglich das Bad und die Küche saubermachen und das Frühstück parat stellen. Ey, als ob diese erwachsenen Leute das nicht selber können! Neulich habe ich echt gemogelt, das war cool und ging für ein paar Tage auch gut. Wir hatten keine Abreisen. Ich kaufte Toast und Butter, sorgte dafür, dass immer reichlich Espressokaffee da war und genügend Marmelade. Da waren diese Frauen aus Dänemark, die waren echt nett, das Pärchen aus München auch, und die Franzosen, Remi und Thierry, denen ihr Schlaf so wichtig war, sowieso. ›Wir machen das schon, Emma, wir bedienen uns selbst‹, haben die gesagt, ›kein Problem.‹ Das war natürlich super, ich hatte morgens frei, hab Dette nichts gesagt und ging stattdessen unten am Tiber spazieren. *Tevere* nennen den alle hier. Das ist früh um sieben echt schön da. Radfahrer, Jogger, es ist noch kühl und irgendwie fühle ich mich den anderen auch überlegen, wenn ich so früh wach bin, kennst du das? Na ja, auf jeden Fall hat meine Tante das dann am dritten Tag doch gemerkt und motzte beim Abendessen fürchterlich herum. Wir essen echt selten zusammen, umso besser, wenn du mich fragst. ›Du musst als Ansprechpartnerin zur Verfügung stehen, einmal am Tag sollen unsere Gäste dich zu Gesicht bekommen!‹«

Ich grinste, die Stimme von Dette bekam ich echt gut hin.

»Und Amalia, meine Cousine, sagt dann ganz scheinheilig: ›Ich würde ja gerne aushelfen, *Mammina*! Aber ich habe mich jetzt noch für den Abenddienst im Reitstall verpflichtet.‹«

Okay, an meiner Amalia-Imitation musste ich noch arbeiten.

»Dabei hebt sie die Hände, zwinkert mir aber verschwörerisch zu. Ich meine, was soll diese Zwinkerei? *Abenddienst im Reitstall ist voll gelogen*, heißt das doch, oder? Ich zwinker aber trotzdem heimlich zurück, immer besser, eine Verbündete zu haben. Also mache ich nun wieder Frühstück und nehme den Gästen den Platz in der Küche weg, für heute habe ich es aber schon hinter mir. Die Däninnen werden leider abreisen, schade, die waren echt cool. Bis zehn müssen sie draußen sein, ich werde also gleich rübergehen und so gründlich putzen, dass Dette mit ihrem weißen Kontroll-Handschuh keine Chance mehr hat. Hört sich vielleicht komisch an, aber ich strenge mich echt an und werde hier voll zum ehrgeizigen Tier. Ich will ihre Meckerei einfach nicht mehr hören müssen, weißt du? Außerdem kann ich beim Putzen erstaunlich gut nachdenken. Oder neue italienische Wörter lernen. Oder innerlich ganz ruhig werden, weil ich vor lauter Schrubben an nichts mehr denke. Ich glaube, du wunderst dich jetzt echt, oder? Hey, mach's gut und lass mich mal wissen, wie es dir geht, wo du doch jetzt wieder in Köln bist. *Ciao, ciao, ciao, un bacione!*«

Das sagten die Italiener immer am Handy, wenn sie sich verabschiedeten.

Ich stand auf. Ein Zimmer, komm, das ist nicht so schlimm, sagte ich mir. Dann bist du fertig für heute. Denn einen anderen Vorteil hatte die Arbeit auch noch. War sie erst mal getan, und hatte Dette nichts gefunden, an dem es etwas auszusetzen gab, ließ sie mich in Ruhe. Aber komplett! Sie hatte ja auch selbst so viel zu tun und wurde nicht müde, es zu erwähnen. Die Konflikte der Hauptfiguren, und irgendein Spannungsbogen, der nicht stimmte, *Dio*, was es bei so einem Roman alles zu beachten galt! Meine Tante wirkte allerdings nicht so, als ob ihr das Sorgen bereitete. Im Gegenteil, sie lächelte viel und sah irgendwie besser aus als vorher. Sie wusste, dass ich am Nachmittag für zwei Stunden zur Sprachschule ging, aber zwischendurch oder auch danach konnte ich tun und lassen, was ich wollte. Hauptsache, ich war gegen zehn, na gut, Dette war da echt cooler als meine Eltern, spätestens elf zu Hause.

Ich ging hinüber in die Gästewohnung. *Sole*, das Zimmer der Däninnen, stand auf. Es war leer und roch ein bisschen nach Schlaf und den Parfüms der beiden, obwohl das Fenster offen war. Das Bettzeug war verwurschtelt, und der Papierkorb quoll über von Müll und schicken Boutique-Tüten, die Damen waren offenbar shoppen gewesen, doch auf dem kleinen Tisch sah ich einen Zehn-Euro-Schein! Zehn Euro Trinkgeld! Wie genial war das denn?! Manchmal schon hatte ich einen oder zwei Euro gefunden, aber meistens bekam ich gar nichts. Ich steckte den Schein hochzufrieden ein, das war besser als jedes Taschengeld, und fing an, die Laken abzuziehen.

Mein Magen knurrte, ich freute mich jetzt schon auf mein Mittagessen und stellte mir den Teller Pasta vor, den ich für mich und Dette aus dem *Da Mario*, der Pizzeria von Leos Onkel, holen würde. Wir ließen dort anschreiben, irgendwann ging meine Tante dann hin und bezahlte. Dette bestellte per WhatsApp bei mir, manchmal war es auch eine Riesenpizza (in diesem Fall immer *pommodori, ruccola*), und ich lief dann los, aber ich durfte den Teller oder den Karton immer nur auf dem Absatz des Treppenhauses im dritten Stock abstellen. Meine Güte, was für eine Heimlichtuerei! Natürlich hielt ich beim Restaurant Ausschau nach Leo, und manchmal sah ich ihn dann zwischen den Tischen herumflitzen. Ich hoffte, dass er heute da wäre, wir könnten uns dann für nach dem Sprachkurs verabreden.

Bei dem Gedanken musste ich grinsen, während ich die

Bettwäsche in der Küche in die Maschine stopfte und sie anstellte. Zu Hause hatte ich das noch nie getan, in meinem ganzen Leben nicht, wieso hatte mir eigentlich nie jemand erklärt, wie so ein Ding funktionierte?

Endlich Mittagessen! Leo konnte ich draußen vor der Pizzeria nicht entdecken, und auch in der Küche stand er nicht, wo er manchmal aushalf. Warum machte mich das so unruhig, warum war ich überzeugt, ihn jetzt unbedingt sehen zu müssen, um bis zu meinem Sprachkurs weiterhin einen guten Tag zu haben?

♥

Umso mehr freute ich mich, ihn nach den Unterrichtsstunden zu sehen. Ich rannte auf ihn zu, und wir sprachen unsere beiden Sätze.

»Kein Kittel heute?!«

»Nicht *toccaren* die Vespa!«

Er gab mir zwei Wangenküsse, und wir gingen wie selbstverständlich miteinander hinaus zu seinem Roller.

»Hast du Zeit?«, fragte er.

Ich zuckte mit den Schultern und murmelte: »Ja, glaube schon.« Er wusste ja nicht, dass ich schon den ganzen Tag auf diesen Moment wartete und gehofft hatte, dass er mir diese Frage stellt.

Die beiden finnischen Schwestern aus meinem Kurs winkten mir zu, weiter weg sah ich Ole und Zazie, die mir die erhobenen Daumen zeigten. Und Ole formte mit den Händen ein Herz.

Nein, nein, so ist das zwischen uns doch nicht, dachte ich, *ich mag ihn einfach.* Ziemlich sogar, diesen dünnen, durchtrainierten Leo, der so anders ist. Aber sonst? Keine Ahnung.

»Also los, dann fahren wir heute endlich im Orangengarten vorbei.«

»Si, volentieri!« Sehr gerne. Wir redeten jetzt öfter nur auf Italienisch, denn ich verstand seine einfachen Sätze besser als er mein einfaches Deutsch.

Ich kletterte auf den Roller, hielt mich an ihm fest, und schon ging es los. Mittlerweile hatte ich mich an seinen Fahrstil gewöhnt, an das Gasgeben, das abrupte Abbremsen, das schnelle Herumkurven um die Autos, wenn die Schlange vor den Ampeln zu lang war und er sich in die vordere Position mogelte. Alle Rollerfahrer taten das. Sie trafen sich in der ersten Reihe und schossen dann triumphierend auch als Erste über die Kreuzung. Wieder den Berg hoch, ich hatte nachgeschaut, er hieß Aventino und war einer der sieben Hügel, auf denen Rom erbaut war. Wieder die Pinien und die wunderschönen Villen. Ich ließ den Fahrtwind an mir vorbeiziehen und genoss es, nichts tun zu müssen.

Irgendwann stoppte Leo. *»Il giardino degli arranci!«*

Er zeigte auf eine Kirche, neben der ein Garten lag. Ich sah alte Mauern, eine Wiese und jede Menge Orangenbäume, deren Früchte zwischen den dunkelgrünen Blättern wie Bälle leuchteten. Wir parkten den Roller und schlenderten gemeinsam bis zu der Mauer, von der man runter auf Rom und seinen Tevere sehen konnte. Ein paar Liebespaare standen eng umschlungen davor, doch die meisten saßen im Schatten unter den Orangenbäumen auf den Bänken und knutschten. *Pfff,* ich mochte gar nicht hinschauen.

»Molto romantico!«, sagte Leo da auch schon und steuerte auf eine freie Bank zu, aber er nahm Gott sei Dank nicht meine Hand, sondern zog aus seinem Rucksack eine kalte Flasche Wasser hervor. »Wo hast du die denn jetzt her?« Alles, was ich in meinem Rucksack hatte, war bereits lauwarm oder schon leer.

»Büro, Sprachschule, ich darf mir alles aus dem Kühlschrank nehmen. Und das hat mir Signora Mina auch noch gegeben! Hatte zu viel, ich soll das bitte, bitte essen, hat sie gesagt!« Er balancierte vorsichtig ein Päckchen durch die Luft, riss dann die Papierumhüllung auf und stellte das Papptablett zwischen uns. »Möchtest du?«

»Natürlich, ich habe doch immer Hunger, weißt du doch!« Ich grinste ihn an. »Und die sehen wunderbar aus! *Meravigliosi!*« Ich wusste gar nicht, zu welchem der verschiedenen *dolci* ich zuerst greifen sollte. Die kleinen Törtchen mit der *crema alla vaniglia* und den Früchten darauf, Erdbeere, Himbeere, Pfirsich? Die mit Pistaziensplittern? Oder das in Mandelscheibchen gewälzte Hörnchen? Ich nahm das Hörnchen.

»Unverschämt gut!«, sagte ich mit vollem Mund.

»Willst du Kaffee?«

»Ach, komm! Den hast du jetzt nicht auch noch dabei?!«

Er zeigte nur wortlos auf einen kleinen Wagen, der tuckernd den sandigen Weg hereingerollt kam.

»Ach so!«, rief ich. Ein Motorroller mit Espressobar daran! Wie süß der aussah! Ich wollte schon mein Handy zücken, doch dann ließ ich es stecken. Wollte ich mich wie eine Touristin benehmen? Nein, ich wohnte und arbeitete in Rom, für mich war so ein Ding ganz normal. Ich grinste, als wir unseren Cappuccino aus den Pappbechern tranken. Leo hatte bezahlt, ich würde ihm beim nächsten Mal etwas ausgeben.

»*Kaffee und Kuchen* heißt das bei uns in Deutschland«, sagte ich auf Deutsch.

Er wiederholte die beiden Worte andächtig. »Ich muss noch viel besser Deutsch lernen, vielleicht schaffe ich es nach *Germania* und kann dort studieren.«

Ich angelte nach einem zweiten Törtchen. »Warum unbedingt Deutschland?«

»Ich mag die deutsche Kultur«, sagte er auf Italienisch. »Ich will alles über Goethe wissen. Und Gedichte schreiben lernen. Und deutsche Komponisten studieren und … darum eben.«

Gedichte und Komponisten? Hatte ich das jetzt richtig verstanden?

»Mein vollständiger Name ist eigentlich Leopold. Meine Mutter war eine große Bewunderin von Mozart, ich weiß, der war Österreicher, aber egal … Sie hat mich nicht Wolfgang oder Amadeo nennen wollen und ist dann auf den Namen von Wolfgangs Vater ausgewichen. Leopold.«

»*Che bello.*« Ich lachte ihn an. Ich fand den Namen wirklich schön. »Sag nicht, du schreibst selbst Gedichte.« Mochte er wirklich so langweiliges Zeug?

»Doch! Und ich spiele Ukulele, aber nur, weil ich noch keine Noten kann. Aber die lerne ich. Und in Deutschland gibt es den größten Ukulele-Laden, die haben auch Banjos und Mandolinen. Mandolinen sind auch cool.«

»Mandolinen sind *nicht* cool, die sind …« Voll aus dem Mittelalter, wollte ich sagen, doch wie hieß das Wort dafür? Schnell schaute ich im Handy-Übersetzer nach. *»Medioevo! Totalmente medioevo!«*

»Nein!« Leo protestierte, und so stritten wir uns eine Weile mit Händen und Füßen, in falschem Deutsch und falschem Italienisch, wie uncool beziehungsweise cool Mandolinen doch waren. »Ich bringe mit nächste Mal Ukulele, dann du siehst. Aber Mandolinen ist besser. In Dusseldörf gibt beste Laden!«

»Düsseldorf!«, berichtigte ich automatisch. »Das liegt nicht weit weg von Köln.«

»Weiß ich doch. Komme ich dahin! Laden heißt sogar *La Mandolina*!«

»Mein Opa hat auch so Dinger bei sich in der Wohnung hängen, der baut die.«

»Echt? Muss ich besuchen, deine Opa!«

Warum meinen Opa, du sollst *mich* besuchen!, dachte ich und seufzte heimlich. Ich wollte gar nicht wieder nach Köln zurück!

Aber das musst du ja auch nicht, beruhigte ich mich, *also jedenfalls jetzt noch nicht. Jetzt bist du hier, genau auf dieser Bank, mit Leo, mit Kaffee und Kuchen, dolci e espresso! Und das ist toll.*

Und Oscar? Mein Herz zuckte ein bisschen zusammen, wie immer, wenn ich an ihn dachte, aber ich dachte nicht so oft an ihn, nur noch dreimal am Tag ungefähr, denn er schrieb mir sowieso nicht mehr. Hatte ich mir nur eingebildet, dass er mich gut fand? Dass unsere Finger sich länger berührt hatten als nötig, dass ich etwas Besonderes für ihn war? Wahrscheinlich. Um nicht mehr darüber nachdenken zu müssen, begann ich von Opa Edgar zu erzählen.

»*Mio nonno?* Wegen dem bin ich ja hier.« Ich suchte nach Worten und bemühte auch zweimal den Übersetzer auf meinem Handy, doch insgesamt bekam ich es in der fremden Sprache ganz gut hin, von meinem Missgeschick mit Ringo zu erzählen.

»*Oh no*, der arme Hund!«

Ja, der arme Ringo, aber es ging ihm ja wieder gut.

Leo war erleichtert. Andererseits wäre ich ohne meine Blödheit und den schrecklichen Unfall auch nicht hier, gab ich zu bedenken.

»Aber das wäre ja sehr, sehr schade!« Leo schaute mir in die Augen. Er schaute und schaute, viel zu lange.

»*Dai*, lass das!«, raunzte ich ihn an, doch ich lachte dabei. Er hatte einen schönen Mund, die Oberlippe war ein weich auseinandergezogenes M.

»Ich muss schauen, ob deine Augen sind gut«, behauptete er. »Wir fahren gleich weiter, zu die Tor. Mit die Schlüssellock.«

»Dem Schlüsselloch? Warum? Was macht man da?«

»Man steht in der Schlange, man wartet, man sieht hindurch und hat nur den Petersdom im Blick!«, erklärte er auf Italienisch. *»È spettacolare!«*

»Und was heißt Schlüsselloch auf Italienisch?«

»Das du kannst dir sowieso nichte merken!«

»Hallo?! Natürlich kann ich mir das merken!« Ich boxte ihn auf den Oberarm und er verzog schmerzhaft das Gesicht.

»Dieser Mädchen schlägte mich!« Er sprang auf, lief vor unserer Bank auf und ab und zeigte auf mich.

»Das stimmt überhaupt nicht!« Auch ich saß jetzt nicht

mehr, sondern verfolgte ihn, um ihm den Mund zuzuhalten und ihn vom Herumschreien abzuhalten. Wir prallten aneinander, ich hielt seine Arme fest, er meine.

»Sie ist *aggressiva*! *Molto aggressiva*!«

»Hör auf!« Ich krümmte mich vor Lachen. »Ich esse doch nur ganz brav Kuchen!«

»Sehen Sie, seht alle her!« Er befreite sich und wies mit dem Zeigefinger auf meinem Kopf. »Dieses Mädchen erzählt Lügengeschichte!«

Wir taumelten gegeneinander, ich brach kichernd in seinen Armen zusammen, gemeinsam landeten wir auf der Bank und hätten beinahe das letzte Törtchen auf dem Papptablett unter uns zerquetscht, doch so kam ich nur auf einem seiner Beine zu sitzen.

»Hey.« Er hielt mich fest, aber so, dass ich mich sofort und ganz leicht hätte befreien können. Ich lehnte mich zurück und sog seinen leckeren Körpergeruch ein, einen Moment nur, bis es peinlich werden würde, aber es wurde nicht peinlich, seine Arme waren stark und warm, er legte den Kopf kurz an meinen Rücken. »Wie auf der Vespa, nur andersherum«, murmelte er auf Italienisch in den Stoff meines T-Shirts.

»Guido io!«, sagte ich und tat so, als ob ich den Roller durch ein paar Kurven lenken würde, er machte die Bewegungen mit.

»Du lenkst gut«, sagte er.

Ich hielt inne.

»Was ist los?«, kam es von hinten.

»Rote Ampel.«

Er lachte los. »Ack so!« Er liebte die beiden Wörtchen,

die die Deutschen, allen voran ich, angeblich dauernd sagten. Ich mochte sein Lachen. Es ging leise los, preschte dann nach vorne und kam so abgehackt heraus, als ob er in einem über das Pflaster ratternden Einkaufswagen saß. Ich würde es überall wiedererkennen.

Ich seufzte. Aber nur, weil ich mich so wohlfühlte. Egal, was wir an diesem Abend noch zusammen unternahmen, ich würde eine Menge lachen und dann von ihm sicher und pünktlich gegen elf wieder in die Via Marmorata gebracht werden. Mit einem beherzten Hüpfer sprang ich von der eingebildeten Vespa.

An diesem Abend wartete ich auf Jana. Ich hatte meine Augen stark geschminkt und ein paar Ponyfransen über die Pickel auf meiner Stirn gezupft, so dass sie kaum mehr auffielen. Nach langen Überlegungen hatte ich mich für ein kurzes, orangenes Sommerkleid und eine dicke Strickjacke entschieden und war recht zufrieden mit meinem Aussehen. Oscar sollte gar nicht mehr wieder weggucken können, wenn er mich sah! Und meine Beine waren nun mal das Beste an mir, fand ich.

Fast hätten meine Eltern mich nicht gehen lassen. Nicht woanders übernachten dürfen, das gehörte plötzlich auch noch zu meinem Strafenkatalog, doch dann hatte Edgar ein gutes Wort für mich eingelegt. Ausgerechnet mein Opa! »Sie macht sich recht gut, sie ist mir eine echte Hilfe.« Wow, nur weil ich seine Bücher mit den Gedichten ausgeliehen hatte? Ich war total überrascht, protestierte aber nicht.

Also würde ich mit dem Fahrrad zu Jana fahren und von dort aus zu der Party gehen. Von der meine Eltern natürlich nichts wussten! Für sie machten wir einen Mädels-Abend, mit endlos langem Quatschen im Bett und so.

»Wow, du siehst Hammer aus!«, empfing mich Jana an der Haustür . »Und du musst noch nicht mal was dafür tun! Ich hasse dich!«

Ich grinste, Jana war immer so positiv! »Hass mich bitte nicht, du siehst auch toll aus, die Bräune steht dir!«

»Die wird schnell wieder weggehen, bei dem Sommer hier, der keiner ist.«

»Wir haben schon Glück, dass es über zwölf Grad warm ist und nicht regnet«, sagte ich.

»Ach, ich vermisse die Türkei. Und den Pool. Und Tolga! Immerhin schreibt er mir noch. Ich soll zurückkommen.«

»Bereust du es?«

Jana hatte mit Tolga geschlafen, er war nach ihrem ersten festen Freund schon der Zweite, mit dem sie im Bett gewesen war. Einerseits beneidetet ich sie um die Erfahrung, aber für mich konnte ich mir das überhaupt nicht vorstellen. Außer mit Oscar. Mit dem schon. Später, wenn wir richtig zusammen waren.

»Nee. War doch schön und ziemlich innig irgendwie, wenn du überhaupt weißt, was dieses altmodische Wort bedeutet. Und ich habe ja nichts getan, was ich nicht wollte. Verstehst du, Emma, das ist wichtig und darf nur dein einziger Maßstab sein!« Jana zeigte mit dem Finger auf mich, manchmal redete sie echt wie eine Lebensberaterin. »Immer erst checken: *Will ich das auch?* Bevor du etwas mit den Jungs tust. Dann ist es okay!«

»Ich werde es mir merken, Mutti.« Wir schwangen uns auf die Räder.

»Hey, apropos Mutti, meine Ma holt uns sogar ab, hat sie gesagt.« Jana fuhr wie immer freihändig.

»Deine Mutter ist cool!«

»Ja, die würde dich nie verraten.«

»Also weiß sie, dass ich Partyverbot habe?«

»Nein.«

Wir sahen uns über unsere Lenker hinweg an und prusteten los.

♥

Bei Noah lagen die leeren Bierflaschen bereits im Vorgarten, aus der offenen Haustür drang laute Musik. Wir schlossen die Räder ab und gingen hinein. In der Küche standen zwei Schüsseln mit Nudelsalat und eine Schüssel, in der wohl mal Chips gewesen waren. Ein paar Krümel zeugten davon. »Mal sehen, ob noch was im Kühlschrank ist …«, rief Jana laut, um einen von diesen deutschen Rap-Songs zu übertönen. Sie organisierte uns zwei kalte Radler und wir gingen hinaus in den Garten. Es war erst sieben, aber die meisten waren offenbar schon da. Etwa zehn Leute standen grölend um einen stark rauchenden Grill, es roch nach verbranntem Fleisch. Ein paar Mädchen saßen auf einer langen Bierbank, drei von ihnen hatten sich unter einer hellgrünen Decke versteckt. Denen war sicher kalt, man sah nur drei schwankende Köpfe. Einer der Jungs taumelte in diesem Moment vom Grill zurück, stolperte über eine leere Flasche, die im Gras lag, und riss einen anderen mit sich. Ich kannte beide nur flüchtig aus meiner Stufe. Wo war Oscar, wo Gastgeber Noah?

»Meine Güte, alle sind schon echt betrunken.« Jana schüttelte den Kopf. »Wie früh müssen die angefangen haben?«

Ich zuckte mit den Schultern und nippte an meinem Limobier. Das dreiköpfige Deckengespenst bewegte sich jetzt heftiger, es quiekte und lachte, dann tauchte jemand unter der Decke auf. Ein blonder Kopf. Es war Oscar. Noch ein Kopf. Diese Poppy! Daneben Noah. Oscar sah mich, seine Augen weiteten sich, sofort sprang er auf, doch ich hatte mich schon umgewandt, um zu gehen.

»Hey!« Ich spürte seine Hand in meiner – und bevor ich protestieren konnte, zog er mich ins Haus. »Es ist nicht so, wie es aussieht!«

Der dümmste Spruch überhaupt, fand ich.

»Ja, nee, klar. Wie ist es denn?« Meine Stimme war rau. Er hatte wahrscheinlich schon stundenlang neben dieser Poppy unter der Decke gesessen und wer weiß was mit ihr gemacht!

»*So* ist es.« Oscar sah sich um, als ob er sich beobachtet fühlte, doch die Küche war leer. Er drängte mich gegen den Kühlschrank, nahm mein Gesicht in beide Hände und legte seine Lippen auf meine. Wollte er mich etwa küssen? Jetzt?

Ich schloss verlegen die Augen, meine Arme hingen runter, ich wusste nicht, wohin mit der blöden Flasche in meiner Hand, doch das war einen Moment später nicht mehr wichtig, denn ich spürte, wie Oscar mit seiner Zunge meine Lippen teilte und sich in meinem Mund ausbreitete. Viel härter und drängender, als ich gedacht hatte! Das war also dieses Küssen! Ich spürte dem Gefühl nach, das so *innig* und so wunderbar sein sollte, dass man in einer ganz besonderen Welt versank und alles um sich herum vergaß. So hatte Jana es jedenfalls beschrieben. *Oscar küsst mich*, dachte ich immer wieder. *Und zwar richtig, mit Zunge!* Doch ich versank nicht, sondern blieb in der Realität, in der mein Kopf hart gegen den Kühlschrank gepresst wurde. Ich konnte mich nicht mehr bewegen, seiner Zunge nicht mehr ausweichen, die nach Alkohol schmeckte und jetzt schon bei meinen hinteren Backenzähnen angekommen war. *Oscar küsst mich*, versuchte ich es noch einmal. Ich wusste, eigentlich sollte ich mich darüber mega freuen.

10. Kapitel

POSTKARTEN UND KANINCHENSTÄLLE

Der Abend war noch nicht zu Ende. Wir kurvten mit dem Roller weiter über den Aventino, bis zur nächsten Kirche, bis zum nächsten Platz, und stellten uns in die Menschenschlange vor dem grünen Tor. Wir unterhielten uns über Goethe und Gedichte und warum ich sie nicht mochte. Sie waren langweilig. (Meine Meinung). Warum sie aber eigentlich toll waren. (Leos Meinung). Dann teilten wir uns eine Portion Pommes vom Imbisswagen, weil Leo plötzlich Hunger bekam, und sahen nach einer halben Stunde endlich durch das Schlüsselloch (das auf Italienisch übrigens *il buco della serratura* heißt). Plötzlich war die Kuppel des Petersdoms ganz nah, obwohl sie doch so weit weg lag. Nach ein paar Sekunden bekam ich ein schlechtes Gewissen, weil alle warteten, und machte Platz für das Pärchen hinter uns.

»Und?« Leo sah mich an. Das Weiß seiner Augen und seiner Zähne leuchtete im rötlichen Abendlicht.

»Schon toll! Als ob man den Papst persönlich belauschen würde.«

Wir gingen zurück zum Roller. »Willst du mal fahren?«

»Kann ich nicht. Erstens habe ich keinen Führerschein und zweitens keine Ahnung, wie man das Ding anbekommt.«

»Dann bringe ich es dir bei. Hinten beim *Mattatoio*, dem ehemaligen Schlachthof, da gibt es viele Straßen, auf denen fährt nie einer lang.«

»Ist das erlaubt?«

»Das lernst du schnell«, sagte er statt einer Antwort. »Aber mal was anderes: Du bist doch sportlich, kommst du morgen mit mir Laufen?« Leo schaute an mir auf und ab.

Ich schüttelte den Kopf. *Sportiva?* Ich? »Nee, nee, das täuscht. Ich bin überhaupt nicht sportlich.«

»Deine Beine sind gut.«

Ich schaute auf meine Beine, als ob ich sie zum ersten Mal sähe, und drehte mich langsam auf der Stelle, wie ein Model. »Habe keine Kondition. Und wo überhaupt laufen?«

»Unten, am *Tevere*? Ich hol dich morgen früh um sechs ab.«

»Bist du wahnsinnig?« Doch ich wusste schon, ich würde Amalia per WhatsApp nach einem Sport-BH fragen und mit geschnürten Sneakern an den Füßen auf ihn warten …

An seinen Rücken gelehnt, die Arme um ihn geschlungen, fuhren wir den Hügel auf der anderen Seite wieder hinunter. Ich kontrollierte nicht mehr den Straßenverkehr um uns herum, wie bei unseren ersten Fahrten, denn mittlerweile vertraute ich ihm. Über eine Brücke ging es auf die Insel, die mitten im Tevere lag, von da aus nach Trastevere, das Viertel, in dem jetzt um diese Uhrzeit viel los war.

»Was würdest du gerne machen?«, rief mir Leo über die Schulter zu.

»Keine Ahnung – dahin gehen, wo nicht so viele Menschen sind?«

»Kein Problem!« Er fuhr in eine Seitengasse, und wir stellten den Roller ab. »Lust auf ein paar Tiere?«

»Warum nicht?« Ich lächelte ihn an. Was hatte er sich jetzt wieder einfallen lassen? Er tastete nach meiner Hand. »Darf ich? Bei dem Chaos hier gehst du mir sonst noch verloren.«

»Si.« Die Gasse war nicht besonders voll. Trotzdem wollte ich natürlich nicht verloren gehen. Unsere Hände fanden sich. Seine war warm und trocken. Es fühlte sich so richtig an, so sicher und freundschaftlich, trotzdem meldete sich ab und zu dieses kleine, wunderbare Kribbeln in meinem Magen. Eine gute Mischung, fand ich. Wir grinsten uns an und schlenderten über das Kopfsteinpflaster.

»Was? Er hat dich geküsst? Wann? Gerade? In der Küche am Kühlschrank? Und so richtig lange?« Jana klang viel begeisterter als ich. »Aber das ist doch super, darauf hattest du in den letzten zwei Wochen doch gewartet, als du ihm endlos beim Parkour zugeschaut hast!«

»Ja, schon, aber er hat vorher geschaut, ob jemand kommt, als ob man uns nicht sehen sollte, und seitdem er das getan hat, sind auch schon wieder Stunden vergangen.« Ich schaute auf mein Handy. Zwei Stunden genau. »Und anstatt mit mir engumschlungen und küssend an der Feuerschale zu stehen, springt und balanciert er auf allem herum, was Noahs Garten zu bieten hat.«

»Lass ihn doch, der hat Spaß. Du dagegen siehst nicht so aus. Wieso eigentlich? War das Küssen so schlecht?«

»Nein. War gut. Äh, ja, echt toll.« Ich mochte nicht mit der Wahrheit herausrücken. Nachher sagte Jana noch, ich wäre überkritisch.

»Na also. Jetzt klammer nicht, das mögen Jungs gar nicht. Ich hasse es übrigens auch, wenn Typen das machen.«

Ich verfolgte Oscars Sprünge: Mauer, Bierbank, Dach vom Kaninchenstall, Bierbank, Mauer. Mal war er hier, mal da, ab und zu stand er auch am Grill oder am Tisch. Zwar konnte ich es mir noch weiterhin schönreden, Fakt aber war: Außer einem etwas verschwommenem Grinsen in meine Richtung beachtete er mich einfach nicht. Ich ging auf die Toilette und versuchte mich vom Weinen abzuhalten, indem ich mir die Hände wusch, die Parfümflaschen von Noahs Mutter durchschnupperte und mich lange im Spiegel anstarrte.

Als ich wieder in den Garten kam, saß Oscar vor einem Pappteller mit einem Haufen kleiner, etwas zu schwarz geratener Koteletts. Und, oh Wunder, niemand war bei ihm, keine Poppy, keine Jungs.

Schnell setzte ich mich dicht neben ihn auf die Bierbank. Ich wollte, dass er mich umarmte und vor den anderen küsste, vielleicht würde das mit der Zunge und dem Abstand ja auch noch besser, wenn wir mehr übten.

Aber Oscar war nur auf den Teller vor sich konzentriert. »Hab die Dinger schließlich mitgebracht …«, murmelte er. »Und außerdem bin ich sonst zu schnell besoffen.«

Ich sah ihm mit zusammengepressten Lippen beim Essen zu und schüttelte den Kopf, als er mir eins anbot. »Ich bin Vegetarierin. Hab ich dir doch erzählt.«

»Ach, stimmt ja.« Er nickte, als ob er sich erinnerte, und verschlang ein Kotelett nach dem anderen. »Ich kann dir auch was anderes grillen«, sagte er, als er fertig war. »'ne Paprika oder Grünzeug, Gemüse und so.« Oscar unterdrückte einen Rülpser, und ich dachte, jetzt steht er gleich auf und kümmert sich um mein Essen, doch da kam Poppy mit Noah im Schlepptau vorbei, die seinen letzten Satz gehört haben musste.

»Ist nix mehr da von dem Gemüse. Hätte einer ja auch noch mehr mitbringen können«, sagte sie zu mir.

»Ich?«

»Nee, deine Oma!« Sie lachte übertrieben und tat in den nächsten Minuten so, als ob wir uns wunderbar verstehen würden und sie total an Noah interessiert wäre. Doch das stimmte nicht, dafür glotzte sie Oscar immer wieder mit einem viel zu erwartungsvollen Grinsen an.

Sorry, aber ich finde dich übertrieben blöd, dachte ich und griff nach Oscars Hand auf der Bank. Er ließ sie mir gnädig. Mittlerweile saß Poppy auf der Bierbank direkt ihm gegenüber und erzählte, wie lange sie schon Parkour trainierte, dass sie auch Turniertanz machte und gerade für den Führerschein der Klasse AM übte. »Ich will unbedingt so'n kleines Moped fahren!«

Ich versuchte, unsere verschlungenen Hände gut sichtbar auf den Tisch zu legen, doch Oscar lächelte mich nur zerstreut an und ließ seine Hand, wo sie war. Ich wusste auch, warum. Er wollte nicht zeigen, dass wir zusammengehörten. Sein ganzer Körper war diesem angeberischen Mädchen mit den kurzen Haaren und der supersportlichen Figur zugewandt. Er fand sie toll. Das war leicht zu erkennen. *Körpersprache, Teil eins, für Anfängerinnen ...*

Nach zwanzig Minuten, in denen es zwischen den beiden

nur um Parkour gegangen war und Oscar kein einziges Wort an mich gerichtet hatte, fragte ich: »Kommst du mit? Ich guck mal bisschen rum.« Ich erhob mich, aber er blieb sitzen. »Wennduaneim Bier vorbeikommst, kannsdugerneins mitbringen.«

Noch ein Bier? Er nuschelte ja schon.

»Oh ja, für mich auch«, giggelte Poppy. Ich warf Noah einen genervten Blick zu. Auch er kam nicht weiter und sah frustriert aus.

Ich suchte Jana. »Komm, lass uns abhauen, voll langweilig hier.«

»Was ist mit dem besten Vor-dem-Kühlschrank-Küsser-der-Welt?« Jana sah mich aufmerksam an.

»Den kannst du vergessen. Und diese blöde Poppy auch.«

»Nein, warum? Du darfst nicht immer so schnell aufgeben, Emma! Komm mit!«

Zusammen liefen wir wieder zurück zu der Bank, doch die beiden saßen nicht mehr dort, sondern standen jeweils auf einem der Kaninchenställe und wurden von den anderen angefeuert.

»Du zuerst!«, rief Oscar.

»Klar!« Schon drehte Poppy sich um, stand nur noch mit den Fußballen auf der Kante und warf sich in die Luft. Mit einem formvollendeten Salto rückwärts landete sie auf dem Rasen. So was hatte ich damals beim Turmspringen auch gemacht. Vom Fünfer. Aber das wusste hier keiner.

Die Menge applaudierte und rief »jetzt du!« und »Oscar! Oscar!«.

Das schwarze Kaninchen schnüffelte am Maschengitter in der Tür und fragte sich wahrscheinlich, was um alles in der

Welt über seinem Kopf abging. Dort hielt Oscar sich gerade eine Hand auf den Magen.

»Er hat eben erst mindestens zehn kleine Koteletts gegessen«, wisperte ich Jana zu. »Und zu viel Bier getrunken. Sorry, aber ich konnte ihn nicht davon abhalten.«

»Na und? Du bist nicht seine Mutti«, sagte Jana. Sie kniff die Augen zusammen und taxierte Oscar, der gerade wieder Poppys Hand packte, um sie neben sich auf den Stall zu ziehen. »Er ist sich deiner zu sicher. Das müssen wir ändern!«

»Und wie?«

»Wir fahren zu mir und machen einen Plan!«

Leo und ich bummelten Hand in Hand durch die Gassen von Trastevere, blieben aber nirgendwo stehen, ich hatte keine Lust auf Klamottenläden oder Andenkenkitsch, wollte nicht in eine Bar und hatte auch keinen Hunger auf Pizza, die überall angeboten wurde. Wir liefen einfach weiter, doch vor einer offen stehenden Tür hielt Leo dann doch an. In dem Raum schimmerte ein warmes helles Licht, und an den Wänden sah ich Zeichnungen und bunte Drucke. Es gab keine Schaufenster, nur rechts und links von der Tür hingen Ständer mit seltsam ausgefransten Papierstücken, auf denen bunte Farbflächen, aber auch skurrile Papageien, Krokodile und Katzen zu sehen waren. »Sind das Postkarten? Die sind ja toll!« Ich ging näher. Waren das die Tiere, die er meinte? Irgendwie kamen sie mir bekannt vor.

»*Questi sono stampe!*« Leo löste sich von meiner Hand

und ließ seine Faust mehrfach auf seine andere Handfläche sausen.

»Drucke?«

»Drucke, ja, so heißt das Wort.« Er nickte begeistert. »Eine Drückerei! *Una stamperia.*«

Ich prustete los, doch da trat schon eine ältere Frau mit grauen Haaren und tausend feinen Fältchen im Gesicht in die Tür. Mit einem Lächeln breitete sie die Arme aus: »Leo! *Finalmente*!«

Okay, sie hatte offenbar auf sein Erscheinen gewartet.

»Meine Lehrerin, früher. *Professoressa* Mazzini.« Leo versank in ihren Armen.

Ich grüßte höflich, aber die Lehrerin wollte Leo nicht wieder loslassen. *»Il nostro tessoro!«*, wiederholte sie immer wieder. Unser Schatz? Wow, sie hatte ihn wirklich gern.

»Sie übertreibt«, sagte Leo und stellte mich vor. *»Emma, una cara amica!«*

Eine liebe Freundin? Ja, ich war gerne eine liebe Freundin, mit der er Hand in Hand ging, die er mit *dolce* und *caffè* verwöhnte, für die er extra vorsichtig fuhr.

»Willst du dein Geld abholen, Leo?«, fragte die Frau. Arbeitete er etwa auch hier als Putzmann? Jana hatte recht, er war wirklich fleißig.

»Nein, ich wollte Emma nur alles zeigen.«

»Leo ist unser erfolgreichster Künstler«, sagte die Frau sehr langsam auf Italienisch zu mir. Sie klang stolz. »Er hat unsere Druckerei gerettet. Wir sind eine *cooperativa*, mit außergewöhnlich dickköpfigen Talenten.« Sie fasste sich an den Kopf und tat so, als ob er in einer Kiste feststeckte, um zu demonstrieren, was sie sagte. »Da ist es manchmal schwer, Geld zu verdienen.« Sanft klopfte sie Leo auf die Schulter. »Wir haben den schwarzen Bogen in den letzten Tagen schon zehnmal verkauft. Und die blauen Krokodile und Katzen auch.« So viel hatte ich zumindest verstanden, aber konnte das stimmen? Blaue Krokodile und Katzen?

»Wir müssen nachdrucken lassen, Leo!«, drängte Signora Mazzini.

»*Si, si.* Dann machen wir das eben.« Leo winkte ab. »Ich entwerfe nur meine Tiere und ritze sie dann in weiches Material«, erklärte er mir und zeigte auf den abgedeckten Klotz, der in der Mitte des kleinen Raumes stand. »Damit drucken wir hier.«

»Was ist dein Lieblingstier, Emma?«, fragte die Signora auf Italienisch.

Il mio animale preferito? »Äh, keine Ahnung. Ein Hund, glaube ich.«

»Zeig ihr deinen Hund, Leo!«

»Nein. Emma bekommt einen eigenen.«

»Oh, was Neues!« Seine ehemalige Lehrerin klatschte in die Hände.

»Ach so!« Ich schlug mit der Hand an meine Stirn. »Die Tiere vom Roller, der Hund mit der Sonnenbrille, die besorgte Katze, die hast du natürlich auch gezeichnet!«

»Ack so, natürlich ack so!«, wiederholte er lachend und zuckte mit den Schultern. »Klar. Aber jetzt: einen anderen Hund für Emma, einen Ringo.« Von einem Stapel schnappte er sich eine platt gedrückte Tetraverpackung, in der wohl mal Milch gewesen war, schnitt sie mit einem scharfen Teppichmesser auseinander und zeigte mir die beschichtete, silberne Innenseite. »Damit kann man ausgezeichnet drucken«, sagte er auf Italienisch. »Ist weich genug.«

Er nahm ein anderes Werkzeug, einen robusten Holzgriff, in dem eine starke Nadel steckte, und ließ sie über die Verpackung kreisen. »Beschreib mir die Ringo, wie siehte die aus?«

»Klein, dünn, glattes Fell, aufgestellte, riesige Fledermausohren.« Ich lachte. »Keine Ahnung, was Fledermaus auf Italienisch heißt.« Mit Hilfe des Handy-Übersetzers fanden wir es heraus.

Kurz darauf ritzte Leo zunächst mit sicherem Strich einen *pipistrello* in den Karton, dann entwarf er auf einem Papier nach meinen Anweisungen und Korrekturen den besten Alibi-Hund der Welt, wie er in einem Comic auftreten würde. Er rahmte ihn mit einem Strich ein, und damit er im Druck zu lesen war, schrieb er seinen Namen seitenverkehrt darunter: *Ringo Starr.*

Ich war stolz. Jetzt bekam Edgars Hund sogar eine eigene Postkarte! Ich würde sie nach Köln schicken und mich damit indirekt bei beiden (Ringo und Opa Edgar) bedanken, dass sie mich hierhergeführt hatten. Wie peinlich, dass ich mich so sehr dagegen gewehrt hatte!

Bei Jana war es gemütlich. Ihre Ma ließ uns in Ruhe, wir durften uns Pfannkuchen machen, und nachdem ich zwei davon mit Zucker und Zimt gegessen und ein bisschen am Küchentisch geweint hatte, ging es mir auch gleich wieder besser.

»Mal ganz von vorn: Was hast du in den letzten zwei Wochen gemacht, als ich in der Türkei war?« Jana schaute mich prüfend an und beantwortete ihre Frage gleich selbst: »Du hast Oscar bei seinem Training zugeschaut und ihn angehimmelt.«

Ich nickte.

»Das ist nie gut!« Meine Freundin schüttelte den Kopf. »Also vergiss ihn erst mal, jetzt bist nur du wichtig. Zeit, an dich zu denken und nur noch das zu machen, was *du* willst.« Sie klopfte mit der Gabel auf den Tisch und zeigte dann auf mich: »Also, was willst du?«

»Keine Ahnung.« Ich verzog den Mund und schniefte noch mal laut. »Total sportlich sein? Moped fahren? Auf Kaninchenställe klettern?«

»Kann es sein, dass du die Wünsche und Pläne von anderen Menschen kopierst?« Janas Stimme klang streng. »Menschen, die zufällig Poppy heißen?«

Ich nickte. Ertappt. »Aber mit dem Laufen könnte ich wirklich mal anfangen, und den Führerschein wollte ich auch machen. Mein Opa hat mir gestern seinen alten Roller in der Garage gezeigt, ein tolles Teil! Eine alte Puch, die hat man damals in Österreich gebaut, sagt er, über sechzig Jahre ist die alt, aber echt wie neu! Alles ganz rund und altmodisch, richtig hübsch, lauter Silber und ein wahnsinniges Hellblau!« Fast wie Oscars Augen hätte ich beinahe gesagt, schluckte den Satz aber gerade noch herunter. An den wollte ich nicht mehr denken. Der mit seinen Koteletts und dem blöden Kaninchenstall. Und Poppy. Die plötzlich wichtiger als ich war. Ich biss die Zähne zusammen. Ich wollte nicht weiter um diesen Idioten heulen.

»Meinst du, dein Opa lässt dich darauf fahren?«

»Niemals!« Ich seufzte.

»Fragen kannst du trotzdem.«

Ich legte die Stirn auf die Tischplatte und sprach zum Küchenfußboden: »Das trau ich mich nicht.«

»Falscher Ansatz!« Jana griff über den Tisch in mein offenes Haar und zog mich sanft, aber bestimmt daran hoch, bis ich ihr notgedrungen in die Augen sah. »Du musst eine Vision haben!«

»Ich hab aber keine. Ich wollte unbedingt hier in Köln bleiben, weil ich dachte, alles wird super mit Oscar. Und jetzt? Ist es so doof und falsch und völlig durcheinander mit ihm.«

»Wie wäre es damit: Du wünschst dir im Voraus Geld für den Führerschein von deinen Eltern zum Geburtstag und bekommst es auch, deine Mum wird froh sein, sich von ihrem schlechten Gewissen freizukaufen.« Sie grinste triumphierend. »Und dein Dad will natürlich nicht der Böse sein und wird auch Ja sagen. Du machst den Schein ganz schnell, bevor du am 17. August sechzehn wirst, du benimmst dich toll bei deinem Opa, wirst seine Lieblingsenkelin, und er übt heimlich im Garten Rollerfahren mit dir. Du versprichst ihm, auf das alte Teil aufzupassen, und natürlich leiht er es dir! Oder besser, er schenkt es dir!«

Janas Gesicht leuchtete vor Begeisterung, während ich unmerklich den Kopf schüttelte.

»Wir sind auf einer Party am Baggersee eingeladen«, fuhr sie mit ihrem Märchen fort, »du fährst mit dem türkisen Silber-Blitz vor und bist so gut drauf, dass du Oscars bewundernde Blicke gar nicht bemerkst! Er will an diesem Abend nur mit dir reden, bringt dir vegane Schnitzel vom Grill und macht dir Komplimente, weil du so eine taffe Frau bist! Und die bist du ja auch!«

»Welcher Baggersee?«, fragte ich. »Und in unserem Garten kann man nicht Rollerfahren. Kein Platz. Nur Rasen.«

»Oh, Emma! Jetzt hab doch mal Mut und Phantasie! Mach's für dich! Versprich mir das!«

»Okay«, sagte ich, obwohl ich nicht wusste, woher plötzlich Mut und Phantasie in mir auftauchen sollten. »Ich versuch's!«

11. Kapitel

VOM SCHWITZEN, KÜSSEN UND DICHTEN

»Ich fühl mich so anders als zu Hause!« Noch konnte ich reden, in ein paar Minuten würde sich das ändern, obwohl wir unsere Morgenrunde in gemächlichem Tempo drehten.

»Warum?« Leo trabte leichtfüßig an meiner Seite entlang. Es war herrlich kühl, Morgennebel waberte über dem dunklen Wasser des Tibers, das uns ruhig entgegenfloss, auf einem Hausboot schaukelten ein paar Glühlämpchen an Deck und verloschen in diesem Moment. Der halbe Mond stand wie eine blasse Kreidezeichnung noch am Himmel, daneben stieg die Sonne schon langsam empor, bereit, Rom in spätestens zwei Stunden wieder mit ihrer Hitze zu übergießen, aufzuheizen und zu lähmen.

Ich atmete tief ein und versuchte, noch lockerer zu laufen. »Ich muss hier alles selbst machen. Und für andere Leute arbeiten. Immer neue Gäste, fast jeden Tag, und dann Dette und ihre Kontrolle, obwohl ich mittlerweile das meiste richtig mache.«

Aus den Augenwinkeln sah ich, dass Leo mich von der Seite anlächelte. *»Peró?«*

Ich zuckte mit den Schultern. Die Bedeutung von *peró* war nicht einfach zu erklären. *Aber? Nun dagegen? Jedoch?* Ich hatte mich eigentlich nur bei Leo beschweren wollen, doch er stellte mir gerne komische Ein-Wort-Fragen, über die ich dann länger nachdenken musste. In diesem Fall ungefähr fünfzig Meter lang.

»*Peró* … Hätte mir das vorher einer erzählt, hätte ich mir selbst total leidgetan!« Ob mein Italienisch ausgereicht hatte? Die Formen des Konditionals waren besonders schwierig. *Hätte, würde, könnte ich* … So weit waren wir im Unterricht noch nicht, aber da ich diese Formen dauernd brauchte, hatte ich sie mir von Amalia erklären lassen. *Se l'avessi saputo, mi sarebbe dispiaciuto* oder so ähnlich? »Verstehst du, was ich meine?«

»*Si, si! Peró?*«

Typisch Leo. Er wiederholte einfach seine Fragen, bis er genug wusste.

»Ich tue mir nicht leid. Ich bin eine ganz andere Emma.« Ich keuchte. Ich mochte unser Training, doch nach nur fünf Tagen war meine Kondition noch nicht viel besser geworden.

»Zu Hause musst du nichts für andere Menschen machen?«

»*No.* Ich wusste nie so genau, was ich tun sollte, es gab einfach nichts, hier dagegen ist alles so festgelegt. Aber wenn ich ehrlich bin, und das ist jetzt total komisch, macht es dieser anderen Emma sogar irgendwie Spaß.«

»Ack so!« Leo schaute auf seine Uhr. »Noch zehn Minuten«, sagte er auf Deutsch. »Bis zur nächsten Brücke und wieder zurück.«

Ich nickte und presste die Lippen zusammen. Laufen und gleichzeitig reden war anstrengend, und ich wollte unsere Runde heute unbedingt ohne Zwischenstopp beenden.

Als wir zum Eingangstor in der Via Marmorata kamen, hatte sich mein Atem wieder beruhigt. Zwanzig Minuten laufen, ohne Pause, ich war happy.

Leo brachte mich wie jeden Morgen zurück in den Hof, doch diesmal blieb er im Durchgang stehen. Erst reichte er mir seine Wasserflasche, die er in einer Schlaufe um die Hüften trug, trank danach selbst einen Schluck, nahm dann ganz leicht meine Hand und zog mich hinter die leere Pförtnerloge, zu dem kleineren, immer verschlossenen Tor. Hier war es noch dunkler. Wollte er mir was zeigen?

»Danke, dass ich mit dir laufen darf!«, sagte er auf Italienisch.

Ich zog die Augenbrauen hoch, viel zu überrascht, um etwas sagen zu können.

»Danke, dass du hier bist, Emma.«

»Bitte. Aber du weißt ja, das bin gar nicht wirklich ich«, antwortete ich. Ich grinste und freute mich mal wieder über die vielen einfachen Sätze, die ich jetzt schon, ohne groß zu überlegen, sagen konnte.

»Ack so! Dann ist das diese andere Emma, die Roma-Emma, die ich so mag? Während die andere sich zu Hause in *Germania* versteckt?«

»Ich befürchte, ja.« *Temo di si.* Das hatte Zia Dette so oft gesagt, dass ich den Ausdruck gegoogelt hatte und nun auch benutzte.

»Kein Problem.« Er nahm meine andere Hand, und bevor ich etwas tun konnte, hatte er sich meine beiden Arme um den Hals gelegt. »Ich nehm die Roma-Emma. Die gefällt mir.« Ich grinste, ließ meine Arme aber dort auf seinen

Schultern liegen. Er war warm, und sein T-Shirt dampfte ein bisschen.

»Ganz schön frech, *Signor*!«, sagte ich auf Deutsch. »Sie schwitzen!«

»Schwitt-sen, was ist schwitt-sen?«

»Na, nass sein, vom Sport! Oder in der Sauna.«

»Ah, *sudare*.«

»Ja genau, Sie *sudaren* …«

»Sie auch, Signora!«

»Sie haben angefangen, mir näher zu kommen.«

»Ich will gerne mehr näher, wenn ich darf.«

Sein Gesicht war jetzt dicht vor mir. War das noch Spaß? Oder meinte er das ernst, würde er mich etwa … und dann tat er es einfach. Ganz sanft legte er seine Lippen auf meine, seine Arme schlangen sich um meinen Körper, ohne Druck hielten sie mich fest, ich hätte alles jeden Moment beenden können, doch ich wollte nicht. Ich wollte diesen leckeren Mund mit den weißen Zähnen auf meinem spüren, der sich nun öffnete, nach Pfefferminz roch und dessen Lippen jetzt ganz zart mit meinen spielten. So ging also Küssen? So weich? So nah? Ich schloss die Augen und hörte seinen Atem dicht neben meinem, ganz automatisch fuhren meine Hände an seinem Rücken auf und ab. Auch seine Hände tasteten an mir herum, Hüfte, Rücken, Taille. Einmal schlüpfte seine Hand sogar in die Tasche meiner kurzen Hose, die ich zu meiner Laufhose erkoren hatte, während er oben mit seiner Zunge kurz vor meiner Unterlippe verharrte, als ob er auf meine Antwort wartete. Doch ich traute mich nicht, selber einen Vorstoß zu unternehmen, nicht schlimm, es war auch so wunderschön.

Nach ein paar viel zu kurzen Sekunden lösten wir uns voneinander. Ohne etwas zu sagen, führte er mich wieder in den Durchgang. »War zu viel?«

Ich lächelte ihn an und dachte, ich würde für den Rest meines Lebens nur noch so lächeln können. »Nein.«

»Ich muss los. Bis heute Abend, *dopo la scuola*? Ich muss die Garten der Contessa Gangi gießen. Keine Hängematratze, aber Rosen. Viele Rosen.«

Auf jeden Fall. Ich konnte nur nicken. Er schaute in den Hof, winkte jemandem, der gar nicht da war, und flüsterte dabei ein lautes *»buon giorno«*. Ich musste lachen und er küsste mich noch einmal, diesmal aber nur kurz auf den Mund. *»Ciao, ciao!«*

Weg war er. Ich ging wie in Trance durch den Hof. Hatte uns jemand gesehen? Ihm war es egal gewesen. Mir auch. Ich grinste, als ich an seine Hände dachte, die meinen Körper zumindest von der Rückseite her erkundet hatten. In Gedanken fuhr ich mit der Hand in die Hosentasche und holte einen Zettel heraus. Der war doch vorher noch nicht da gewesen, oder? Ich faltete ihn auseinander. Es war eine Katze, gezeichnet aus einem Strich, mit einem etwas schuldig schauenden Gesicht. *Sorry?*, stand in einer Gedankenwolke über ihr.

Nein, mir tut es nicht leid, dachte ich und strich den Zettel glatt. Offenbar hatte er diesen Fast-schon-richtigen-Kuss also geplant.

Lächelnd lief ich unter der Palme hindurch auf den gelben Kasten zu, bis zu den Stufen und der Tür, über der *Casa dei bambini* stand. Ich musste duschen, ich musste für die Gäste das Frühstück machen, wir hatten eine Abreise, Jan und Claudia, die Deutschen aus *Sole*, gingen, und ein Pärchen aus Prag (Gabriela und Tom) kam gegen drei. Wenn sie nicht pünktlich waren, würde Tante Dette übernehmen müssen. Ich musste meine Laufklamotten waschen und zum Trocknen aufhängen und noch mal die Lektion zehn durchgehen, denn die Präpositionen benutzte ich immer noch mit großer Treffsicherheit falsch. Hieß es *a tavola* oder *al tavolo*, wenn man zu Tisch rief?

Meine Güte, ich hatte das Gefühl, mich beeilen zu müssen, um in meiner Zeit in Rom möglichst viel aufzunehmen, und wünschte mir ein größeres Hirn, um diese Sprache noch viel schneller zu lernen! Am besten wäre ein USB-Stick mit allen italienischen Vokabeln, der kompletten Grammatik, Sprichwörtern und Redewendungen, den ich in meinem Gehirn dann nur noch downloaden müsste. Den gesamten Stadtplan, alle Rezepte von Amalia, und die Erinnerung an Leo und unseren Anfänger-Kuss würde ich dort auch für immer speichern …

Ich sprang singend die Stufen hinauf. Der Tag hatte so wenig Stunden, es gab so viel zu tun!

Ich ging langsam die Treppe hinauf. Bisschen aufgeregt war ich schon. Irgendwelche Informationen in mein Hirn zu stopfen, war nicht das Problem. Bremsweg, Vorfahrtszeichen, was darf man an einer Bushaltestelle, was nicht? *Easy*. Ich musste nur den Vormittag hier oben bei Opa Edgar verbringen, konnte mich in der restlichen Zeit also ganz auf den Führerschein konzentrieren! Ich ging seit ein paar

Tagen jeden Abend um 19 Uhr in die Theoriestunde (zwölf Doppelstunden brauchte ich), danach konnte ich die Prüfung machen und parallel dazu, wenn ich gut genug war, die praktische.

Doch Opa Edgar zu überzeugen, war ein anderes Ding, das nichts mit Wissen oder Slalomfahren oder Bremsen zu tun hatte. Eher mit Einfühlungsvermögen, Emotionen und so. Mir war sofort klar gewesen, dass das bei ihm am besten mit einem eigenen Gedicht funktionieren würde. Ich hatte ein paar Tage daran geschrieben und es immer wieder umgeschrieben, aber nun war es fertig, und in diesem Moment ging ich in den zweiten Stock, um es ihm zu überreichen.

Schon komisch, dachte ich, kein Bode-Park, kein Eisessen mehr bei den lustigen Italienern im *Paradiso*, die allerdings auch immer die gleichen Sprüche machten. Vermisste ich es? Wenn ich nicht auf Snapchat rumhing, dann ehrlich gesagt nicht. Und ich hing dort nicht mehr rum, im Gegenteil, ich machte eine Snapchat-Diät.

Es gab nur Opa Edgar *in the morning*, kein Pflichtprogramm, sondern nur ein bisschen reden, vielleicht noch die paar Tassen und Teller spülen, die sich bei ihm so ansammelten. Irgendwie gab es jeden Tag etwas, was wir zusammen machen konnten. Ab elf überlegten wir, was wir kochen sollten.

»Guten Morgen!« Ich schlug auf meine Schenkel. »Na, komm her, komm her.« Ringo saß schon auf dem Treppenabsatz. Jetzt duckte er sich, presste die ergraute Schnauze auf den Boden und wedelte wie verrückt mit dem Schwanz. Seit dem Unfall war er viel anhänglicher. Von *Schuld* hatte er wahrscheinlich noch nie in seinem Leben gehört. Ich tätschelte ihm den Rücken, kraulte ihn hinter den Ohren, das volle Programm.

»Da ist sie ja.« Die Wohnungstür öffnete sich. »Er wartet seit 7 Uhr vor der Tür auf dich. Ringo Starr, aus, nun ist auch mal gut!«

Edgar (ich ließ das *Opa* jetzt immer weg) winkte mich herein. Seine tiefen Stirnfalten gaben ihm immer noch ein dauerknurriges Aussehen, doch ich konnte sein Gesicht mittlerweile besser lesen und wusste, wie er drauf war. Erstaunlich gut, meistens.

Er war Diabetiker und musste immer auf seinen Blutzuckerspiegel achten, aber das hatte er im Griff.

»So, wie ist der Plan heute?«, fragte er wie jeden Morgen und wiegte seinen kahlen Kopf mit den großen, fleischigen Ohren hin und her. Ich kannte niemanden mit so großen Ohren und war ganz froh, sie nicht geerbt zu haben. Aber ihm standen sie. Sie machten aus ihm einen nachdenklichen Elefanten. Einen sehr netten, nachdenklichen Elefanten.

»Gleich erst mal Tomaten-Kontrolle«, antwortete ich. »Hast du heute schon nachgeschaut, sind diese fiesen grünen Tierchen jetzt endlich weg? Und hey, ich muss dich unbedingt zu dem einen Buch was fragen, und du wolltest mir zeigen, wie du diese alte Gitarre reparierst, die wir neulich bei *Kleinanzeigen* gefunden haben.«

»Mandoline.«

»Ach klar, Mandoline. Und was kochen wir heute? Magst du Fischstäbchen? Davon haben wir noch neun im Tiefkühlfach, habe ich gestern gesehen. Reichen dir fünf?«

»Mag sein.«

Manchmal verfiel er wieder in seine kargen Ein- und Zwei-Wort-Sätze, doch nicht mehr so oft. Wir grinsten uns an. Ich hatte nicht geahnt, dass es so entspannt mit Edgar sein würde. Er suchte mir immer nur die interessantesten Bücher raus und erzählte was darüber, aber kein so langweiliges Zeug wie in der Schule manchmal. Im Kochen war er nicht besonders begabt, also gab es da auch nicht viel Stress. Wir waren stolz auf alles, was gegen eins halbwegs genießbar auf dem Teller lag.

»Sorry, ich rede echt viel heute, aber ein Geschenk habe ich auch noch für dich!«

Er zog seine etwas borstigen weißen Augenbrauen hoch. »Nun gut. Ich mache uns den Vormittagstee, und dann hätte ich es gerne.«

»Ich weiß nicht, ob es dir gefällt.« Plötzlich wurde ich unsicher. Ob ihn meine Zeilen überzeugen würden? Vielleicht war mein Glück ja schon verbraucht, denn alles, was Jana mir in ihrer *best-of*-Märchenstunde erzählt hatte, war wie in einem Traum in Erfüllung gegangen.

Meine Mutter hatte sofort zugestimmt, als ich mir zum Geburtstag den Führerschein wünschte. Jana hatte auch hier recht behalten: Mum schien sehr happy, mir diesen Gefallen tun zu können. Papa hatte erst noch etwas sagen wollen, doch dann nur schwach gelächelt und genickt. Die Fahrschule hatte mich sofort angenommen und einen frühen Prüfungstermin in Aussicht gestellt, drei Tage vor meinem Geburtstag, nun fehlte nur noch Edgars geliebte Puch aus der Garage.

Okay, der Tee stand jetzt vor uns, es war so weit. »Hier. Ein Gedicht. Nichts Besonderes, aber für dich!«

Edgar faltete das Blatt auseinander, setzte die Brille auf und las. Ich konnte es auswendig und sprach die Zeilen mit, denen seine Augen jetzt langsam folgten:

Glück

Regen tickelt leise auf Zeltplanen,
dann ist die Nacht vorbei.
Vertrieben von Sonne, Teebeuteltee
und ein, zwei Gedichten.
Meine Gedanken wachen auf
und tanzen auf einem Seil aus Sprache.
Sand rieselt aus den Seiten.
Ich stolpere über Bedeutungen,
schon lecken Meereswellen an meinen Füßen.
Winzige Kiesel, bunte Glasscherben,
glatt wie Bonbons.
Mein Roller wartet zwischen Mohnblumen
im warmen Wind.
Alles ist Freiheit.
Die Straße rollt sich vor mir aus – nur für mich.

Besonders stolz war ich auf das *Seil aus Sprache* und meine Erfindung des Verbs *tickeln*. Das tat ganz feiner Regen doch auf Zeltplanen, oder etwa nicht? Einfach cool, in Gedichten schreiben zu dürfen, wie man wollte, und zu behaupten, dass jedes Wort, jedes Komma, einen tieferen Sinn hatte. Doch mein Herz klopfte. Was, wenn er es albern und kindisch fand? Was, wenn er den Hinweis auf seinen alten Roller nicht verstand?

Er legte das Blatt auf den Tisch und schaute mich an. »Na klar. Das ist es!«

Ich nickte, nicht sicher, was er meinte.

»Zelten gehen. Gaskocher, Meer, Pinienhaine, Kieselstrände ... obwohl, an der französischen Atlantikküste gab es meinen Erinnerungen nach nur Sand. Der in deinem Gedicht zwischen den Seiten rieselt. Emma, das hast du großartig gemacht. Du hast meine Jugend beschrieben! Ich möchte unbedingt wieder Moped fahren … und weil ich das nicht mehr kann, du weißt ja, mein Gleichgewichtssinn ist ziemlich im Eimer, dieser elende Schwindel immer … wirst du es tun! Das ist es, was du jetzt brauchst!«

»Glaubst du wirklich?«

»Aber ja, die gute alte Puch steht da doch nur rum. Soll Daniel sie verkaufen, wenn ich erst tot bin? Nein! Sie wird bald meiner Enkelin gehören! Ich schenke sie dir, hast du nicht bald Geburtstag?«

»Ja schon, aber nein, Edgar. Das kannst du doch nicht machen! Echt?« Plötzlich schämte ich mich für meinen Plan, der peinlich und durchschaubar war. »Sie ist so schön, so hellblau, so sauber.«

»Ja, das ist sie. Und natürlich kann ich das. Komm, wir gehen gleich runter, werfen die alte Dame an und ich zeig dir hinten auf dem Wendeplatz, wie man fährt!«

12. Kapitel

FINIRE LA STORIA, DIE GESCHICHTE BEENDEN

Wann küsst er mich wieder? Oder soll *ich* mich beim nächsten Mal einfach trauen? In den kommenden Stunden fragte ich mich das mindestens hundertmal. Es kribbelte, es machte meine Nerven fertig, es ließ mich hysterisch auflachen, während ich für die Gäste Spiegeleier briet, es ließ mich beim Bettenmachen kichern und beim Badputzen in den Spiegel zwischen den weißen Zahnpastapünktchen grinsen. Ich zählte die Stunden, bis ich endlich zum Kurs durfte, ich versuchte, an diesem Mittag besonders viel Vokabeln in mein Hirn aufzunehmen, und lernte ganze Sätze, die ich brauchen konnte, einfach auswendig. *Lass uns fahren – ausruhen – zwei Club-Limonata bestellen – hier wieder abhauen – baden – was essen – die Pizzeria deines Onkels besuchen*, das alles gelang mir schon recht mühelos. Doch nun legte ich mir zurecht, wie man auf Italienisch *Ich glaube, ich habe dich vermisst* sagte. Und wie ich den Satz gleich darauf mit einem *Nee, war nur Spaß* abschwächen konnte. *Era solo uno scherzo.* War es das wirklich? Ich biss die Zähne zusammen und schüttelte den Kopf über mich. Warum konnte ich einfach nicht aufhören, an Leo zu denken?

♥

»*Dio mio*, du bist eine ganz schöne Streberin geworden«, beschwerte sich Zazie, und auch Ole konnte seinen Neid nicht verbergen. »Gerade wusste diese Minderjährige sogar, was *nonostante* bedeutet. Ich fasse es nicht.« Er rollte gespielt empört mit den Augen.

»Wieso«, verteidigte ich mich. »Wer von uns hat wirklich schon mal den Satz *Entschuldigen Sie bitte, ist dieser Platz noch frei?* gebraucht. Oder den hier: *Wann kann ich mein Auto aus der Werkstatt abholen?*«

Beide zuckten mit den Schultern, während wir mit den anderen Sprachstudenten und -studentinnen im kühlen Flur der Sprachschule auf den Beginn unseres Kurses warteten.

»Aber *trotz, trotzdem, sogar, dagegen – nonostante* eben – oder, ganz wichtig: *mit Absicht.* Diese Worte fehlen mir immer. Also frage ich die Übersetzer-App und lerne sie auswendig.« Ich hielt nach Leo Ausschau, sah ihn aber nicht.

Zazie hatte mich anscheinend beobachtet. »Der ist echt *cute*, der Leo, selbst ich könnte da noch schwach werden.«

Ich schnappte nach Luft. Echt jetzt, Zazie?

»Interessierst du dich seit neuestem für kleine Kinder«, fragte jetzt auch Ole. »Was ist aus deinem Tinder-Date Nummer sieben gestern geworden?«

»Nichts. Nein, nein, *solo uno scherzo*!«

Aha, sie kannte diesen Satz also auch.

»Ich mag Leo«, beschwichtigte Zazie. »Am besten gefallen mir seine *fancy* Römersandalen, leider weiß er nicht mehr, wo er sie gekauft hat, ich habe ihn gefragt. Und einfach abkaufen kann ich sie ihm auch nicht, sind zwei Nummern zu groß … Aber davon mal abgesehen, ist er selbstbewusst und lustig, man will ihn einfach gerne als Mensch um sich haben. Oder, Emma?«

»Absolut.« Als Mensch. Als Laufpartner. Als Rollerfahrer. Und das war längst nicht alles.

Die Tür ging auf, der Kurs vor uns strömte heraus, wir gingen hinein. »Ich habe noch nie mit einem Jungen so gut reden können.«

»Und so gut auf einem Roller fahren können und laufen können«, zählte Zazie weiter auf, »und sich so gut in Druckereien und Ristoranti von irgendwelchen Onkels herumtreiben können.«

Ich lachte und steuerte auf meinen Platz zu. Ich erzählte den beiden definitiv zu viel, aber wem auch sonst? Sie waren nun mal meine besten Freunde hier in Rom.

Zazie entdeckte es als Erste, bevor sie sich auf ihren Stuhl niederließ. »Wow, schau dir das an! Dieses Ungetüm war aber gestern noch nicht hier!«

Jemand hatte einen lächelnden Wal auf das klappbare Schreibbrett an meinem Stuhl gemalt, rechts unten in die Ecke, in einem Strich. Leo! Es war ganz eindeutig von ihm. *A presto!*, stand auf dem Bauch des Wals. Ja, bis gleich! Die Gegend um mein Herz herum wurde ganz warm. Woher wusste er, dass ich hier saß?

»Awww. Ich will auch so einen Leo, der Postkarten mit Tieren drauf für mich druckt! Nur drei, vier Jahre älter dürfte er sein.« Zazie zog ihre Stirn in Falten. »Seht ihr euch heute?«

Ich nickte. »Ich hoffe es! Er hat so viele Jobs, wenn ich ihn abends treffen will, muss ich mit ihm fahren.«

»Nervt dich das?«

»Nein, überhaupt nicht, ich sehe die schönsten Gärten von Rom, die abgefahrensten Dachterrassen, ich helfe ihm zu gießen, wir reden die ganze Zeit nur Italienisch, und wenn er danach nicht im *Da Mario* aushelfen muss, zeigt er mir die coolsten Sachen von Rom!« Ich zählte an meinen Fingern auf. »Die beste Pizza – natürlich im *Da Mario*, bei seinem Onkel. Die besten *Spaghetti Vongole* in der *Trattoria d'Antonio*, bei der Haltestelle *Piramide*. Die beste Laufstrecke am Morgen, die einsamste Bank auf der Isola Tiberiana, mitten im Tevere, die gruseligste Ecke auf dem stillgelegten Schlachthof und den schönsten Friedhof, auf dem man nur begraben werden darf, wenn man nicht katholisch ist. Den allerdings will er mir noch zeigen.«

»Neid!« Zazie seufzte. »Kann er gut küssen?«

»Wer sagt, dass wir uns schon …«

»Ach komm, das sehe ich doch.«

»Was?« Ole beugte sich von hinten zu uns vor.

»Nichts«, riefen wir im Chor über die Schultern und lachten.

»Einmal«, flüsterte ich Zazie zu. »Heute Morgen. Zwar noch nicht richtig, aber … trotzdem … ach.« Ich seufzte leise. »Es war sehr *sweet*. Sehr … nah.« Ich konnte es nicht besser beschreiben.

»Und, meinst du, da geht noch mehr?«

»Keine Ahnung.« Das hatte ich mich ja schon den ganzen Tag gefragt. Sollte ich einfach losknutschen oder ihn vorher fragen, was er wollte, was er dachte, was er über *mich* dachte? Wollte er eine Freundin? Wollte er mich als seine Freundin? (Wollte ich das überhaupt?) Und wie sollte es dann weitergehen? Hatte er wirklich vor, nach Deutschland zu kommen, um dort zu studieren?

Signora Carnevale betrat den Raum und rief ihr bekanntes *»Silenzio!«*. Der Lärm in der Klasse wurde aber nur geringfügig weniger.

»Lass ihn ein bisschen zappeln, Jungs wollen erobern, wollen jagen«, sagte meine Sitznachbarin und lehnte sich zurück. »Sorry, ist vielleicht nicht mehr politisch korrekt, so was heutzutage zu behaupten, aber höre ruhig auf die Erfahrungswerte einer Neunzehnjährigen. Wenn du dich vor ihn hinschmeißt und erstarrst wie ein Rehkitz im Scheinwerferlicht eines Autos, hat er keine große Motivation mehr.«

»Okay.« Ich sah mich, wie ich ohne großen Protest die Arme um seinen Hals legte. Hatte ich es ihm zu einfach gemacht? War ich schon längst Team Rehkitz?

»Viel Zeit hast du andererseits auch nicht mehr, du fährst doch bald zurück nach Deutschland.« Zazie holte ihr Italienischbuch hervor.

»Ich habe verlängert«, flüsterte ich ihr zu und grinste glücklich. Bis Ende August, vierzehn Tage nach meinem Geburtstag durfte ich bleiben und aus den ursprünglich drei Wochen sechs machen! Die volle Ferienzeit! »Meine Tante hat natürlich Ja gesagt. Klar, ich nehme ihr die ganze Arbeit ab.«

»Das musst du nutzen!«

»Signore e Signori, silenzio!« Die *Professoressa* warf einen strengen Blick in unsere Richtung. »Signora Zazie, würden Sie sich für uns erinnern, was haben wir letzte Stunde durchgenommen?«

»Indirekte und direkte Objektpronomen«, murmelte ich, ohne aufzusehen.

»Aber ja. Indirekte und direkte Objektpronomen«, wiederholte Zazie.

»Esempii!« Na klar, jetzt wollte die Lehrerin auch noch Beispiele hören.

»Gliel'ho detto. Gliel'ho promesso. Gli ho dato un bacio«, sagte ich leise. Und Zazie wiederholte es.

Ob sie verstand, was die Sätze bedeuteten? *Ich habe es ihm gesagt. Ich habe es ihm versprochen. Ich habe ihm einen Kuss gegeben …*

♥

Leo wartete an seinem Roller auf mich. Nervös ging ich auf ihn zu. Ich hatte vor dem Kurs mein neues Kleid angezogen, ein hellblaues mit kurzem Ballonrock, wie die coolen Römerinnen in meinem Alter sie gerade trugen.

»Ciao, Bella!« Er gab mir die normalen Begrüßungsküsschen auf die Wangen. Würde es einen zweiten, einen richtigen Kuss geben? Ich stöhnte innerlich vor Ungeduld und schaute schnell auf mein Handy, es war so warm, immer noch achtundzwanzig Grad! Die Luft stand in den Straßen, und ich war froh um den Fahrtwind, als wir den Aventino hinauffuhren. Wir parkten, ich nahm den Eierschalenhelm ab, strich mir die mittlerweile schön langen Ponyfransen aus der Stirn und sah ihn erwartungsvoll an. Doch nichts passierte.

Sind wir kurz davor?, fragte ich mich, als wir zusammen die duftenden Jasminbüsche und Feigenbäume auf der Dachterrasse von Dottore Baldaccio gossen. Nein.

Jetzt vielleicht?, fragte ich erneut, als wir im *giardino* der Contessa Gangi ankamen. Wieder Fehlanzeige. Worauf wartete er? Ich stand barfuß am Wasserhahn, füllte die Kannen und Eimer und begoss ab und zu meine Füße und Beine. Leo schleppte das Wasser die engen Wege zwischen den vielen Rosenstöcken entlang. Er trug rechts und links einen Eimer, schwitzte und keuchte. Winzige Mücken umschwärmten uns, ich schlug genervt nach ihnen und versuchte, sie nicht durch meine Nasenlöcher einzuatmen.

Ich verstand mich selbst nicht mehr. Heute Morgen hatte ich noch zwischen euphorisch und unsicher geschwankt, und nun war ich beleidigt, weil er keinen Versuch mehr startete und unseren Torbogen-Kuss in der letzten Stunde mit keinem Wort erwähnt hatte?

»Sieht nach Gewitter aus«, sagte Leo auf Italienisch, als er zu mir zurückkam.

»Warum dann überhaupt gießen?« Es klang so patzig, wie ich mich fühlte.

»Ich befürchte, es wird gewaltig blitzen und krachen, aber kaum regnen. Fahren wir gleich in den *Palazzo del Freddo*, beste Eisdiele *di Roma*? Die kennst du noch gar nicht!«

Ich drehte den Wasserhahn ab und zuckte mit den Achseln, dabei hatte ich heute vor Zazie nicht übertrieben: Alle Orte, zu denen Leo mich bis jetzt geführt hatte, waren außergewöhnlich und *meravigliosi* gewesen.

»Was ist los?«, fragte er da auch schon.

Ich wackelte mit den Zehen in der wohltuend kühlen Pfütze unter dem Wasserhahn, steckte meine Hand in die Tasche meines Kleides und holte den Zettel mit der Katze hervor. *»No sorry«*, sagte ich, strich die Zeichnung glatt und lächelte verlegen. Zazie hatte gut reden. Meinetwegen war ich ein leicht zu habendes Rehkitz, aber ich wollte ihn endlich küssen!

»Ach so! Du willst mehr?«

»Nein.« Wenn er mich so direkt fragte, musste ich doch wohl Nein sagen …

»Nicht?«

Ich grinste nur.

»Si!«, sagte er entschieden, stellte die leeren Eimer zu meinen Füßen ab und nahm mein Gesicht in beide Hände. »Einmal noch.«

»Nur einmal?« Meine Stimme klang empörter, als ich vorgehabt hatte.

»Ich sage dir gleich etwas dazu«, antwortete er.

Sein Mund kam näher, ich schloss die Augen, und wie schon an diesem Morgen legte er seine Lippen auf meine und verharrte dort. Unser Atem floss zusammen, ein und aus, ich hörte einen Moment dabei zu, was für ein geniales, einmaliges Gefühl, ihm so nahe zu sein … doch nun fing er wieder an, mit meinen Lippen zu spielen und daran herumzuzupfen. Ich machte es ihm nach und wurde schon mutiger, als er noch näher kam, seine Zunge ein kleines Stück in meinen Mund schob und von innen unter meine Oberlippe fuhr. *Oh no, oh si,* das kitzelte, war aber wunderschön. Ich versuchte zu antworten, indem ich mit seiner Zungenspitze spielte, und mich immer weiter vorwagte. Mal war ich mehr bei ihm, mal er bei mir, er schmeckte gut, als ob er gerade noch einen Apfel gegessen hatte. Ich seufzte und lachte ein bisschen in seinen Mund, und Leo lachte auch.

Er drückte mich an sich, schon machten wir mit unserem Zungenspiel weiter. Das war also richtiges Küssen. Ich versank darin und spürte nur noch seinen Mund und seine Hände, die sanft über meinen freien Rücken strichen, und als ich wieder auftauchte, wusste ich, Küssen war wundervoll! Leo zu küssen war wundervoll!

»Was machen wir hier?«, fragte er leise auf Italienisch, als er sich von mir löste.

»Ich weiß nicht«, antwortete ich auf Deutsch. »Wir *bacciar-en* uns?«

»Ach so.« Er nickte lächelnd, als ob er es jetzt erst begriffen hätte, wurde dann aber wieder ernst. »Ich muss dir aber noch etwas sagen.«

»Das war das letzte Mal?« Ich lachte nervös. Oh, bitte! Bloß nicht!

»Ich muss da vorher etwas klären. Oder sagen wir besser, etwas beenden. Eine Geschichte.«

Finire una storia. Ich verstand.

»Es ist etwas kompliziert.« Leo nahm meine Hand und küsste sie. *»Basta!«*, sagte er dann zu sich selbst und ließ mich wieder los. »Ich mag dich sehr, Emma, aber ich will das nicht vermischen. Habe ich schon, und das ist nicht gut.«

Zusammen gingen wir durch den Garten der *Contessa.* Es duftete nach feuchter Erde, und das nasse Gras fühlte sich herrlich unter meinen nackten Füßen an. Der Satz *Ti voglio tanto bene, Emma* auch.

»Ich arbeite für ihren Vater, aber das ist mir egal. Und es ist auch schon länger nicht mehr schön, sondern nur noch schwierig zwischen uns. Sonst hätte ich dich auf meinem

Roller gar nicht überall mit hingenommen, wäre nicht mit dir laufen gegangen.«

Okay. Ich musste kurz an Oscar denken. Hatte ich nicht auch eine *storia*?

»Ich muss da auch noch etwas beenden«, sagte ich, ohne nachzudenken.

»In Germania?«, fragte er.

Na klar, wo sonst? Ich nickte.

»Aber du musst da jetzt nicht extra hin?«

»Nein.«

»Gut.« Im roten Abendlicht sah ich, wie sich die Erleichterung über Leos Gesicht ausbreitete. »Dann haben wir jetzt beide ein paar Tage Zeit, das zu erledigen.«

»Ein paar Tage?« Das war doch viel zu lang!

»Ich verliere wahrscheinlich die Hälfte meiner Jobs, wenn sie sauer ist und ihrem Vater sagt, wie böse und gemein ich bin.« Leo zuckte mit den Schultern und ging wieder voraus. »Aber das Risiko gehe ich ein. Ich habe viel gespart, der Sommer ist sowieso bald zu Ende und ich fahre nach Deutschland.«

»Hast du das wirklich vor?« Vor Aufregung wechselte ich ins Deutsche.

»Ja. Entweder München oder Dusseldörf.«

»Düsseldorf«, sagte ich zu seinem Rücken. »Das ist näher bei Köln.«

»Wäre das wichtig?« Er drehte sich um, so dass ich fast in ihn reingelaufen wäre.

»Das wäre echt schön!« Ich wollte ihn sofort wieder küssen. Und er mich auch, das sah ich. Aber er hielt sich zurück.

»Wir können uns ja trotzdem sehen und in der Frühe laufen, aber wir machen nichts. Gar nichts.« Er streckte die Hände gen Himmel. Bekommen wir das hin?, fragte ich mich, als er weiterredete: »Morgen zeige ich dir endlich den Friedhof, der schönste, ruhigste, magischste Ort in dieser Stadt, finde ich. Und ich bringe meine Ukulele mit.«

»Vielleicht überlege ich mir das dann noch mal, wenn du singst.«

»Was?« Er lachte. »Deine *storia* zu beenden?«

»Ja.« *Solo uno scherzo.*

An diesem Abend lernte ich Roller fahren, obwohl Edgar sagte, es sei eher ein Moped als ein Roller. Mama war unterwegs, sie hatte zwar nicht gesagt, mit wem, aber allein daran, wie geschminkt sie war, und an ihren leuchtenden Augen, sah ich, dass es ihr blöder neuer Typ, dieser Kai, sein musste. Papa vermutetet das sicher auch, er saß reglos im Keller und bastelte noch nicht mal an seinem Buddelschiff herum. Ich wollte über die beiden nicht nachdenken, weder über Mum noch ihn, und war froh, dass ich rauskam.

Es war immer noch zu kalt, um richtig Sommer zu sein, doch mir wurde warm, als wir die schwere Puch zum Wendeplatz schoben, Ringo an der Leine, dicht hinter uns. Das Ding hatte eine lange Sitzbank, einen Gepäckträger, und auf dem dicken altmodischen Vorderlicht war ein Tacho eingebaut, der aussah, als ob er pfeifen würde, wenn man zu schnell fuhr. Edgar hatte recht, die *alte Dame* war kein richtiger Roller, denn man konnte seine Füße vorne nicht nebeneinander auf das Trittbrett stellen, der silberne Tank war im Weg; doch wie bei einem Roller wurden die Beine durch ein leicht gewölbtes Schild gegen den Wind geschützt. Das Schutzschild vor dem Lenker und überhaupt alles an ihr leuchtete in einem türkisenen Hellblau, und war mit blank gewienerten Chromleisten versehen. Sie war wunderschön und außergewöhnlich!

Ringo schnüffelte hin und her auf dem Grünstreifen herum und wickelte dabei die Leine um Edgars Beine, doch der merkte das gar nicht. »Und nun setz dich einfach drauf«, sagte er lächelnd. »Schlüssel umdrehen, mit dem Fußhebel auf der rechten Seite den Motor antreten, Kupplung mit der linken Hand ziehen, ersten Gang unten mit dem linken Fuß am Hebel einrasten lassen, rechts Gas geben, Kupplung kommen lassen. Und den Lenker nie ganz einschlagen, sonst kippst du um.«

Ich zögerte. Oh Mann, würde ich dieses Gerät je bewegen können? Ich hatte noch nie einen Motor angetreten, geschweige denn *eine Kupplung kommen lassen* …

Und richtig, ich musste ordentlich treten, bis der Motor endlich aufbrummte, doch als ich es geschafft hatte, jubelte ich los. Wo die Gänge waren, hatte ich schnell verstanden, erster unten, zwei und drei darüber, aber bei den ersten Versuchen mit Gas und Kupplung würgte ich den Motor mit einem Satz nach vorne ab. Jedes Mal. »Mist. Wie soll das gehen?«

»Mehr Gefühl«, sagte Edgar. »Du bist doch eine Poetin, du kennst dich damit aus!«

Ich schnaubte. Von den Gedichten, die er mir gegeben hatte, waren einige richtig gut gewesen, aber ich selbst hatte nur ein einziges zustande bekommen, das mir gefiel. Von Gefühlen hatte ich also keine Ahnung. Und küssen konnte ich auch nicht. Es hatte mir ja auch noch niemand beigebracht, dachte ich, und wurde sofort wieder sauer auf Oscar. Der Arsch hatte sich bei mir bisher nicht gemeldet.

Vergiss ihn, jetzt bist erst mal du wichtig, hörte ich Janas Stimme. *Hab doch mal Mut und Phantasie! Mach's für dich!*

Ich konzentrierte mich also auf das blaue Ungetüm, auf dem ich saß, und plötzlich ging alles ganz phantastisch: Der Motor brummte leise, ich zog die Kupplung, trat mit dem linken Fuß den Hebel nach unten, der erste Gang rastete sanft ein, ich merkte, wie viel Gas gebraucht wurde, ich ließ die Kupplung kommen, juchuuu, langsam schob die Maschine sich voran, ich musste nur noch die Füße hochnehmen, da ging es schon los!

»Ich fahre«, rief ich über den Wendeplatz. »Edgar, ich fahre!«

Ich zog meine Kreise, hielt an, startete wieder und mochte gar nicht mehr aufhören. Am liebsten wäre ich durch die ganze Siedlung geknattert, doch ich sah, dass es Opa langsam kalt wurde, und so schoben wir die alte Dame wieder nach Hause.

»Das ist das geilste, beste, supertollste Geschenk, was ich je bekommen … werde.« Ich strahlte ihn an. »Jetzt bin ich bereit für die erste Fahrstunde!«

»Wann ist die Prüfung?«

»Keine Ahnung. Wenn ich sie mir zutraue und Slalom fahren kann. Richtig bremsen und bei voller Fahrt einem Hindernis ausweichen, muss ich auch noch lernen. Für die Theoretische habe ich mich schon angemeldet, das wird *easy*!«

»Du wirst das großartig bewerkstelligen!« Edgar benutzte

mal wieder eins seiner uralten Worte und nickte mir beruhigend zu.

»Danke!« Und dann werde ich mit der Puch irgendwo vorfahren, dachte ich, da, wo Oscar auch ist, und meinetwegen auch Poppy. Und es wird mal nicht um Parkour und langweilige Wettkämpfe gehen, sondern darum, wie absolut cool *ich* bin!

13. Kapitel

EIN SIEBZEHNJÄHRIGER JUNGE AUS ROM

»War das cool oder blöd von mir?«, fragte ich Amalia. »Und glaubst du, er meint das ernst?« Ich wollte Zazie alles erzählen und diese Fragen stellen, auch Jana würde es in einem langen Telefonat erfahren, später vielleicht sogar Ole, doch nun fragte ich eben meine Cousine als Erste. Sie kannte mich zwar kaum, aber sie war hier aufgewachsen und konnte mir vielleicht einen guten Rat zu siebzehnjährigen Jungen aus Rom geben. Sie hat Erfahrungen, dachte ich, denn sie trägt selbst so viele Heimlichkeiten mit sich herum, kommt immer spät nach Hause, geht weder vor mir noch vor Dette ans Handy, sondern haut in den Hof ab, wenn es klingelt …

»Ein siebzehnjähriger Junge aus Rom, der erst sauber die eine *storia* beendet, bevor er mit dir die nächste beginnt …?« Amalia wiegte den Kopf, während sie die kurzen Röhrennudeln mit einem Rutsch aus der Packung ins kochende Wasser plumpsen ließ. »Außergewöhnlich.«

»Ich weiß ja gar nicht, was er … und ob er … und ob ich …?« Die drei Gabeln fielen mir aus der Hand auf die Tischplatte.

»Hört sich für mich aber schon so an, dass er … und dass du …« Auch Amalia beendete ihren Satz nicht. Wir grinsten uns zu. Durch das offen stehende Fenster hörte man das abendliche Zubettgeh-Gezwitscher der Spatzen, die sich um diese Zeit in der Palme versammelten.

»Du magst ihn total, und er dich auch«, stellte meine Cousine jetzt fest.

»Stimmt.« Super gerne sogar.

»Und dieser andere, dieser Oscar?«

Verdammt, vor tausend Wochen hatte ich mal den Namen Oscar erwähnt, und sie wusste ihn noch?

»Auf den hatte ich einen ziemlichen *crush* ... na ja, weißt du ja, aber in der letzten Zeit habe ich kaum mehr an ihn gedacht.«

»Wenn dein ... wie heißt er noch mal ... Leo?«

Ich nickte. Leo, Leo, Leo. Der Name brodelte in mir wie das Nudelwasser und wollte raus. Leo, Leo, Leo, Leo!

Amalia lachte und rührte in der Soße, die auf dem Herd neben den Nudeln köchelte und wunderbar duftete. »Ich habe übrigens keinen echten Speck hineingetan, obwohl der natürlich in eine echte *salsa amatriciana* gehört, sondern einen vegetarischen Ersatz. Extra wegen dir.«

»Danke.« Echt nett. Aber wie ist jetzt deine Meinung zu meinem Problem?

»Also, wenn Leo in Rom bleiben würde, würde ich sagen, mach dir keine Hoffnung auf was Festes. Nimm es als Abenteuer, lern mit ihm weiter Italienisch und küssen, wenn du magst, und das war's dann. Aber weil er nach Deutschland kommt, sehe ich da eine Chance für euch zwei. Halte ein bisschen durch, erwähne das Thema ›Schluss machen mit der Noch-nicht-ganz-Ex‹ in den nächsten Tagen nicht, desto eher wird das was mit euch beiden.« Sie lächelte mich an. »Und das ist schön! Ich gönne es dir!«

Ich nickte glücklich und schaute Amalia das erste Mal seit Wochen etwas länger ins Gesicht. Ihre Züge waren weicher geworden, ihre Augen leuchteten und ihre Bewegungen waren nicht mehr so kontrolliert und hektisch.

»Das mit deinem Reitabzeichen läuft gut, oder?«

»Mein Reitabzeichen!?« Sie lachte so schallend auf, dass ich zusammenschreckte. »Ach so, ja, läuft super!«

»Aha, bei dir also auch …« Ich zeigte mit dem Finger auf sie. »Wer ist es? Sag!«

»Na, okay. Sie heißt Mia.«

»Warum nur glaube ich, dass Mia kein Pferd ist?« Ich musste lächeln.

»Weil sie eine wunderbare, total coole Frau ist«, sagte Amalia leise und drehte das Gas unter dem Nudelwasser kleiner. »Woher wusstest du das?«

Ich zuckte mit den Schultern. »Wusste ich gar nicht, aber deine Augen laufen beinahe über vor *amore*.«

»Das hast du echt schön ausgedrückt.« Sie legte ihre Hand in die Nähe ihres Herzens, doch dann zogen sich ihre Augenbrauen zusammen. »Mal sehen, was Mamas Meinung dazu ist.«

»Dass es eine Frau ist, in die du dich verliebt hast?« Ich riss die Augen auf. Gab es tatsächlich noch Leute, die dumme Sprüche darüber machten?

»Na ja, Mama tut immer so lässig, aber wenn ihre eigene Tochter keinen Typen anbringt, dafür aber eine Frau …«

»Eine wunderbare, total coole Frau!«, wiederholte ich Amalias Worte und schüttelte den Kopf. »Es wird ihr egal sein, sie wird sich für dich freuen, sie ist doch gerade selbst so happy mit ihrem Schreiben.«

»Mit ihrem Schreiben? Daran glaube *ich* nun wieder nicht …«

»Wieso? Sie kommt auch heute Abend nicht zum Essen runter, weil sie gerade so gut im Flow ist und nicht mitten auf der Seite aufhören will, hat sie doch in unsere WhatsApp-Gruppe geschrieben.«

»Bevor wir essen, bringen wir ihr einen Teller Pasta hoch. Zusammen. Und schauen uns an, wie viele *Seiten* sie schon hat!«

»Nein.« War Amalia denn verrückt? »Wir dürfen nur bis zum Treppenabsatz! Das ist das heilige Gesetz!«

»Heute nicht!« Meine Cousine grinste von einem Ohr zum anderen. »Heute ist der Tag der Wahrheit, wir schauen mal genauer hin, und jeder gibt vielleicht auch etwas von sich preis!«

»Muss ich ihr etwa auch von Leo erzählen?«

»Kein Muss, nur wenn du willst. Aber sie sollte dir ein oder zwei Tage freigeben, damit ihr mehr Zeit miteinander verbringen könnt.«

Sie hat recht, dachte ich, seit drei Wochen, seitdem ich hier bin, hatte ich keinen Tag frei.

Ein paar Minuten später begann Amalia, die *penne* abzugießen. »Leo regelt das jetzt also mit seiner Fast-Ex, du tust so, als ob du überlegst, und beendest deine Oscar-*storia*, die gar nicht wirklich stattgefunden hat, nehme ich an?«

Ich schüttelte den Kopf. »Nur in meiner Phantasie.«

»Eben. Um so einfacher. Und dann, am nächsten Wochenende, machst du die Sache mit Leo klar. Und jetzt reich mir mal den Teller an! Wir spielen Lieferservice!«

Kurz darauf stiegen wir beide hoch zum dritten Stock.

»Bist du sicher?«, flüsterte ich, als Amalia mich am Treppenabsatz vorbeischob und dann einfach weiterging. Ich hielt Teller und Wärmeglocke ängstlich mit beiden Händen fest.

»*Certo!* Hier, diese Tür muss es sein, *Andrea Gaspare.*« Schon wollte sie auf die Klingel drücken, da hielt sie inne, und dann hörte ich es auch. Nein, keine peinlichen Geräusche oder so was. Aber Lachen. Und dieses Lachen sagte mehr als jedes wilde Gestöhne. Es war eindeutig Dette, doch es klang … anders. Entzückt. Bewundernd. Verliebt.

Amalia hielt sich die Hand vor den Mund, *sie also auch,* sagte der Blick, den sie mir zuwarf, und ich stellte schnell den Teller auf die Fußmatte und bemühte mich, nicht albern loszuprusten. Ich wollte Amalia nicht verletzen, immerhin war es ihre Mutter. Und die war schon alt. Und dieser Andrea mit dem abwesenden Blick und den zu langen Haaren im Nacken sogar noch älter. Mindestens fünfzig oder so. Das war der Beweis! Alte Leute konnten sich auch verlieben, und wie! Peinlich, aber wahr. Und irgendwie auch schön …

Geduckt schlichen wir die Stufen wieder hinunter, und erst als wir im Hof an der Tür zu unserem honiggelben *Casa-dei-bambini*-Kasten standen, drehten wir uns um und sahen hinauf. Das Fenster im dritten Stock, das zu Andreas Wohnung gehörte, war erleuchtet. Eine Silhouette zeichnete sich vor dem warmen Licht schwarz und deutlich ab. Zwei Köpfe im Profil, der Rest war zu einer Figur verschmolzen.

»Schnell, bevor die sehen, dass wir sie sehen!« Amalia drehte den Schlüssel um und zog mich an der Hand hinein, durch die Wohnung bis in den Salon.

»Sagtest du nicht, heute sei *der Tag der Wahrheit*, und *wir schauen mal genauer hin* und *jeder gibt vielleicht auch etwas von sich preis*?«, fragte ich lachend.

»Du meinst, wir hätten ihnen winken sollen? Nein, wir wollen das junge Glück ja nicht überfordern!« Amalia ließ sich theatralisch in den Sessel im Salon fallen, doch auch sie lachte. »Wie crazy ist das denn?«

Ja, es war total crazy, denn es gab nur noch ein paar Tage! Wenn alles gut ginge, würde ich noch vor meinem sechzehnten Geburtstag mit Leo zusammenkommen. Und wenn alles optimal liefe, würden wir sogar in Deutschland zusammenbleiben; ich würde in Köln in die elfte Klasse gehen und meinen ersten Freund haben!

Jeden Tag Theorieunterricht in der Fahrschule, jeden zweiten Tag eine Stunde Rollertraining mit Fahrschullehrerin Gitta auf einem Übungsplatz in Köln, jeden Abend heimliches Puch-Fahren mit Edgar im Wendehammer. Ich war happy! Was für ein Glück, dass ich nicht mit nach Rom habe fahren müssen!, dachte ich oft.

Wenn alles gut ginge, würde ich am Dienstag, den 14. August, drei Tage vor meinem sechzehnten Geburtstag, die Prüfung machen, und wenn alles optimal liefe, bei der nächsten Party (keine Ahnung, bei welcher) mit Edgars alter Dame vorfahren. Und alle würden sehen, wie selbständig ich war. Kein Anhängsel. Keine Zuschauerin im Leben anderer. Ich machte mein Ding!

Oscar hatte sogar wieder angefangen, mir zu schreiben, meine Antworten fielen zwar nett, aber recht kurz aus. Das schien ihn nur noch mehr anzuspornen.

Was ist los, Emma? Sehe dich gar nicht mehr im Park.

Ach, echt, das fiel ihm erst nach einer Woche auf?

Bin beschäftigt.

Mit was?!

Sage ich dir nicht.

Los, sag!

Geheimnis.

Ich hasse Geheimnisse.

Überraschung.

Ich hasse Überraschungen.

Ich kümmere mich um eine alte Dame.

Nice. Ich dachte, um deinen Oppa.

(Er schrieb tatsächlich *Oppa*, und ich antwortete an dem Tag nicht mehr.)

Emma? Dein Ernst? Wo bist du?

Wirst es bald sehen.

Willst du mich nicht mehr treffen?

Bald.

Ey, ich hasse Geheimnisse und Überraschungen.

Sagtest du schon.

Ich schickte natürlich immer Smileys hinterher, damit er nicht beleidigt war, doch ich freute mich über meine Standhaftigkeit, schnappte mir mein Handy, schaute in meine Fahrschul-App und machte mich wieder ans Lernen.

Der *cimitero accatolico*, der nichtkatholische Friedhof, lag laut Google Maps direkt am Ende der Via Marmorata, dort, wo auch das Pyramidengrab von diesem alten Herrn stand. Ich hatte die hohen Mauern und die Pinienbäume davor zwar irgendwie wahrgenommen, doch nie wirklich kapiert, dass das Friedhofsmauern waren. Gerade ging ich langsam darauf zu und suchte den Eingang. Leo und ich waren dort um 14 Uhr verabredet, zwei Stunden hatten wir Zeit, bevor wir zu unseren Lektionen in die Sprachschule mussten. Ich zupfte an meinem coolen neuen Haarschnitt herum. Amalias Friseurin im Viertel war supernett gewesen. Nun trug ich meine Haare stufiger und die Ponyfransen natürlich schön lang, ein bisschen würde ich sie aber noch züchten müssen. Außerdem hatte ich eiskalte Zitronenlimo und eine Überraschung für Leo im Gepäck: Dette hatte mir für das Wochenende freigegeben.

»Wir haben zwar eine Abreise«, hatte sie seufzend gesagt, »aber ach, das werden wir auch ohne dich hinbekommen.«

»Na klar, *Mammina.*« Amalia hatte mir zugezwinkert. »Wir sind neuerdings so intensiv mit unseren eigenen Leben beschäftigt, da haben wir uns vielleicht zu sehr an unsere liebe Emma gewöhnt.«

Da muss ich euch recht geben, dachte *die liebe Emma* in diesem Moment, doch ich nahm es den beiden nicht übel. Ich mochte das frühe Aufstehen zwar immer noch nicht, das Laufen und die Sonnenaufgänge mit Leo dagegen schon, ich mochte neugierige Gäste, die vor Freude über den schönen Innenhof und den gelben Kasten ausrasteten, ich saß oft ganz still auf meinen Lieblingsstufen vor der Tür des Kastens, ich mochte das Trinkgeld auf den Nachttischchen, frisch bezogene Betten und fertige Zimmer, ich mochte das überraschte Lächeln der Gäste, wenn ich sie fragte, ab wann ich ihnen am nächsten Morgen das

Frühstück zubereiten dürfe. Ich mochte den Geruch von Espresso und Spiegeleiern und den schönen Satz: *Danke, aber wir machen das morgen gerne mal selbst, Emma!*

Ich war so sauer gewesen, dass ich mit meiner Tante nach Rom musste, doch nun hatte ich Waschen, Putzen und Italienisch gelernt und war froh, in dieser Stadt zu sein! Und ohne Rom hätte ich ja auch Leo nicht kennengelernt. Wir würden ein ganzes Wochenende miteinander verbringen können. Wenn … ja, wenn er sich kurz mal von seinen Jobs befreien konnte – und er die Sache mit seiner Freundin bis dahin beendet hatte. Aber warum nicht, heute war Mittwoch, er hatte noch den Donnerstag und den Freitag. Zwei Tage! In zwei Tagen konnte man doch Schluss machen, oder nicht? Ich hatte noch nie Schluss gemacht, aber ich wusste von Jana und den anderen Mädchen, das so was sehr schnell gehen konnte.

Leo gehörte natürlich nicht zu den Idioten, die eine derart wichtige Sache mal eben per Sprachnachricht erledigten. Er würde in Ruhe mit seiner Freundin reden. Wie sie wohl hieß? Ich wollte es gar nicht wissen.

Ich bog in die Via Caio Cestio – so hieß zufällig der tote Herr mit Vornamen, der nun schon ziemlich lange in seiner Pyramide lag – und fand nach ein paar Metern auf der linken Seite auch schon den Eingang zum Friedhof. Nicht schwer, denn Leos knallorangene Vespa stand davor. Ich trat durch das kleine Tor.

»Buon giorno!« Eine ältere Frau begrüßte mich. Sie erklärte mir, dass ich keinen Eintritt zahlen müsse, doch für eine Spende sei der Verein, der den Friedhof pflegte, sehr dankbar. Sie hielt mich offenbar für eine Italienerin, denn

sie sprach nur Italienisch mit mir. Ich sah mich um. Wo war Leo? Die Frau reichte mir einen Plan mit der Anordnung der Gräber. »*Qui, ci abbiamo Keats, Shelly, Gramsci, Camilleri e il figlio di Go-ethe* (sie sprach es wirklich so aus).«

Ich lächelte bemüht. »Ah, *il figlio di* Goethe!« Sohn von Goethe, der einzige Name, der mir etwas sagte.

»*Era fortunato!*« Die Frau vom Friedhofsverein nickte bedächtig.

Der Sohn von Goethe hatte Glück gehabt? Aber er war doch tot!

»*Grazie!*« Ich entfernte mich lieber schnell auf einem der Wege, um nicht als Deutsche aufzufliegen.

Wo war Leo?

Die Grabsteine standen sehr dicht, sie versanken regelrecht in all dem Grün zwischen Büschen und Hecken. Weiter hinten sah ich zwei andere Menschen herumstreifen, sonst niemanden. Auf einer Bank zwischen zwei knorrigen Bäumchen klebte ein gelber Zettel, ich ging näher. Ein gezeichneter Frosch, ein typischer Leo-Frosch, saß grinsend auf einem Pfeil und wies mir die Richtung. Ich pflückte das Bildchen ab und ging weiter. Wie süß von ihm! Es war kühl, schattig und ruhig, ein junger Baum beugte sich über ein Grab, ein einzelner Granatapfel baumelte an seinem Ast. Was für ein tolles Bild, sollte ich … Nein, ich ließ mein Handy stecken. Eine rot getigerte Katze kam lautlos über den Weg getappt. »*Ksss, ksss!*«, lockte ich sie, doch sie setzte sich ungerührt auf eine von Flechten überwachsene Grabsteinplatte ins gesprenkelte Sonnenlicht und putzte sich. Obwohl ich wusste, dass Leo bereits da war, sah ich ihr eine Weile dabei zu. Es roch nach Tannenzapfen, Erde und Blüten, in deren Kelchen Bienen summten, die Zeit schien stehenzubleiben. Endlich warf die rote Katze mir doch einen Blick zu. *Ein großartiges Leben, das wir da führen,* schien sie zu sagen.

Ich nickte und atmete tief ein. Stimmt. Goethes Sohn hat wirklich Glück, hier tot zu sein, dachte ich, als ich dem Weg weiter folgte. Und wir Lebenden haben Glück zu leben. Und wie! Die Freude darüber explodierte plötzlich in mir, gleichzeitig wurde ich ganz ruhig. Das hier war tatsächlich ein magischer Platz!

Und dann hörte ich Gitarrenklänge, die die Stille durchzogen. War es eine Gitarre? Oder doch eine Mandoline? Er hatte sie mitgebracht! Ich folgte der Musik, bis ich ihn sah: Er saß auf einer Bank vor einem Gemäuer. Lässig, ohne Schuhe, ein Knie angezogen, hielt er sein Instrument, das aussah wie eine winzige Gitarre.

Ich starrte auf den gelben Zettel mit dem Frosch in meiner Hand und tat so, als ob ich ihn nicht sehen würde.

»Buona sera, Signora«, sang er leise. »Was suchen Sie?«

»Ah, *buona sera.* Einen mittelalterlichen Mandolinenspieler, *Signore«*, antwortete ich, ohne zu singen.

»Der ist heute nicht da-haa. Wir haben hier nur einen *molto* begabten Ukulele-Spieler.«

»Der leider noch eine Freundin hat?« Mist, ich hatte das Thema doch umgehen wollen, und nun landete ich bereits mit dem zweiten Satz genau dort.

»Ja, aber nicht mehr lange!« Er spielte ein paar Akkorde, ich meinte den Song zu erkennen. »Wie geht bei Ihnen«, sang er jetzt auf Deutsch, »*Signora* mit die andere Haare, *molto* cool!«

»*Grazie*!« Er hatte meinen neuen Style sofort bemerkt! »Bei mir ist alles *bene. Molto bene*!« Ich grinste ihn an und setzte mich neben ihn. Er hörte auf zu spielen, nur die Vögel waren zu hören und weit weg der Straßenlärm, gedämpft durch die rötlichen Mauern und die zahlreichen schlanken Zypressen. Wir sahen uns an. Waren seine Wimpern schon immer so lang gewesen? Sein Mund so frech, seine Haut so glatt und makellos? Ich wurde noch nervöser, und anstatt ihn mit zwei Küsschen zu begrüßen, holte ich die Flaschen mit der Club-Limonata aus dem Rucksack.

»Sei meravigliosa!«

»Ich weiß!« Ich öffnete die Flaschen, und wir stießen an.

»Oh, und richtig kalt sind sie auch noch!«, sagte Leo. »Dafür bekommst du einen Song. Einen nicht mehr ganz neuen, aber schönen!«

Er zupfte an der Ukulele und begann in seinem komischen, dafür absolut *sweeten* Englisch zu singen. *»I'm lying on the moon … My dear, I'll be there soon.«*

Es war *The Moon Song*, ich kannte das Lied aus dem Film, dessen Name mir gerade nicht mehr einfiel, und summte mit, ich war gerührt und etwas verlegen, aber nicht so, dass ich mich schämte. Es war Leo, der für mich sang. Und er konnte verdammt gut singen, um einiges besser als Scarlett Johansson in dem Film.

»Dette hatte mir für das Wochenende freigegeben«, sagte ich, als das Lied zu Ende war, und schaute ihn erwartungsvoll an.

»Oh! Ack so.« Plötzlich sah *Leo* etwas verlegen aus. »Gut. Schön. Aber ich fahre am Freitagmorgen weg. Nach Monterotondo. Das ist bisschen außerhalb von Roma.«

»Was machst du da denn? Blumen gießen?« Ich lachte und drehte die Flasche immer schneller in meiner Hand.

»Mmmh. Keine Ahnung. Ein letztes Mal. Sie hat drauf bestanden.«

Sie! Seine Ex-Freundin, dachte ich. Oder Noch-Freundin …

»Und ich möchte mich noch von manchen Leuten da verabschieden«, fuhr Leo fort. »Sie sind in den letzten zwei Jahren ein bisschen Familie geworden, weil ich … ja nicht mehr so viel Familie habe.«

Es war wohl schwieriger, von ihr loszukommen, als er gedacht hatte.

»Aber nein, da passiert nichts mehr.« Er schien meine Gedanken erraten zu haben. »Ich bin spätestens Sonntagmittag zurück. Allein«, setzte er hinzu und strich über meine Hand, doch ich zog sie zurück, denn in meinem Hirn ratterte es. Da hatte ich endlich mal frei, und er wäre gar nicht da! Was sollte ich denn den ganzen Samstag lang machen? Ausschlafen? Endlich mal die Touri-Tour machen? Kolosseum, Pantheon, Petersdom? *Oder dich einfach auf ihn freuen,* schlug eine Stimme in meinem Kopf vor. Na, danke.

»Vielleicht ja auch nicht.« Echt zickig, ich weiß, aber es war nun mal aus mir herausgerutscht.

»Doch. Ganz sicher.«

Ich seufzte.

»So schlimm?«, fragte Leo. Ich konnte seinen Blick nicht gut ertragen in diesem Moment.

»Ich werde es aushalten.« Schließlich habe ich ja auch Freunde in Rom, dachte ich. Oder etwa nicht?

14. Kapitel

WO IST DAS PROBLEM?

Doch dann kam der Tag, der alles verändern sollte. Es war nicht der Samstag, nein, schon am Donnerstag fing es an. Ich traf Leo nach dem Kurs, ganz freundschaftlich natürlich, das war abgemacht.

»Fahren wir eben in der Druckerei vorbei?« Er küsste mich sanft, kaum wahrnehmbar, auf die Wangen. Ich schloss dabei die Augen, er roch immer so lecker. »Ich möchte endlich meine Einnahmen abholen, danach essen wir die besten *trapizzini* von Rom!«

Ich öffnete meine Augen wieder und verdrehte sie lachend, ich wusste nicht, was *trappizini* waren, aber mit Leo würden es natürlich wie immer die besten sein! Mit dem Helm auf dem Kopf warf ich Ole und Zazie eine Kusshand zu und schwang mich hinten auf den Roller. Einen Moment später knatterten wir über die breite Brücke ins Trastevere-Viertel und durch die Gassen, bis wir vor der Druckerei ankamen.

Die Tür stand wie immer weit offen, ein paar Touristen betrachteten die Ständer mit den leuchtend bunten Drucken. Leos frühere Lehrerin bewachte sie mit freundlichen Blicken und begrüßte ihn, und diesmal auch mich, mit einer Umarmung. Leo stellte mir Anna, eine weitere Künstlerin der Werkstatt vor, sie war ungefähr dreißig und hatte langes dunkles Haar, das ihr offen bis zur Hüfte fiel. »Anna macht die coolsten Drucke, aber heute hilft sie beim Verkauf.«

Anna gab mir kurz die Hand und wandte sich dann wieder den stöbernden Touristen zu, die sich in der kleinen Werkstatt aneinander vorbeischoben. »Ist echt viel los!« Signora Mazzini machte einen Espresso für uns und Leo bekam ein Kuvert mit seinem Geld. Kurz darauf lüftete er mit geheimnisvoller Geste das Laken, mit dem die Druckmaschine abgedeckt war. »Schau mal, Emma! Damit wird morgen mein neuer Entwurf zum ersten Mal als Druck entstehen, in einem großen Format, 20 × 30 Zentimeter, viele Tiere, ineinander verschlungen, und rate mal, wer auch mit in der Gruppe ist: Der Wal und der Frosch … Vielleicht habe ich dabei an dich gedacht?«

»Wirklich?«

Er nickte und grinste mich so begeistert an, dass ich ihn am liebsten geküsst hätte, aber das ging ja nicht. Noch nicht.

»Ringo Starr sollte auch mit drauf, aber den verkaufe ich nicht, der ist einzig und allein nur für dich! Ein Unikat.«

»Mein Opa hat sich total über die Postkarte gefreut!«

»Du hast eine *Postkarte* daraus gemacht und verschickt?«

»Ja.« Ich wurde unsicher. Hätte ich nicht …?

»Und der Druck ist nicht kaputt gegangen?«

»Nein. Er hat ihn eingerahmt, Ringo Starr hängt jetzt über seinem Küchentisch, hat meine Mutter mir am Telefon erzählt.«

»*Meraviglioso*. Dein *nonno* erkennt Kunst, wenn er welche sieht«, murmelte Leo.

»Du kannst dir deinen Ringo anschauen, wenn du mich besuchst. Du kommst doch?« Ich wollte es in diesem Moment unbedingt von ihm hören.

Leo kam ganz nah und flüsterte nur noch. »Das werde ich.«

»Wir haben da allerdings ein Problem…« *Professoressa* Mazzini unterbrach unsere kleine intime Zweisamkeit. Sie zog sich eine Schürze über, Leo schlüpfte in einen weißen, über und über mit Farbe befleckten Kittel (hey, der Kittel-Boy war wieder da … doch in diesem Exemplar sah er ziemlich heiß aus), dann beugten die beiden sich tief über die Druckwalze der Maschine und beratschlagten sich. Über Farben, über Striche und Tiefe, ich verstand nicht alles und begann, mir die Karten und Drucke an den Wänden anzuschauen. Anna lächelte mir zu, während sie einen Druck aus dem Kartenständer in eine Tüte gleiten ließ und zwanzig Euro dafür verlangte.

»Zwanzig Euro?! Für dieses …?«

»Das ist eine limitierte Auflage, davon gab es nur zwanzig Stück, von der Künstlerin signiert.«

»Okay …« Die deutsche Touristin schien nun doch glücklich über ihren neu erworbenen Schatz und zog ab.

Die Maschine begann zu summen, doch noch immer schien nicht alles in Ordnung zu sein. »Hier siehst du, das macht mir Sorgen, wenn das morgen auch so …« Die Signora schüttelte den Kopf.

Es dauerte fünf Minuten, zehn Minuten, ich hatte alle Drucke und Bilder bereits durchgeschaut, der Laden war zufällig gerade leer, mir wurde langweilig. Also ging ich hinaus, setzte mich halb auf Leos Vespa und sah den Passanten zu, die in großen Trauben durch die Gasse drängten. Jetzt im August waren viele Römer in den Urlaub geflohen, doch dafür kamen die Touristen in Scharen und waren überall.

In meiner Tasche vibrierte es. Jana? Dann, ein Harfenklang! Seit vier Wochen war ich nun schon hier, seit über zwei Wochen hatte ich nichts mehr von Oscar gehört. *Pfff*, ich zuckte mit den Schultern, er war so weit weg, er interessierte mich gar nicht, dennoch öffnete ich WhatsApp. Wow. Sogar eine Sprachnachricht. Ich hielt das Handy ans Ohr.

»*Ciao, ciao ragazza!*« Oscars Stimme war immer noch tief. »Hey, wie isses in Rom, ich bin auch in Rom, naja also nicht direkt, sondern mit meinem Dad in … wie heißt das hier, Lido di Ostern, Lido di Osteria?«

Lido di Ostia! Meine Güte, so schwer ist das doch nicht, dachte ich.

»Na ja, ist ziemlich cool hier, aber wäre schöner, wenn die Dame, die sich nie meldet, hier vorbeikommen würde, wir sind in so 'nem Wäldchen, total geil, mein Dad hat das Wohnmobil, ich penne aber im Zelt, also ich alleine …« Er lachte kurz auf, und mit einem Mal wusste ich wieder, warum ich ihn ein ganzes Schuljahr lang toll gefunden hatte. »Wäre geil, wenn wir uns sehen könnten. Vielleicht am Samstag, da will mein Dad in die City, aber ich will hierbleiben, gibt ein tolles Freibad direkt am Strand, Das *Kursaal,* so heißt das echt, das wäre was für dich! Oh Mann, Samstag, das ist übermorgen, geht das? Wäre jedenfalls richtig geil. Denn ich würde ... ich würde dich echt gerne sehen! *Ciao.*«

Äh? Was? Was war das denn gewesen? Er hatte so atemlos geklungen, so aufgeregt. Ich war verwirrt, und mein Herz klopfte albern in meinem Hals – das machte mich wütend. Meinte er wirklich, er könnte mich herbestellen, sollte ich ihm wieder bei seinen blöden Parkour-Übungen zuschauen? *No, Grazie!* Ich war mittlerweile eine ganz andere Emma, als Oscar sie kannte.

Nach ein paar Minuten machte ich ein Foto von mir auf der Vespa, von der man allerdings nur den Außenspiegel sah, hinter mir die belebte Gasse. Es sah cool aus. Eine Römerin in Rom. Sollte ich ihm das schicken? Mit der Unterzeile *Sorry, kann hier nicht weg*.

Aber ich *konnte* ja weg, denn am Samstag würde Leo den ganzen Tag mit seiner Ex-Freundin verbringen. Wie auch schon den halben Freitag und auch noch den halben Sonntagmorgen. Um sich zu *verabschieden*! Warum könnte ich dann nicht auch ein bisschen baden gehen? Ich war nicht ein einziges Mal am Meer gewesen, hatte in Rom nur das dunkle Wasser des Tevere gesehen. Dagegen hörte sich das Freibad direkt am Strand cool an. Aber warum der deutsche Name? Da hatte Oscar sich bestimmt vertan. Ich googelte schnell.

Doch er hatte recht, es gab tatsächlich ein Bad mit dem Namen *Kursaal Village* in Lido di Ostia. Es war in den Fünfzigerjahren eröffnet worden, die Beton Konstruktion an dem alten Sprungturm sah wirklich großartig aus, wie ein großes, knallrot angemaltes O, das den Einer, Dreier,

Fünfer und Zehner zusammenhielt. Sollte ich …? Warum denn nicht?! Nahm ich Leo dadurch was weg?

Ich sah mich schon in einem eng anliegenden Badeanzug vom Drei-Meter Brett springen. Eine einfache Schraube würde ich noch hinbekommen. Einen Delphin-Kopfsprung, mit dem Rücken gegen das Wasser, ebenfalls. Oscar würde der Mund offen stehen bleiben, aber ich würde ihn nur angrinsen, abends mit etwas Sonnenbräune und gut gelaunt wieder nach Rom zurückfahren und am nächsten Tag mit Leo feiern, dass wir richtig zusammen waren. *La mia ragazza*, so würde er mich vorstellen, und ich würde ihn ganz beiläufig *il mio ragazzo* nennen!

Ich schickte Oscar das Vespa-Foto von mir. Untertitel:

Mal sehen. Vielleicht habe ich Zeit.

Sofort kam ein Smiley mit einem breiten Lachen zurück.

Du sprichst bestimmt schon gut Italienisch, dann darfst du die Pizza bestellen, zu der ich dich einlade!

Benissimo

Sehr gut, schrieb ich zurück. Doch in meinem Magen rumorte es. War das in Ordnung?

Ach, egal, du hast doch noch nicht richtig zugesagt. Frag morgen einfach Zazie, was sie dazu meint, und natürlich Jana, und Amalia wird auch gerne ihren Senf dazu geben, wenn du sie um ihre Meinung bittest.

»Hi!« Leo kam aus der Tür. »Sorry, dass es so lange gedauert hat, die Walze nimmt nicht genug Farbe an, wir haben immer noch nicht herausgefunden, woran das liegt, aber das wird sich morgen früh klären. Der erste gelungene Druck ist dann für dich!«

»Danke!« Wieder ein Harfenton. Oscar. Hastig stellte ich das Handy leiser und steckte es weg.

»War *er* das?«

Wer? Ich schüttelte den Kopf.

»Na der, mit dem du … die *storia* hattest.«

»Nein.« Warum log ich? »Eine Freundin. Die fragt dauernd, was ich in Rom mache. Total kalt in Köln.« Ich hoffte, dass ich nicht rot würde, und nestelte an den Schuhbändern meines rechten Tennisschuhs herum, die gar nicht offen waren.

Wir ließen die Vespa stehen, schlenderten drei Gassen weiter zu einer Imbissbude und stellten uns in die Schlange der Wartenden. Zwanzig Minuten später wusste ich, wie die besten *trappizzini* Roms schmeckten. Die kleinen Taschen aus Pizzateig sahen aus wie Taccos, waren aber eine Mischung aus Pizza und den dreieckigen Tramezzini-Toasts. Man konnte sie bequem in der Hand halten, sie waren gefüllt mit Ragout oder Gemüse, eine Art Döner auf italienisch, der köstlich schmeckte! Kauend gingen wir zu einer Mauer, setzten uns und aßen.

»Ich mag es nicht, wenn ich angelogen werde«, sagte Leo plötzlich. Ich hielt den Atem an, denn vor Schreck hatte sich ein Stück Pizzabrot kurz über meiner Luftröhre verkantet.

»Francesca hat ihre eigene Wahrheit, sie dreht sich alles

zurecht, ich mag das nicht, ich will das schon lange nicht mehr.«

Ich hustete los. Francesca hieß sie also. »Kann ich verstehen«, sagte ich kurz darauf mit erstickter Stimme.

»Ich werde das klären mit ihr, keine Angst!«

Klar. Ich nickte.

»Und du? Was machst du am Samstag, wo du doch frei hast?« Leo lächelte mich an und wischte sich mit seiner Serviette den Mund ab. »Sorry, dass das jetzt gerade auf diesen Tag fällt, an dem ich …«

Ich winkte ab. »Och, nicht so schlimm. Wahrscheinlich werde ich erst mal lange schlafen«, sagte ich auf Italienisch. »Dette und Amalia machen das mit den Gästen. Und dann fahre ich vielleicht zum Strand. Ich war noch nie in diesem, diesem …« Ich tat so, als ob der Name mir nicht einfiel.

»Lido di Ostia?« Leo schüttelte den Kopf. »*Noo, ti prego!* Sehr überlaufen jetzt im August. Und das Meer ist auch nicht wirklich toll. Da verpasst du nichts.«

»Okay, vielleicht lasse ich es dann.« Ich zuckte mit den Schultern und versuchte, den komischen Druck in meinem Brustkorb zu ignorieren. Noch hatte ich ja nicht gelogen, oder? Doch da hallte Oscars Stimme schon in meinem Kopf wider. *Denn ich würde … ich würde dich echt gerne sehen! Pfff.* Ich *wollte* nichts von Oscar, im Gegenteil, ich wollte ihm nur zeigen, wie *wenig* ich von ihm wollte, während er bestimmt dachte, ich *wolle* immer noch ganz viel von ihm, und das fühlte sich ein bisschen nach Rache – und sehr gut – an!

Da riss Leo mich aus meinen Gedanken. »Willst du noch

die Pasticceria mit den unglaublichen Schwestern kennenlernen?«

»*Dolci?* Immer!«, antwortete ich.

»*Peró* … sie sind ein wenig anders, diese Schwestern, das Gebäck ist meistens angebrannt, nein, eigentlich immer, und manchmal liegt Mehl auf dem Boden …«

»Hört sich toll an«, sagte ich. »*Anders* mag ich!«

»Findest du mich etwa auch *anders*?« Leo guckte gespielt entsetzt.

»Du? *Ma certo*!« Aber sicher!

♥

Am nächsten Morgen wachte ich um zehn vor sechs auf. Warum so früh? Heute würde es kein Joggen am Tevere geben und kein Gießen in unserem Hof, obwohl der Freitagmorgen doch immer Leos Tag war! Wie vor vier Wochen, als ich im Hof auf seinem Roller saß und er mich mit dem kalten Wasserguss hinunterscheuchte. Angeblich ganz aus Versehen … Ich grinste in mein Kopfkissen, doch dann wurde ich traurig. Sein orangener Roller würde an diesem Tag nirgendwo zu sehen sein, weder vor unserem Haus noch später am Nachmittag vor der Sprachschule. Irgendetwas in meiner Brust wurde schwer und zerrte an mir, so sehr vermisste ich ihn! Obwohl ich keine Lust auf gar nichts hatte, stand ich eine halbe Stunde später auf, wusch mir das Gesicht und streifte mir eins meiner Sommerkleider über. In Flipflops schleppte ich mich zur Pasticceria nebenan, grüßte den Inhaber des Billo-Ladens, der schon um diese Uhrzeit die Ständer mit Sonnenhüten und Rom-T-Shirts aufbaute, und natürlich Lorenzo, den

Hund des Viertels, den alle kannten. Kurz darauf brachte ich die Tüte mit den sechs ofenfrischen, duftenden *cornetti* direkt zu Amalia in die Küche. Mittlerweile aß auch sie jeden Morgen zwei Stück davon, wie Dette und ich.

»Du siehst müder als sonst aus, warst du nicht laufen?« Mit Appetit biss meine Cousine in das Hörnchen, so dass die Marmelade an der Seite herausquoll. Die silberne *cafetiera* auf dem Herd begann zu brodeln.

»Nö.« Ich erzählte ihr von Leos Plänen.

»*Dai!* Du wirst ja wohl diesen *einen* Tag überstehen«, sagte Amalia und leckte sich genüsslich die klebrigen Finger ab, bevor sie die Espressokanne vom Gas hob. »Sei froh, dass er so ehrlich ist!«

»Es sind zwei Tage!« Ich zögerte, sollte ich ihr von Oscars Einladung erzählen? Würde mich Tante Dette überhaupt gehen lassen? Sie war immer noch sehr mit ihrem *Poeta* beschäftigt, und zierte sich wie eh und je, Näheres über Seitenzahlen und Inhalte ihres Romans preiszugeben. Sie wusste ja nicht, dass wir sie längst durchschaut hatten.

»Ähm, ich wollte morgen mal nach Lido di Ostia fahren. Mich ein bisschen an den Strand legen«, setzte ich unnötigerweise hinzu.

»Echt? Ist jetzt im August äußerst überlaufen und nicht sehr sauber.«

Grazie, das wusste ich schon von Leo. »Meinst du, Tante Dette lässt mich? Ich wäre ja abends auch zurück.«

»Ganz allein willst du da hin?«

»Vielleicht ist ein Schulfreund auch da.«

»Vielleicht?«

»Ziemlich sicher.«

»Das ist aber nicht der, den du so gut fandest, als du herkamst? Dieser Oscar?«

Dio, Amalia war schrecklich. Woher kam ihre Begabung, immer gleich die richtigen Sachen zu vermuten? »Äh, doch. Aber er ist mit seinem … ähm, seinen Eltern da.«

»Wenn du vor Mama die *Eltern* erwähnst, wird sie nichts dagegen haben.« Amalia goss einen Schuss Espresso in meine Milch. Sie wusste inzwischen genau, wie stark ich meinen Milchkaffee mochte. »Aber wenn du vor *Leo* den *Oscar* erwähnst, wird der das nicht so toll finden. Italienische Jungs sind viel, viel eifersüchtiger als deutsche Typen. Ich kenne zwar nicht so viele Deutsche, und Männer interessieren mich ja generell auch nicht so … aber die sind eher locker, glaube ich. Wenn wir schon mal bei krassen Vorurteilen sind.«

»Leo weiß davon ja nichts.«

Amalia sah mich nur an und schüttelte dann den Kopf. »Warum machst du es überhaupt? Um Oscar eins … – wie heißt das auf Deutsch? – eins auszuwedeln?«

Ich lachte los. *Auszuwedeln! »Auszuwischen* meinst du.« Ich zuckte mit den Schultern. Genau das wollte ich, aber das konnte ich vor Amalia keinesfalls zugeben. »Ich kann ihn doch mal besuchen auf dem Campingplatz, ist doch nicht verboten, oder?«

»Vielleicht verspricht er sich was davon? Wie alt ist der? Sechzehn?«

Ich nickte.

»Sechzehnjährige Typen haben meistens nur eine Sache im Sinn … ach, aber was weiß ich denn schon?« Sie lächelte mich über ihr zweites Hörnchen hinweg an. »Ich bin froh, dass Mama jetzt Mia kennt und sie mag. Ich bin echt happy mit ihr.«

»Dann ist ja alles *bene* bei dir und bei mir auch! *Tutto bene!*« Ich nahm einen Schluck Milchkaffee. Gleich musste ich nebenan das Frühstück zubereiten, dann *Sole* putzen und es für die neuen Gäste am Nachmittag vorbereiten. Amalia hatte recht, ich würde diese zwei Tage ohne Leo überstehen.

♥

Ich wusste, wie selten Leo sein Handy benutzte, und auch, dass ich ihn an diesem Tag gar nicht zu Gesicht bekommen würde, umso mehr freute ich mich, als er mir gegen zehn ein Foto von der Druckmaschine schickte. Ein einziges Wort darunter. *Sorpresa!* Überraschung! Und dann war er weg.

Und nun? Ich war mit dem Zimmer fertig, hatte die Waschmaschine befüllt und die Wäschekammer aufgeräumt, was sollte ich jetzt tun? Was du sonst auch tust! Italienische Zeitschriften lesen, dabei Vokabeln lernen, und das alles, damit du schneller und besser Italienisch sprichst!

Irgendwie brachte ich die Zeit bis zum Nachmittag herum, und fast hätte ich geheult vor Dankbarkeit, als Zazie mich nach dem Kurs einlud, noch etwas trinken zu gehen. Wir beschlossen, es an der Piazza Testaccio zu versuchen. Dort gab es einige Cafés und Trattorien, die am frühen Abend einen *aperitivo* anboten, bei denen man auch Schälchen mit Chips, Erdnüssen oder sogar kleingeschnittene Focaccia-Quadrate zu seinen Getränken bekam.

»Mein Gott, wenn ich gewusst hätte, wie voll das im August wird, hätte ich meinen Sprachkurs auf November gelegt.« Zazie verzog ihren Mund. »Ich will ja nicht jammern, aber ich brauche sofort etwas Kaltes zu trinken! Gott sei Dank ist es in Deutschland nicht so heiß, mein Mitbewohner denkt bestimmt nicht mehr dran, meine Tomatenpflanzen zu gießen, na ja, Hauptsache, er vergisst nicht, Frau Müller zu versorgen!« Auf meinen fragenden Blick ergänzte sie: »Meine Katze.«

Am Rande des Platzes fanden wir schließlich in der *Enoteca da Gigi* einen wackeligen, freien Tisch und ließen uns daran nieder. »So, aber jetzt erzähl mal, wie läuft das mit Leo?«

»Na ja, eigentlich alles super, aber ich habe was vor, was vielleicht dumm ist.« Ich erzählte ihr von meinen Plänen für den morgigen Tag. Zu Zazie konnte ich seltsamerweise ehrlicher sein als zu Amalia. »Und ich weiß, es ist albern, aber ich fahre da hin, weil ich ihm zeigen will, wie toll ich mich gerade fühle und dass ich nichts mehr von ihm will, und ich glaube, ich werde dann auch echt Spaß haben. Ganz freundschaftlich eben, denn er ist ja eigentlich nett!«

»Okay. Das sind *deine* Gründe, bisschen naiv und durchschaubar, und normalerweise würde ich sagen, *perché no*, warum nicht? Doch hast du dich mal gefragt, was er will? Warum lädt er dich ein, vorbeizukommen?« Zazie wedelte sich mit der Speisekarte Luft zu.

»Keine Ahnung. Weil ihm langweilig ist? Sein Vater ist da und na ja, das wird doch nur ein Treffen.«

»Für ihn nicht. Er ist erstaunt, dass du ihn einfach so vergessen hast, und das mag er nicht, das kratzt an seinem

Ego, und darum versucht er es jetzt noch mal. Und ja, ihm ist definitiv langweilig, und natürlich ist es praktisch, dich einfach herbeordern zu können.«

»Nein!« Ich protestierte. »Als ob ich mich *her-be-ordern* ließe!«

»Kann ich mal sehen, was er geschrieben hat?«

»War eine Sprachnachricht.«

»Kann ich die mal hören?«

Ich stöhnte auf und bestellte eine Club-Limonata mit viel Eis bei dem Kellner, der jetzt an unseren Tisch trat. Zazie nahm ein Bier. *»E qualche stuzzichini, per favore!«*

Der Kellner versprach, uns ein paar Knabbereien zu unseren Getränken zu bringen, und eilte davon.

»Aber nur weil du meine selbst ernannte Lebens- und Liebesberaterin bist!«, sagte ich einen Moment später und hielt Zazie mein Handy ans Ohr. Sie lauschte konzentriert, schüttelte dann den Kopf und gab es mir zurück. *»Dad hat das Wohnmobil, ich penne aber im Zelt, also allein … Piccola!* Der will was von dir, da im Zelt, und zwar was ganz Bestimmtes. Allein diese Lache!« Zazie verdrehte die Augen und imitierte sein *hahaha* äußerst gemein. »Nee, also ich denke, wenn du hinfährst, bist du selbst schuld, wenn der dich dumm anmacht, das ist meine Meinung, und außerdem bin ich dann nicht mehr deine Freundin!«

Ich schnalzte mit der Zunge. Mann. Echt jetzt?

Wieso war Zazie so überzeugt, dass Oscar nur an sein Zelt dachte? »So ist der nicht!«, protestierte ich. »Und sein Vater ist da, und ich fahre abends wieder zurück nach Rom, um sechs wahrscheinlich schon, dann werde ich von so viel Sonne eh genug haben.«

Zazie trank gierig den ersten Schluck von dem Bier, das der Kellner gerade gebracht hatte, und rülpste leise. »Sorry, zu viel Kohlensäure. Na gut, aber komm danach nicht heulend bei mir an. Ich werde Leo zwar nichts erzählen, weil ihn das nichts angeht, solange du nicht fremdknutschst, finde ich, aber gut ist es nicht. Italiener sehen das etwas anders als wir. Das durfte ich hier schon erfahren.«

»Leo hasst Lügen«, sagte ich leise.

»Siehst du. Und sie kommen raus. Immer.«

»Willst du nicht mitkommen?« Ich lachte begeistert auf und schlug ihr leicht auf das Bein. »Das wäre doch cool!«

»Zu einem Sechzehnjährigen und seinem Daddy? Nee, danke, kann mir was Besseres vorstellen, außerdem wollte ich morgen auf den Monte Testaccio steigen, diesen Hügel hier gleich um die Ecke, der nur aus Scherben von alten Öl-Amphoren besteht. Haben die Römer alles weggeschmissen, war wohl günstiger, als zu recyceln …«

Ich nickte, von dem Hügel hatte Leo mir auch schon erzählt. »Kenne ich noch nicht.« Aber Leo wird ihn mir zeigen, dachte ich, mit Leo ist es ein ganz anderes Rom, und wenn wir erst richtig zusammen sind, dann wird es noch schöner, als es jetzt schon ist!

»Dann lass das doch mit dem *hahaha*-Einzelzelt in Lido di Ostia, und wir steigen morgen zusammen auf den Berg. Ole kommt mit und Tania aus unserem Kurs auch.« Ich nickte. Ich mochte Ole sehr, aber Tania nun wirklich nicht besonders. Sie kam aus Berlin, redete nur über sich selbst und wusste ziemlich sicher nicht mal meinen Namen. »Mal sehen, ich melde mich am frühen Vormittag.«

»Was ist nun, kommst du? Frühstück in der *Bar Lido*? Würde mich freuen.«

Oscar hatte mir ein Bild vom Strand mit einer Agave im Vordergrund geschickt, und eins von der Bar, mit bunten Wimpeln und dem Meer, es sah eigentlich ganz schön dort aus. Während ich nach Hause schlenderte, schaute ich in meine *Trenitalia*-App. In anderthalb Stunden könnte ich da sein. Ab der *Piramide* fuhr die Metro in Richtung Laurentina, zweimal umsteigen, den letzten Teil der Reise würde ich mit dem Bus zurücklegen müssen, aber dafür mal raus aus der Stadt, ein bisschen Meer, Wasser, Sonne, Sand? Hatte ich mir das nach vier Wochen Arbeit in Dettes gelbem Kasten nicht verdient?

Was mich dann restlos überzeugte, war der schwarze Einteiler, der plötzlich an einem Ständer zwischen Sonnenhüten und Trikots vom Fußballclub AS-Roma vor dem Billo-Laden baumelte. Zehn Euro, breite Träger, kaum Ausschnitt, jeweils ein komischer goldener Streifen an den Seiten, doch ich wusste sofort, dass ich diesen Badeanzug im Freibad von Ostia tragen und damit auch noch gut aussehen würde. *Und was ist mit Leo?*, fragte ein dünnes Stimmchen in mir. *Leo ist dann ja weg*, antwortete ich. Dem sage ich, ich war allein da. Ich bin so selbständig geworden, wo ist das Problem?

15. Kapitel

LIDO DI OSTIA

Am nächsten Morgen schlief ich bis neun, freute mich über die beiden *cornetti*, die in der Küche auf mich warteten, und packte meinen Rucksack. Juchuuu, ich hatte frei!!! Sonnencreme, Handtuch, Bikini, Sonnenbrille, meinen süßen kleinen Strohhut, den ich in den Gassen von Trastevere mit Leo gekauft hatte, und nicht zu vergessen, der Billo-Badeanzug, der mir tatsächlich wie angegossen passte! Eine Flasche Wasser, Geld, Handy. Das Ladekabel? Nein, bis heute Abend würde mein Handy locker durchhalten.

Nach kurzer Besprechung mit Dette – aber ja, ich würde sie anrufen, bevor ich mich am frühen Abend auf den Rückweg machte – trat ich meine Reise an. Zunächst zu Fuß die Via Marmorata hinunter bis zur Haltestelle *Piramide*. Auf dem Weg wurde ich von ein paar Nachbarn gegrüßt, *»Ciao, Emma!«*, *»Ciao, Bella!«*, und auch von den neuen Gästen, den beiden Frauen aus Österreich, die mir mit einem zufriedenen Lächeln entgegenkamen: »Grüß Gott, Emma!«

Erfreut gab ich den Gruß zurück. Ich kannte echt viele Leute hier!

Erst als ich in der Metro saß, schickte ich Oscar eine Nachricht:

Spätes Frühstück auch noch okay? Werde gegen halb zwölf in Lido Centro sein.

Es dauerte eine halbe Stunde, bis er antwortete.

Oh, *bella donna mio*, was für eine geile Überraschung! Komm doch direkt zur Bar Lido, ich warte da auf dich! Freue mich!

Ich nickte und schaute auf Google Maps nach unserem Treffpunkt. Fünfhundert Meter zu Fuß von der Haltestelle entfernt. Na also, alles ganz harmlos. Essen und Trinken in der Bar, dann ins Kursaal-Freibad oder ein paar Stündchen an den Strand.

Zazie bekam eine andere Nachricht von mir:

Komme doch nicht mit, werde chillen und später mit meiner Cousine Pferde anschauen auf dieser Rennbahn ... mal bisschen Family time und raus aus Rom.

Diese kleine Notlüge war natürlich nicht schön, ich wand mich unbehaglich auf meinem Sitz, es war stickig in der U-Bahn und meine Oberschenkel klebten unter dem Kleid aneinander.

Doch alles ging gut, nach zweimaligem Umsteigen erreichte ich mit dem 207er Bus die *Stazione* Lido Centro. Ich schaute mich kurz um, setzte meinen Strohhut auf, weil die Sonne jetzt gegen Mittag erbarmungslos vom Himmel ballerte, und lief los, in Richtung Bar. Ein leichter Wind wehte, das nahe Meer war schon hier zu spüren. Ich ging bis zu dem, was hier als *lungomare*, also als Strandpromenade, bezeichnet wurde, doch die entpuppte sich als zweispurige Straße mit einem Mittelstreifen, auf dem ein paar kümmerliche Palmen standen. Der Zugang zum Strand war von hohen Zäunen und flachen Gebäuden versperrt, in denen sich die verschiedenen Bars befanden. *Jambo Beach Bar, Miami Beach Bar.* Dahinter Reihen mit Sonnenschirmen, pro Strandbad eine Farbe: Blau, Bordeauxrot oder Weiß. Nicht schön, hatte Leo gesagt. Ich presste die Lippen zusammen. Was er jetzt wohl machte? Abschied nehmen. Von Francesca? Von seiner Ersatzfamilie?

Schnell verdrängte ich den Gedanken, denn nun tauchte auch schon die *Bar Lido* vor mir auf. Blaue Sonnenschirme, blaue Liegen, so viel konnte ich sehen. Bei jedem meiner Schritte kontrollierte ich meine nackten Beine. Das, was an Haut aus dem Sommerkleid herausragte, war noch nicht besonders gebräunt, wie denn auch? Vom Rollerfahren? Egal, ich war zufrieden mit mir, und meine Füße in den neuen römischen Sandaletten sahen toll aus, Amalia hatte mir ihren knallorangenen Nagellack geliehen. Ich öffnete die Tür zur Bar und fragte mich, was Oscar wohl für ein Gesicht machen würde, wenn er von seinem Einzeltischchen aufschaute und mich entdeckte.

Sekunden später wusste ich, was er für ein Gesicht machte: Er zog die Augenbrauen hoch und grinste. Mehr nicht. Das wäre ja noch okay gewesen, doch zwei andere Menschen grinsten auch, und diese anderen waren … oh, no, bitte nicht … Meckes und Noah.

Nee, echt jetzt? Mein Herz setzte aus, blitzschnell

machten sich Enttäuschung und Wut in mir breit. Was machten die denn hier?! Hätte Oscar mir das vorher angekündigt … wäre ich gar nicht aus Rom losgefahren. Wieso? *Wolltest du ihn für dich allein?*, fragte ein böses Stimmchen in mir. Nein, aber …

Meine Schritte wurden immer langsamer, als ich jetzt auf den Tisch zuging, an dem die drei zwischen Tellern mit Burgern, Plastikbechern und Bierdosen saßen. Oscar erhob sich gemächlich, ziemlich lahm sogar für meinen Geschmack. Er trug nur eine lange rote Boxershorts-Badehose, sein Oberkörper war nackt. »Hi!«

»Na, wenn das mal nicht die Hundemutti ist!«, rief Meckes.

»Meckes, halt's Maul«, sagte Oscar und ging auf mich zu Sein linkes Sprunggelenk war mit einer blauen Sportbandage umwickelt, und er hinkte ein bisschen. »Cool, du bist da.« Er umarmte mich kurz.

»Ja«, sagte ich, denn etwas anderes fiel mir nicht ein. Oscar hatte mich soeben mit nacktem Oberkörper umarmt, noch vor ein paar Woche wäre ich allein bei der Vorstellung in Ohnmacht gefallen. Jetzt starrte ich nur verlegen auf die blaue Bandage und seine Zehen, die gruselig lang aus den Flipflops herausragten. Sah ich da etwa auch Haare auf den Gelenken? Schnell schaute ich weg. Wann fuhr der nächste Bus wieder Richtung Rom?

»Bist du verletzt?«, fragte ich, weil ich ja irgendwas sagen musste, bevor das hier zu unangenehm wurde.

»Ja, hab mich gemault. Zwei Tage vor dem Turnier. Deswegen sind wir ja nur hier.«

Gemault. In meinem Kopf begann ich, Leo diesen Begriff zu erklären: *Wenn man sich hinlegt, wenn man aufs Maul fällt. Bei uns in Köln nennen wir das dann so.*

»Das ganze Team konnte nicht antreten«, grölte Meckes, bevor er wieder von seinem Burger abbiss. »Weil Mister Kaninchenstall den Abgang gemacht hat.«

Ich zuckte mit den Schultern, ich verstand kein Wort. Kaninchenstall? Was meinte er?

Oscar schien meine Verwirrung zu sehen: »Setz dich doch, wir essen gerade«, sagte er. »Willst du 'ne Pizza, die machen die echt gut!«

Ich schaute mich um. Vor der gläsernen Theke stand eine Schlange Menschen, auch sie halbnackt, nur in Badeklamotten. Kinder sprangen herum, auf den Fliesen lagen Sand und Eispapier, es roch nach Fritteuse und billigem Fett. Gute Pizza? Hier? Wo wollen die die herbekommen ohne einen vernünftigen Steinofen?, hätte Leo gefragt und laut aufgelacht.

»Aber Pizza Ananas gibt's nicht, dabei esse ich die immer in Köln!« Meckes sprach immer noch mit vollem Mund. Die Haut auf seinen Schultern war knallrot verbrannt. »Echt scheiße.«

Ich setzte mich.

»Bier? Aperol Spritz? Wasser? Was trinkst du?« Oscar besann sich nun doch auf seine Rolle als Gastgeber.

»Mädchen trinken immer Aperol Spritz«, vermeldete Meckes.

»Eine Club-Limonata mit viel Eis«, sagte ich schwach, ich legte meinen Sonnenhut ab und fächerte mir damit Luft zu. *Cavolo!* Warum war ich bloß hergekommen?

»Guckt sie euch an, sie sieht voll aus wie 'ne Italienerin, 'ne Römerin, oder?« Oscar klang irgendwie stolz.

»Cool.« Noah nickte. Meckes klaubte die dünnen Tomatenscheiben aus seinem Burger und klatschte sie auf Noahs Teller, bevor er sagte: »Und kannst du jetzt Italienisch? Sag mal was!«

»Nee, jetzt lass sie doch!« Oscar blickte sich um und winkte dem Kellner, der mit einem Riesentablett voller Burger an uns vorbeieilte. »Hey, Mister!«

Wie peinlich, aber der *Mister* hielt tatsächlich einen Moment in seinem Lauf inne.

»Una latina di Club-Limonata con tanto ghiaccio, se é possibile!«, sagte ich schnell.

»Subito, Signorina!« Er rannte weiter.

»Wow, und was sollte das jetzt heißen?« Noah starrte mich mit offenem Mund an.

»Na, Club-Limonata! Club-Limonata will se!« Meckes schlug auf den Tisch und wollte sich ausschütten vor Lachen. »Und sie ist total weiß, wie so'n Weißbrot.«

Ich musste hier weg.

♥

Ich blieb aber doch. Weil das Meer aus der Ferne einladend aussah, weil ich extra Handtuch und Bikini mitgeschleppt und schon lange keinen Sand unter den Füßen gespürt hatte. Das letzte Mal vor einem Jahr an der Ostsee, und da war es viel zu kalt gewesen. Und wenn ich eine Stunde an den Strand wollte, würde ich mir diese Idee auch nicht von zwei nervigen Jungs wie Meckes und Noah und angeblich fehlender Bräune austreiben lassen.

Der Sand war grob und so heiß, dass wir schreiend zwischen den ordentlich ausgerichteten Liegen und Sonnenschirmen darüber hinweg rannten, Oscar hinkte auf seinen Flipflops hinterher, bis zu den Handtüchern der Jungs, die kurz vor der Wasserkante lagen. Die Menschen aalten sich unter den Schirmen, sie aßen, lasen, telefonierten lautstark oder brieten neben den blauen *ombrelloni* in der Sonne, es roch nach Kokossonnenmilch, Kinder hockten mit Sandeimerchen am Wasser, fünf junge Typen links von uns kickten sich mit einem schlappen Ball zu und guckten dabei ganz unverhohlen in die Runde, ob jemand guckte. Aus den Lautsprechern der Bar schepperte Musik. Irgendwas mit *amore* natürlich.

Ich hatte meinen Bikini angezogen und spürte die Blicke der Jungs auf meinem Körper, aber das war okay, ich schaute sie ja schließlich auch an. Gut durchtrainiert waren sie alle; Meckes hell, mit seinen roten Schultern, Noah dunkler, sein Vater kam aus Ghana. Und Oscar …? Sein Farbton lag zwischen den beiden und er hatte das beste Sixpack.

Wir liefen ins Wasser, das auf den ersten Metern ziemlich aufgewühlt und braun von kleinen Algenschnipseln war. Ich ging immer weiter und ließ die planschenden, sich gegenseitig nass spritzenden Jungs hinter mir zurück, denn ich wollte schwimmen. Das Meer war warm und flach, das Wasser seifig, ich versuchte, dem Müll auszuweichen, der herumschwamm, und so dauerte es eine Weile, bis ich mich in die Fluten stürzen konnte. Nach einer Minute kam etwas Weißes auf mich zugetrieben, was ich als Slipeinlage identifizierte.

Ich muss hier weg, dachte ich wieder.

Ich stakste aus dem Wasser. Die drei lagen auf dem Bauch und schauten von ihren Handtüchern zu mir hoch. Auch die Fußballtruppe glotzte. Oscar grinste mich hinter seiner Sonnenbrille an. Noch vor ein paar Wochen hätte ich mich unwohl gefühlt, doch nun warf ich die nassen Haare zurück, setzte meine Füße bewusst voreinander und hielt das Gestarre aus. Ich legt mich auf mein Strandtuch und genoss die Sonne, die die Nässe von meiner Haut britzelte. Eben noch trocken werden, bevor ich mich anziehen und gehen würde.

Doch als es so weit war, sagte Oscar: »Lass abhauen! Im *Kursaal* ist das Wasser nicht so ätzend salzig!«

Noah nickte, er sagte zu allem Ja, was Oscar vorschlug.

»Okay.« Auch Meckes war ausnahmsweise dafür. »Macht dein Alter heute wieder Barbecue?«

»Das musst du probieren, Emma«, sagte Noah. »Der Arno ist echt der beste Grillmaster!«

Ich nickte. Vielleicht. Den *Kursaal* wollte ich mir doch noch anschauen, hatte ich beschlossen, die Fotos im Internet hatten interessant ausgesehen. Und bis 18 Uhr hatte ich ja Zeit, Punkt sechs fuhr der 207er Bus wieder Richtung Rom.

Wir rollten unsere Handtücher zusammen, gingen wieder durch die Bar nach draußen und einige hundert Meter über die Promenade weiter bis zum Freibad. Wieder ein Gitterzaun. Ich hatte mir vorgestellt, dass auch hier der Lärm ohrenbetäubend sein würde und die Schlange am Eintritt lang, so ähnlich wie bei uns in Köln, an einem warmen Tag im Müngersdorfer Stadion. Doch ich hatte mich getäuscht, unter den großen roten Lettern *K Piscina* vor dem Einlass stand kaum jemand. »Das K steht für Kursaal – *weird*, voll das deutsche Wort, oder?« Meckes grinste mich an. »Wusstest du das? Du Römerin?«

»Ja«, antwortete ich nur.

»Hier kommt man sonst nicht rein«, sagte Noah. »Ist ein teurer Privatclub, aber sein Vater hat so 'ne Karte. Auch für Gäste. Also auch für dich.« Er lächelte mich schüchtern an, dafür mochte ich ihn.

Oscar buchte mich auf Papas VIP Card, und wir durften hinein. Der Weg führte durch kleine Häuschen mit roten Streifen, vielleicht Umkleidekabinen, es gab Bars und Cafés und einen Bereich mit künstlichem Rasen, auf dem mit weißen Segeln überdachte Liegen standen. Das Gelände war richtig schick, und etwas ruhiger als am Strand war es auch. Das Schwimmbecken war fünfzig Meter lang, das sah ich sofort, der Sprungturm mit dem roten O in der Mitte noch viel beeindruckender als auf den Fotos im Internet. Auf der einen Seite des Beckens war eine hohe Tribüne aus Beton, auf deren Stufen viele bunte Handtücher lagen und die Menschen sich sonnten.

Das Ein-Meter-Brett war geöffnet, aber niemand sprang, nur ein paar Schwimmer waren im Wasser. Überall schlenderten rot gekleidete, männliche und weibliche Angestellte herum. Auf ihren T-Shirts stand *KURSAAL* und *bagnino* oder *bagnina*.

»Leer hier. Wo sind die alle?«, fragte ich.

»Mittagessen.« Oscar lächelte mich an. »Das Restaurant ist auch noch wie aus den Fünfzigern und sieht innen echt cool aus. Ein Shrimp-Cocktail kostet allerdings siebzehn Euro!«

»Aber geil, Digger!« Meckes stieß Noah an. »Gönnen wir uns morgen wieder!« Ich runzelte die Stirn. Ging vermutlich alles auf die Karte von Oscars Vater.

Wir suchten nach einem Platz auf den Betonrängen, überall war alles mit Handtüchern reserviert, in der fünften Reihe war noch etwas frei. Ich rollte mein Badetuch aus, dann schnappte ich meinen Rucksack, ging in eine der oben offenen Umkleidekabinen und zog in aller Ruhe meinen Badeanzug an. Neben mir hörte ich Türen knallen und das Geräusch von laufendem Wasser aus Spülkästen. Na toll, ich war direkt neben den Toiletten gelandet.

»Ey, Alter, warum ist Emma hier? Was will der von ihr?«

Meckes Stimme! Ganz eindeutig. Ich erstarrte und versuchte die anderen Geräusche auszublenden.

»Keine Ahnung, der findet die eben gut!« Das war Noah.

»Na ja, sie hat schon was, im Park neulich ist sie mir gar nicht aufgefallen. Aber hier ... Geile Titten auf jeden Fall, und der Rest ist auch ’ne gute Sieben von zehn.«

Ich weiß schon, warum ich dich so dermaßen bescheuert finde, Meckes, dachte ich.

»Nee, Emma ist schon eine Neun!«

Danke, Noah. Ich grinste, biss die Zähne zusammen, und hoffte, dass er noch mehr über Oscar preisgeben würde.

»Ich dachte, der wollte sich Poppy klären.« Noah klang jetzt ärgerlich, als ob er selbst ein Auge auf das Mädchen aus unserer Stufe geworfen hätte.

»Ja, schon, aber die war doch schuld, dass er überhaupt auf diesen blöden Kaninchenstall geklettert ist, der Idiot klebte ja an der und musste ihr auch alles nachmachen. Danach war das wohl vorbei.«

»Und jetzt?« Jemand zog nebenan die Spülung, und ich hörte nicht mehr so gut.

»Jetzt nimmt er eben die Nächste.« Hatte Meckes das wirklich gesagt?

Dann wieder Türenknallen. Kein Wasserhahn, kein Händewaschen? Nö. Fehlanzeige …

Ich schüttelte leicht angewidert den Kopf. Oscar fand mich also gut. *Pfff.* Ich *ihn* aber nicht mehr. Er und diese Poppy? Ich wusste nur, dass sie unheimlich sportlich war. Egal. Ich wollte das Schwimmbad genießen, sonst nichts.

Den Rücken ließ ich mir schon mal nicht eincremen, obwohl Oscar sich dafür anbot. Nein danke, ich würde keinesfalls die Nächste sein, die er *klärte*, was für ein doofer Ausdruck übrigens.

Um meine Schultern einzucremen, war ich gelenkig genug, der Rest, an den ich nicht herankam, war sowieso vom Badeanzug bedeckt. Ich zog mein Handtuch auf dem warmen, glatten Beton der Sitzreihen gerade und streckte mich auf dem Rücken aus.

»Wieso hast du jetzt dieses schwarze Ding an? Der Bikini war doch geil.« Meckes war wirklich eine Nervensäge. Ich legte den Strohhut direkt auf mein Gesicht. »Wart's ab!«, murmelte ich darunter.

Zehn Minuten später erhob ich mich und sprang voller Elan die Treppe am Rande der breiten Sitzstufen hinunter.

»Emma! Warte mal!« Oscar und auch die beiden anderen Jungs folgten mir. Ich marschierte auf den Sprungturm zu. Erst mal zum Einspringen mit dem Einer anfangen.

Aber vorher duschen. Ich musste an die Jungs in der Toilette denken, mit wie viel fremden Keimen und Bakterien teilte ich mir das Wasser noch?

Die Dusche war kalt und sehr erfrischend. Sofort hatte ich die Zinkbadewanne aus dem Garten vor Augen. Leo! Was machst du gerade?, fragte ich ihn, doch dann schüttelte ich Gedanken und Wassertropfen ab und ging zum Ein-Meter-Brett.

Im Becken schwammen nun recht viele Menschen, der Bereich vor dem Turm war abgesperrt. Vor dem Einer war eine Schlange. Nur junge Typen in bunten, knappen Badehosen, die sich laut unterhielten. Die meisten von ihnen offenbar Italiener. Großes Theater auf dem Brett, Anlauf, Gegröle, Bauchklatscher und misslungene Überschläge inklusive …

»Na los, lass was machen!« Ich war dran, doch Meckes drängelte sich vor mich und versuchte sich mit einem Angebersalto. Er stieg hoch in die Luft, landete dann aber schräg mit der Seite auf dem Wasser. Es klatschte tierisch. Und hatte vielleicht auch ein bisschen weh getan?

Nun war ich dran. Mit Oscars Blick im Rücken ging ich an die Spitze des Brettes (auf Italienisch hieß das übrigens *trampolino*, wie süß), um auszutesten, wie stark die Federung eingestellt war. Ziemlich weich. Ich wippte zweimal auf und ab, nahm mit den Armen gehörig Schwung, und weil es sich so einfach anfühlte, entschloss ich mich zu einem zweifachen Salto mit abschließender Streckung. Es klappte wunderbar. Sauber und sehr gerade tauchte ich mit den Händen zuerst ins Wasser.

Mehrere Leute applaudierten, als ich wieder hochkam.

»Wow, Emma, das war ja echt …!« Oscar stand am Ende des *trampolino,* schaute auf mich herunter und klatschte in die Hände.

»Ey, und jetzt dasselbe noch mal, aber vom Zehner!« Meckes saß am Beckenrand und griente zu mir hinüber. Ich tat so, als ob ich ihn nicht gehört hätte.

»Ich kann keine zwei, nur einen.« Oscar hüpfte vom Brett. Nicht großartig, die Beine zwar angezogen, aber die Knie viel zu breit auseinander, doch besser als Meckes allemal. Noah ging auf Nummer sicher und machte einen gestreckten Köpper.

Erneut reihte ich mich in die Warteschlange ein, betrat dann das Brett und stellte mich mit dem Rücken gegen das Wasser, langsam schob ich meine Füße nach hinten, bis meine Fersen in der Luft hingen und nur noch Fußballen und Zehen das Brett berührten.

»Ah, Salto rückwärts, ist ja easy, den kann ich auch!«, rief Meckes. Er lief auf mich zu und fing an zu wippen. *No!* Aufhören, hau ab da, das wird ein Delphinsprung gegen das Brett! Ich musste die Arme zu Hilfe nehmen, um mein Gleichgewicht zu halten. Aber Meckes fand die Sache jetzt besonders spaßig und hörte nicht auf. Da pfiff es schrill vom Beckenrand, und eine der rot gekleideten Bademeisterinnen verjagte ihn.

Nun starrten alle auf mich, wusste ich, doch das machte mir nichts. Vor Publikum und bei Wettkämpfen war ich immer besser als im Training gewesen. Ich hob die Arme und schloss sie hoch über meinem Kopf.

»Alter!«, hörte ich jemanden rufen.

Konzentration. Schwung holen. Mit einem Sprung nach

hinten und nach oben gleichzeitig löste ich mich vom Brett und tauchte mit den Armen voran ins Wasser ein. Hatte sich gut angefühlt. Lachend kam ich nach oben.

»Emma, ich wusste gar nicht, dass du so was kannst! Wieso hast du nie was gesagt?« Oscar stand am Beckenrand und beugte sich zu mir.

»Wieso hast du nie gefragt?« Ich grinste und nahm seine Hand, die er mir entgegenstreckte, und ließ mich aus dem Wasser ziehen, obwohl die metallene Leiter nur zwei Meter von mir entfernt war.

War es das, was ich gewollt hatte?

Ja.

Es war ein bisschen beschämend – und so billig wie mein Badeanzug –, doch ich stand dazu. Ich hatte mir Oscars bewundernden Blick gewünscht, hatte seine Aufmerksamkeit auf mich ziehen wollen, nur um ihn dann zurückzuweisen.

Ich war nun aufgewärmt und sprang vom Dreier, sobald er geöffnet wurde. Nichts Kompliziertes oder gar Gefährliches, bei dem ich mich verletzen konnte. Saltos mit Schrauben und einen Salto rückwärts. Die Jungs gesellten sich zu mir, sprangen aber nur im Fußsprung hinunter, die Italiener waren mutiger, sie ließen sich einfach rückwärts fallen und schafften dann noch einen Salto, aber Applaus gab es für sie nicht, und auf den Fünfer kam dann keiner mehr mit. Der Ausblick von oben war herrlich, das hellblaue Wasser und die Blicke von unten auch. Na also, du hast richtig entschieden, dachte ich, es ist toll, hier zu sein, besser als ein einsamer Tag in der Hitze von Roms Straßen.

Ich setzte noch mal zu meinem Liebling, dem Delphinsprung an. Allein schon, weil niemand da war, der mich vorher vom Brett befördern wollte, und weil es so ein kribbeliges Gefühl war, mit den Fersen über dem Abgrund zu stehen. Dort unten hielten jetzt bestimmt nicht wenige Menschen die Luft an. Ich grinste, konzentrierte mich, führte die Hände über den Kopf, konzentrierte mich noch mehr. Sprang ab, tauchte ziemlich gerade ein. Perfekt!

Und zum Abschluss den Klappmessersprung mit zwei Drehungen, mein Oberkörper lag auf den gestreckten Beinen, bevor ich mich wieder entfaltete und gerade eintauchte. Applaus vom gesamten Publikum. Ein »Digga!« von Meckes, ein Lächeln von Oscar. Mehr Bewunderung brauchte ich nicht.

Ich machte ein Foto von dem coolen Sprungturm, schickte es an Amalia und Jana und nach einem langen Moment des Zögerns auch an Leo. Ich wollte ihn nicht anlügen, aber ich vermisste ihn so und wollte mit ihm die Freude über meine Sprünge teilen!

Saltaren geht immer noch *bene*!
Tolles Bad, *trampolini meravigliosi*!

Und dann, die Überraschung! Er, der eigentlich nie antwortete, weil sein Handy aus war, schrieb sofort zurück.

Wow, du bist *la ragazza piu forte*, der ich kennen. Allein hingefahren?

Ja, *perché no*?

Ja, warum nicht? Meine Antwort ist zwar keine Lüge, dachte ich, aber allein bin ich definitiv nicht. Wenn er wüsste, wer bei mir ist, fände er das überhaupt nicht gut, das war mir klar.

Für ein paar Minuten hatte ich deswegen ein schlechtes Gewissen, doch dann wurde es noch ein lustiger Nachmittag. Nach ein paar Bahnen Freestyle und Rücken beschloss ich, in Köln wieder öfter schwimmen zu gehen. Oscar kaufte Bier und schmuggelte die Flaschen auf die Tribüne, wurde aber gleich von der roten Bademeister-Crew von dort verjagt. *Am Pool nicht aus Glasflaschen trinken!*

Also gingen wir alle in die Bar. Niemand fragte, wie alt wir waren. Ich mixte mein Bier mit Club-Limonata. Wir saßen unter den Sonnenschirmen, und ich spürte langsam den Alkohol. So oft hatte ich ja noch keinen getrunken, gerade weil Mama und Papa da bis jetzt kein großes Ding draus gemacht hatten. *Probier ruhig mal, einen Schluck Bier oder Wein.* Aber das Zeug hatte mir nie besonders geschmeckt.

Vorsicht bei allem, was süß ist und Breeze, Vibe oder Ice im Namen trägt, sagte Papa dann irgendwann vor einer Party zu mir. Eine Warnung, die ich bisher beherzigt hatte, deswegen war es immer beim Nippen oder höchstens ein paar Schlucken geblieben. Doch diese Mischung war kalt, nicht zu süß, und ich hatte einfach Lust darauf.

Ich fühlte mich gut, das durch die Sprünge erzeugte Adrenalin kreiste noch in meinem Blut, ich unterhielt mich mit Noah über Ghana und seinen Vater, den er dort noch nie besucht hatte, und Meckes' Sprüche rutschten an mir ab wie ölige Sardellen an einem Glas. Oscar grinste ich nur ab und zu an. *Klären*? Mich? Träum weiter!

16. Kapitel

WARUM EIN EINZELZELT EINZELZELT HEISST

Schließlich machten die Jungs sich auf den Weg zum Campingplatz, und ich ging einfach mit, wir redeten über die Schule, es war wirklich nicht viel Bier gewesen, doch ich fühlte mich leicht und witzig, und außerdem war ja noch Zeit, es war gerade mal 4 Uhr nachmittags.

Auf dem *Campeggio di Bosco Verde* lernte ich Oscars Vater Arno kennen, sollte der nicht eigentlich in Rom auf Sightseeing-Tour sein, hatte Oscar das nicht gesagt? Egal. Er war ruhig und gleichzeitig auch cool, einer von diesen Erwachsenen, die einfach normal sind und sich auch in Gegenwart von ihren Kindern so benehmen. Er lud uns ein, das Fleisch und das Gemüse für den Grillabend zuzubereiten. Wir machten einen gigantischen Salat und bereiteten *bruschette* vor, deren Brotscheiben Arno auf dem Grill kross toastete, bevor wir sie mit einer Knoblauchzehe einrieben. Ich saß zwischen den Jungs, hackte Tomaten und Basilikum klein und knabberte Gurkenscheiben. Arno fragte mich ein bisschen über Rom aus und erzählte uns von seinen ersten Reisen, als er mit neunzehn durch halb Europa getrampt war.

»Aber komm bitte nicht auf diese Idee, Oscar! Ich zahl dir lieber ein Zugticket«, sagte er. Die Geschichten waren interessant und lustig, selbst Meckes hielt die meiste Zeit den Mund, ab und zu schaute er mich heimlich an. Sah ich da Bewunderung in seinem Blick? Hatten ihm meine Sprünge vom Fünfer Respekt eingejagt? Keine Ahnung, er trank schon an seinem vierten Bier seit unserem Aufeinandertreffen in der *Lido Bar*, ich hatte mitgezählt. Alle tranken Bier. Ich auch. Wenig Bier mit viel Limonata war nämlich echt lecker. Den Alkoholgehalt würde ich dennoch nicht unterschätzen, ich wusste ja, wie viel ich in mein Glas goss.

Später zeigte Oscar mir das Wohnmobil. Es war ein alter Bulli, innen stickig und heiß, obwohl die kleinen Fenster offen waren, doch das Fahrzeug war richtig clever ausgebaut. Es gab eine breite Liegefläche, die zu einer Essecke umgewandelt werden konnte, und das Dach konnte man hochschieben, so dass es wie ein Zelt aussah, beschrieb Oscar mir.

»Dort oben hat man den besten Blick und die Matratze ist breit. Ein Meter zwanzig!« Oscar lehnte an dem kleinen Gasherd, mir war viel zu warm, ich wollte raus aus dem Wagen, wusste aber nicht, wie ich an ihm vorbeikommen sollte. »Hey«, sagte er und versuchte mich zu umarmen. »Bereust du es, dass du hier bist?«

»Nein, ist doch cool«, sagte ich und tauchte unter seinen Armen hinweg, dabei stolperte ich und fiel gegen ihn. Mensch! Warum machte er nicht einfach Platz?

»Sorry!«, sagte er und hielt die Arme hoch, als ob er sich ergeben wollte.

Wir aßen. Die Jungs hauten sich jede Menge Fleisch rein, vorher ertränkten sie es auf ihren Tellern in Ketchup und Barbecue-Soße, doch Arno hatte für mich Paprika und Zucchini gegrillt; zusammen mit Brot und unserem Salat schmeckte alles köstlich. Später saßen wir um den Grill herum, in dem Arno ein kleines Feuer entfacht hatte, und ich erzählte von meinen Erlebnissen mit den Gästen im *Romolo & Remo*. Die Jungs lachten und wollten immer mehr hören, also schmückte ich die übergelaufene Toilette am ersten Tag und das Drama mit dem Baby ohne Windeln noch etwas aus.

Irgendwann sah ich auf mein Handy. Verdammt, schon acht! Meinen Zug hatte ich verpasst. Und Dette hatte ich auch nicht Bescheid gesagt. Ich sprang auf, mein Kopf drehte sich, und ich schwankte etwas, aber vermutlich nur, weil ich stand. Ich setzte mich wieder hin. »Mist«, murmelte ich. »Wollte eigentlich nach Hause. Also, nach Rom zurück.«

»Nein!«, sagte Oscar schnell. »Bleib doch hier!«

»Du erzählst gerade so cool!« Das war Noah.

»Bitte!« Wow, selbst Meckes bat mich zu bleiben. Aber ich konnte jetzt nicht mehr zum 207er-Bus laufen, schuld war das blöde Bier, das sich ziemlich gemein hinter der Limonata versteckt hatte. Es machte meine Beine schwach und meinen Kopf langsam. Ich warf einen Blick zu Arno. Vielleicht würde er mich … mit dem Auto?

Doch Oscars Vater schaute auf das Bier in seiner Hand und die Flaschen auf dem Tisch und sagte: »Wie wäre es, wenn wir heute alle hierbleiben, und du fährst morgen früh?«

»Ja, bleib doch. Du kannst im Einzelzelt schlafen.«, sagte Oscar. Ja klar, die Jungs waren sich einig. »Wir quetschen uns zu dritt ins Zweier.«

»Ich penne sowieso irgendwo draußen am Strand«, sagte Meckes.

»Nein, Meckes, hier schläft keiner am Strand.« Arnos Blick war streng. »Du bist erst fünfzehn, und ich habe die Verantwortung! Wir bereiten Emma einen bequemen Schlafplatz.« Er wandte sich an mich. »Du musst sicher noch irgendwo Bescheid sagen.«

Ich nickte. »Wenn du …« Ihn zu duzen, war komisch. »Wenn du mit meiner Tante sprechen könntest, wäre das toll.«

Er nickte, und ich seufzte erleichtert. So bald werde ich nicht wieder Alkohol trinken, dachte ich, die nächsten drei Jahre nicht, so viel war sicher. Andererseits … es merkt doch niemand, morgen gehe ich gleich früh um acht zur Haltestelle Lido Centro und bin um zehn wieder in der Via Marmorata. Dann ist dieser Abend vergessen, und ich sehe Leo wieder!

»In drei Tagen ist es so weit. Dann ist Dienstag und ich habe die praktische Prüfung. Ich bin total aufgeregt.« Es war Samstag, 8 Uhr abends und eine absolute Ausnahme, dass ich um diese Zeit oben bei Edgar kochte. Meine Eltern waren unterwegs, aber nicht miteinander, nein, die Hoffnung, die beiden würden sich wieder besser verstehen, hatte ich aufgegeben. Sie hatten mich allerdings gebeten, bei Edgar zu bleiben. Er sei in letzter Zeit nicht gut eingestellt, sagten sie. Irgendwas mit dem Insulin. Ich sollte ein Auge auf ihn haben. Wenn ihr wüsstet, wie fit er ist, dachte ich, protestierte aber natürlich nicht, dafür hatte ich ihn inzwischen viel zu gerne.

»Das mit der Aufregung hättest du nicht extra erwähnen müssen«, sagte Edgar ruhig. »Du drehst den Pfannkuchen bereits zum dritten Mal innerhalb der letzten sechzig Sekunden um.«

»Nein! Echt?«

»Nun, ich denke, mit Fug und Recht behaupten zu können, dass du den Anforderungen gerecht werden wirst!« Edgar rückte seine Gabel auf dem Tisch einen Millimeter nach rechts. Er hatte es gerne ordentlich. Ringo saß auf seinem Küchenstuhl brav neben ihm und ließ seinen Blick aufmerksam über den Tisch schweifen. Er wusste, dass er nichts bekam, doch treu und lieb schauen konnte nichts schaden, dachte er wahrscheinlich.

»Ja, aber das sind fünfundvierzig Minuten, Edgar. Genug Zeit, um irgendeinen saudummen Fehler zu machen. Dieses Ausweichen in voller Fahrt, das kriege ich noch nicht gut hin. Man darf nicht bremsen und erst neun Meter vorher anfangen auszuweichen, das steht so in den blöden Führerscheinregeln. Weißt du, wie wenig neun Meter sind? Ich habe echt Schiss und fange immer zu früh an.« Ich drehte den Pfannkuchen zum vierten Mal um und schaute schnell in den Vorratsschrank. »Apfelmus oder Zucker und Zimt?« Durfte er überhaupt richtigen Zucker essen? So ganz hatte ich das mit dem Blutzuckerwert noch nicht verstanden.

»Ersteres.«

Ich grinste und holte das Glas vom Regal. Ich mochte seine

gewählte Ausdrucksweise. »Und dann, drei Tage später, habe ich Geburtstag.« Nur falls es dir entfallen sein sollte, Edgar, dachte ich und öffnete das Glas. Und wenn du es dir nicht noch anders überlegst, werde ich am 17. August endlich deine wunderschön hellblaue Puch fahren dürfen.

»Drei Tage später? Warten wir tatsächlich auf ein lächerliches Datum?«, fragte Edgar. »Mitnichten! Sobald du das Dokument in der Tasche hast, gehört sie dir, dann ist sie *deine* Puch, ab da musst du sie fahren, bevor du wieder alles verlernst!«

»Am selben Tag? Oh nee, wirklich? Obwohl dann noch gar nicht mein Geburtstag ist?!«

»Aber ja. Du darfst doch mit fünfzehn schon fahren?«

»Ja klar, nur nicht im Ausland.«

»Nun, dann ist es hiermit versprochen.«

Ich jubelte vor Freude, rannte zum Tisch und umarmte ihn. Er fühlte sich eckig an und rührte sich kaum, aber es gefiel ihm, da war ich mir ziemlich sicher.

Etwas Angst machte mir das Gefühl schon, allein auf der Straße unterwegs zu sein, denn ich wollte Edgar keinesfalls gestehen müssen, dass seiner geliebten alten Dame etwas zugestoßen wäre. Und sei es auch nur der kleinste Kratzer!

War es schon Morgen? Ich erwachte, weil etwas Warmes neben mir lag und sich bewegte. Ringo Starr? Wie war der in mein Bett gekommen? Und seit wann war meine Matratze so hart? Mein rechtes Schulterblatt tat mir weh. Es war dunkel, doch draußen zwitscherten die Vögel viel zu nah, viel zu laut. Ach so! Im Bruchteil einer Sekunde wusste ich plötzlich: Ich war nicht in Köln, ich lag auch nicht gut behütet hinter dem vergitterten Fenster in meinem kleinen Zimmer in Rom, sondern … in einem Zelt auf dem Campingplatz und das da neben mir war …

»Oscar?«, murmelte ich mit rauer Stimme. Hinter meinen Augen tat es weh, und Denken fühlte sich schwer bis unmöglich an.

»Mmmhm«, machte er nur.

Ich hatte noch alles an, auch mein Sommerkleid, dennoch war Oscar viel zu dicht neben mir, nämlich unter dem ausgebreiteten Schlafsack, unter dem auch ich lag! Jetzt drückte er seinen Kopf in meine Seite.

»Was machst du hier?«

»Ich bin gerade erst reingekommen, es ist noch *fucking* früh, ich konnte nicht schlafen.« Wieder drückte er die Stirn gegen meine Rippen, wie ein kleines Kind oder ein Hund. »Ich wollte dir nur sagen, wie toll ich dich finde, aber vor den anderen und meinem Vadder ging das nu' mal nich …« Er schaute hoch zu mir und redete wieder nordisch, was ich früher an ihm mochte, doch das war ein anderes Leben gewesen. Außerdem roch sein Atem so furchtbar gammelig, dass ich den Kopf abwenden musste. Mein eigener Geschmack im Mund war auch nicht gerade berauschend. Eine Mischung aus Gulli und abgestandenem Bier. Hatte ich gestern Abend überhaupt die Zähne geputzt? Und wenn ja, mit wessen Zahnbürste?

»Sorry«, sagte ich, den Kopf gegen die dunkelgrüne Zeltplane gerichtet. »Ich bin nicht hergekommen, um …«

»Um was?« Seine Stimme klang zärtlich, aber auch gierig, er rückte noch näher, sein Mund war an meinem Hals und gab mir kleine, ekelhaft schmatzende Küsse.

Ich versuchte, ihm auszuweichen und Abstand zwischen uns zu bringen. »Ähhh …« Wie sollte ich das erklären, ohne ihn übel zu beleidigen?

»Um was, *Signora*?«

No! Nur *einer* durfte mich *Signora* nennen, und das war Leo! Was machte ich hier?! Mit einem Ruck zog ich den Schlafsack an mich und deckte Oscar auf. Immerhin trug er ein T-Shirt, und auch eine Unterhose sah ich aus den Augenwinkeln.

»Ich wollte *finire la nostra storia*.«

»Auf Deutsch bitte!« Oscar lachte und schwang sich in einer schnellen Bewegung auf mich drauf.

Für einen Augenblick war ich zu perplex, um zu reagieren. »Geh da sofort runter!«, sagte ich, als ich meine Stimme wiedergefunden hatte, und strampelte mit den Beinen, doch das half gar nichts, er lag immer noch auf mir, die Ellenbogen jetzt neben meinen Ohren, sein Gesicht viel zu nah. »Mann, ich will das nicht!«

»Was willst du nicht? Du machst mich echt verrückt, du bist so geil, echt.« Wieder kam er mit seinem Mund näher und blies mir seinen Atem ins Gesicht.

War er denn völlig verrückt geworden? Ich bekam kaum Luft, so schwer war er.

»Ach komm, bisschen kuscheln am Morgen.«

»Hau ab!«, rief ich laut und versuchte wieder, ihn von mir zu stoßen. Vergeblich, denn meine Arme und Beine waren unter dem Schlafsack gefangen.

»Boah, bist du zickig, was ist los, hast du deine Tage?«

Endlich rutschte er von mir runter.

»Du … du dummes Arschloch!« Ich zitterte vor Wut, warf den Schlafsack von mir und suchte nach meinen Sachen. Wo war mein Rucksack, wo mein Hut, meine Schuhe?

»Ey, jetzt beruhig dich mal, es war doch nichts. Gar nichts.« Oscar machte sich am Reißverschluss des Zeltes zu schaffen, ich wollte ihm alle Beschimpfungen dieser Welt um die Ohren hauen, doch mein Hals war wie zugeschnürt.

»Dann willst du's eben nicht, okay, ich hab ja nur gefragt.« Er schlüpfte durch die Öffnung, dann war er endlich weg. Mir kamen die Tränen. Was war das denn gewesen? Wieso meinte er, sich so was mit mir erlauben zu dürfen?

Ich packte hastig zusammen. 6.05 Uhr, zeigte mein Handy an, und dass es nur noch dreiundzwanzig Prozent Batterie hatte. Meine Sandalen lagen vor dem Zelteingang, dort drüben der linke, drei Meter entfernt der rechte. Mit flatternden Händen zog ich sie an, nur weg hier! Der Bulli und das Zweierzelt sahen verschlossen und abweisend aus. Oscar war nirgendwo zu sehen, auch sonst rührte sich nichts. Die Pinien hielten ihre Kronen beschützend über die bunten Zelte der Nachbargrundstücke, die Morgensonne brachte den Tau auf den Planen zum Glitzern. Es roch nach Sand und Piniennadeln, hier war außer mir noch niemand wach.

Ich eilte den Weg entlang. Ein Jogger kam mir entgegen, sofort musste ich an Leo und unsere morgendliche Laufstrecke denken, und die Tränen waren wieder da. Ich lief schniefend weiter und schaute mich ab und zu panisch um. Kein Oscar. Hätte ich seinen Vater wecken und erzählen sollen, was passiert war? *Jetzt beruhig dich mal,* hörte ich Oscars Stimme in meinem Kopf. *War doch nichts. Gar nichts.* Hatte er vielleicht recht?

Nein! Das war echt ekelhaft gewesen. Sich in das Zelt und unter meinen Schlafsack zu schleichen und sich so dicht neben mich zu legen, während ich schlief, und dann auch noch … Es kamen noch mehr Tränen, und ich merkte, wie mein Magen sich zusammenzog. Ich kramte die Wasserflasche aus dem Rucksack und trank einen Schluck abgestandenes Wasser. Mir war schlecht, am liebsten hätte ich mich in einen der Oleanderbüsche am Wegrand übergeben, ich beugte mich vor, schaffte es aber nicht, also lief ich weiter. Ein runder Pool kam in mein Sichtfeld, daneben ein Spielplatz, auf dem die leeren Schaukelbretter sich leise an ihren Ketten bewegten. Ich ging am Eingangsgebäude des Campingplatzes und der schwarzgelben Schranke vorbei. Aus dem Fenster des Empfangs sah mich ein Mann mit ausdruckslosem Blick an und gähnte.

Ich landete wieder auf der Strandpromenade und lief und lief. Mann, wie weit war diese Haltestelle Lido Centro denn nur entfernt?

Endlich sah ich ein Schild. *Stazione.* Es war inzwischen zwanzig nach sechs und auf der Straße fuhren vereinzelte Autos. Mein Kopf tat weh, ich ging an gelb gestrichenen Häusern und endlos geparkten Autos entlang, gleich war ich da, gleich … Aber als ich den kleinen Bahnhof erreichte, stand kein Bus an der Haltestelle des 207er, obwohl er genau in diesem Moment eigentlich losfahren sollte. Das behauptete zumindest der blöde Plan.

Ich wartete zehn Minuten, aber nichts geschah. Vielleicht konnte ich auch einen Zug nach Rom nehmen? Gleise waren vorhanden. Doch auf dem winzigen Bahnhof war alles leer, keine Züge, keine Menschen, nur zwei graue Tauben trippelten planlos auf den Bahnsteigen herum. Mein Blick fiel auf die Anzeigetafel. *Sciopero locale* zog sich dort in roter Schrift entlang. *Domenica, 12. Agosto, Ore 05.00–16.00. No!* Ein örtlicher Streik! Ausgerechnet heute! Deswegen war es hier so ruhig.

Ich brach auf einer Bank zusammen. Das hatte mir gerade noch gefehlt, jetzt kam ich nicht mal mehr zurück. Und wenn Leo mich heute Mittag in der Via Marmorata abholen wollte, wäre ich nicht da! Es kommt alles raus, immer, hatte Amalia das nicht gesagt? Nein, Zazie hatte das behauptet und auch: *Der will was von dir, und zwar was ganz Bestimmtes.* Sie hatte schon aus seiner Nachricht herausgehört, was er vorhatte, und sie wollte nicht mehr mit mir befreundet sein, sollte sie erfahren, dass ich doch zu Oscar gefahren war. War das ein Spaß gewesen? *Solo un scherzo?* Es hatte nicht so geklungen.

Fest stand, ich musste unbedingt zurück! Und wenn ich zu Fuß gehen würde? Oder trampte?

Trampen ist gefährlich. *Komm bitte nicht auf diese Idee,* hörte ich Oscars Vater Arno. *Ich zahl dir lieber ein Zugticket.* Er hätte seinem bescheuerten Sohn auch beibringen sollen, was man morgens in einem Zelt alles *nicht* machen durfte! Dass man sich erst gar nicht in fremde Zelte legen durfte, wenn man nicht ausdrücklich dazu aufgefordert und eingeladen wurde. Hätte ich Arno doch wecken und ihm alles erzählen sollen? *Aber es war doch nichts. Gar nichts. Dann willst du's eben nicht, okay.* Die fiese Oscar-Stimme in meinem Kopf hörte einfach nicht auf, die Sätze zu wiederholen.

Verdammt, welche Straße führte jetzt nach Rom? Angeblich alle, aber ich ging auf Nummer sicher und schaute lieber noch mal in der Karten-App nach. Wenn ich geradeaus lief, kam ich auf die Via Ostiense, die in die SSP 28 überging. Mit dem Auto waren es nur zweiunddreißig Minuten bis in die Via Marmorata. Und zu Fuß? Sechs endlose Stunden und neunzehn Minuten. Ich hing hier fest!

Ich ging am Rande der zweispurigen Straße entlang, die von hohen Pinienbäumen gesäumt und von Leitplanken eingefasst wurde, neben ihr verlief eine schmale Straße, auf der Lkw-Anhänger abgestellt waren. Müll flog herum, weiter hinten sah ich einen leeren Parkplatz vor einer Halle. Ich ging weiter und ließ den Kopf hängen. Wie sollte ich hinter diesen Leitplanken ein Auto stoppen? Wie hielt man überhaupt den Daumen raus? Egal, ich traute mich sowieso nicht. Die Sonne stieg höher, es wurde warm, ich hätte in einer Bar Wasser kaufen sollen, als es noch Bars gab. Hier waren keine mehr.

Denk nach, beschwor ich mich. Was kannst du tun? Amalia oder sogar Dette anrufen? Ein Auto haben sie zwar nicht, aber vielleicht eine Idee, wer ihnen eins leihen könnte. Ich starrte auf den Balken mit den fünfzehn Prozent auf meinem Handy, als ich ein röhrendes Geräusch hörte. Ein blauer VW-Bulli. Genau so einer, wie Oscars Vater ihn besaß. Er hatte sogar ein Kölner Kennzeichen, oh Mann, es *war* Oscars Vater!!! Er saß allein hinterm Steuer, ich winkte wie wild, doch er sah mich nicht. Ich wollte noch über die Leitplanke springen … aber es war zu spät. Er war schon vorbei.

»Mist!!! Oh nein, was für eine …!« Ich ballte die Fäuste und hatte größte Lust, etwas kaputt zu machen. Mein Handy? Nein, das brauchte ich noch.

Ich fasste mir ein Herz und rief Amalia an. Doch es schaltete sich nur die Mailbox ein.

Dette? *O Dio*, musste das wirklich sein? Ja klar, das hier war ein Notfall! Gott sei Dank, Tante Dette nahm ab. Sie klang verschlafen und nicht gerade gut gelaunt, doch ich war noch nie so froh gewesen, ihre Stimme zu hören! Schnell beschrieb ich ihr meine Lage. »Es ist Streik!«

»Ach Gottchen, stimmt, daran habe ich ja gar nicht gedacht …«

»Ich hab nur noch zehn Prozent und mein Ladekabel nicht dabei!«

»Wo bist du? Nicht mehr auf dem Campingplatz?«

»Nein. An einer Straße, und hier fährt nix. Also nur Autos.«

»Warum bist du denn so früh unterwegs?«

Ich konnte nicht antworten, es kam nur ein kleiner Schluchzer hervor.

»Va bene.« Ihre Stimme klang jetzt beruhigend und vernünftig. »Ich versuche, mir etwas auszudenken. Schreib mir, wo du bist. Und bleib dort stehen, hörst du!«

Mit vier Prozent Ladung schickte ich ihr meinen Standort und ein fettes GRAZIE!, dann war mein blödes Handy auch schon tot.

Ich wartete. Mein Wasser war alle, doch ich biss die Zähne zusammen. Dette würde mich retten! Wie lange konnte es dauern? Eine Stunde höchstens, doch ohne Handy hatte ich ja noch nicht mal eine Uhr, um zu kontrollieren, wie spät es war. Ich hatte Hunger und immer noch Kopfschmerzen. Ich würde nie mehr Bier trinken! Was für ein Schwachsinn! Club-Limonata schmeckte ohne Bier eh viel besser.

Ich lehnte mich an die Leitplanke und zählte die Autos. Dette würde zwar aus der anderen Richtung kommen, doch ich blieb auf meinem Platz, wie sie es mir befohlen hatte. Ab und zu hupte man mir zu, und irgendwer grölte aus dem Fenster. Ja, ja, fahrt weiter, ihr Idioten, dachte ich. Dann hielt ein Wagen mit quietschenden Bremsen ein paar Meter entfernt von mir, mitten auf der Straße. Ich konnte nicht sehen, wer darin saß, das Rückfenster war schwarz getönt plus hässlichem Piratenkopf-Aufkleber. Ein Typ hing aus dem Seitenfenster: *»Che bella figa, vieni! Vieni con noi!«* Gelächter von seinen dummen Freunden aus dem Wageninneren, die das witzig fanden. Ich verzog mich hinter die Pinie, um von der Straße nicht mehr zu sehen zu sein. Dette würde mich schon finden.

Eine Ewigkeit später schaute ich wieder hinter meinem Baum hervor und beobachtete den Verkehr. Jetzt müsste meine Tante aber endlich mal kommen! Autos, jede Menge Autos, dazwischen knatterte auf der Gegenfahrbahn ein Roller heran, er war orange, der Fahrer trug einen weißen Eierschalenhelm, dunkle Locken quollen darunter hervor und flatterten im Fahrtwind. Ein Schreck fuhr mir bis in die Zehenspitzen – der da drüben sah aus wie Leo!

Er fuhr langsam, als ob er etwas suchte. Es *war* Leo! Oh

mein Gott, was macht der denn hier, dachte ich und zog meinen Kopf zurück, er durfte mich nicht sehen!

Aber er gab nicht auf, ein paar Minuten später kam er auf meiner Spur, stadtauswärts entlanggefahren, ich stand wie angenagelt hinter meiner Pinie. Hatte Dette ihn etwa geschickt? Was sollte ich ihm sagen, wo und wie hatte ich die Nacht verbracht? Vielleicht fuhr er ja wieder zurück …

Doch Leo kannte sich aus, kurze Zeit darauf tuckerte er die kleine Straße entlang, die mit dem Müll und den abgestellten Autos. Nun konnte ich mich nicht mehr verstecken und war mir sicher: Dette *hatte* ihn geschickt!

»Hier!« Ich winkte und versuchte ein Lächeln. Was sollte ich ihm erzählen? Na los, komm, zermarterte ich mein Gehirn. Hatte ich allein in einer Pension geschlafen? Einem Hotel? Und warum? Aber mein Kopf wollte nicht denken, keine Chance.

Schon während er hielt und den Helm abnahm, schüttelte er den Kopf, sagte aber nichts. Das war schlimmer, als wenn er mich angemotzt hätte.

»Hat Dette dir Bescheid gegeben? Hatte sie deine Nummer?« Nervös haspelte ich mit den Wörtern herum. Was hatte Dette ihm gesagt?

»Ich war gerade bei euch im Hof. Die Pflanzen gießen.« Er schaute mich nur kurz an. Kurz und fragend, doch mit einer großen Portion Schmerz im Blick; mein Herz fiel drei Etagen tiefer.

Aber wieso, du hattest doch vor, bis mittags in Monterotondo zu bleiben, wollte ich schon sagen. War er etwa wegen mir früher zurückgekommen, um mich zu überraschen? Um dann von Dette zu hören, dass ich irgendwo in Lido di Ostia bei einem Schulfreund gewesen war und gerettet werden müsste? *Einem Schulfreund* … mein Magen zog sich vor Ekel zusammen.

»Mi dispiace, ti posso spiegare tutto.« Es tat mir wirklich leid, doch ich würde ihm entgegen meiner Behauptung nicht alles erklären können. Ich wusste ja selbst nicht richtig, warum ich geblieben war und mich überhaupt auf dieses doofe Bier und das Zelt eingelassen hatte.

»Allein am Sprungturm, allein am Strand und eine ganze Nacht in Lido di Ostia?«, fragte er auf Italienisch, und sein Blick bohrte sich forschend in meine Augen. »Ich habe dir gesagt, dass ich Lügen hasse.«

Ja. Hatte er. Ich seufzte nur. Vielleicht hatte Dette ihm nichts gesagt, doch er spürte sofort, wenn etwas nicht stimmte.

»Wieso sagst du nicht einfach, wie es ist?« Seine Stimme klang ausdruckslos.

»Ich dachte, du wirst sauer.« Ich schluckte, als er die Sitzbank hochklappte und eine eiskalt beschlagene Flasche herausholte. So war Leo, er wusste immer genau, was ich brauchte.

»Ich habe Leute aus der Schule getroffen«, begann ich in stockendem Italienisch, nachdem ich das halbe Wasser leer getrunken hatte. »Aber von denen will ich nichts, das sind wirklich nur Bekannte, und der Vater von dem einen war ja auch da, aber weil ich wusste, dass italienische Männer ziemlich eifersüchtig sind … das hat meine Cousine Amalia jedenfalls behauptet … habe ich dir nichts gesagt. Nur deswegen.«

Er nickte. Antwortete aber nicht.

Dann reichte er mir den zweiten Helm und startete den Roller wieder, ich stieg auf, traute mich aber nicht, mich wie sonst immer an ihm festzuhalten. Wir fuhren los. Bei jedem Kilometer, den wir zurücklegten, zermarterte ich mir das Gehirn mit denselben Fragen. Er war sauer, okay, aber würde er sich nicht wieder beruhigt haben, wenn wir wieder in Rom waren? *Solo amici* waren es doch nur, die ich getroffen hatte. Was war daran nicht zu verstehen?

Wir fuhren mit fünfundvierzig Stundenkilometern die Landstraße entlang, neben uns tauchten Autohäuser und Schrottplätze auf, flache Industriehallen, Felder und Wiesen, ein großes Schild machte Werbung für das *Casa Quattro Zampe*, eine Hundepension. Der Wind war warm, von außen mochte es so scheinen, als ob zwei junge Menschen glücklich auf einem orangenen Roller hockten und auf dem Weg nach Rom waren. Denkste.

Mein Herz klopfte, als wir endlich in die Via Marmorata einbogen. Würde Leo absteigen, würde er mitkommen in den Innenhof, würde er mir verzeihen und erzählen, dass diese Francesca nun seine Ex-Freundin war?

Nein, nichts dergleichen. Er hielt nur an, ich bedankte mich und rutschte vom Sitz. Er nickte, murmelte: *»Salutami tua zia«*, und brauste davon. Mein Magen war wie versteinert, meine Tränen waren es auch.

17. Kapitel

WAHRHEIT, SCHULD UND EHRLICHKEIT

Weil ich nicht weinen konnte, ging ich duschen und schrubbte mir beim ersten Einseifen das salzige Meer, beim zweiten das Chlor des Schwimmbads und beim dritten Mal endlich die ganze Nacht inklusive Bier, Zelt, Schlafsack und Oscars ekelhafte Halsküsse von der Haut.

Den Rest des Sonntags wollte ich im Dunklen und allein verbringen. Ich schloss die Fensterläden, warf mich aufs Bett und zog das Laken über mich. Dette und Amalia ließen mich eine volle halbe Stunde in Ruhe, dann standen sie mit Kaffee und *biscotti* in meinem Zimmer, und ich musste die Augen öffnen.

»Harte Nacht, oder?« Amalia grinste. »Und dann schickt Mama auch noch Leo …«

»Was hätte ich denn sonst tun sollen?« Dette hob mein Strandhandtuch vom Boden auf und hängte es an den Haken an der Tür. »Irgendwie musste das Mädchen bei dem Streik doch wieder zurückkommen.«

»Wie hat Leo es aufgenommen?«, fragte Amalia und stellte das Tablett auf meinen Nachttisch.

»Na, wie wohl? Nicht gut, läge sie sonst im Bett?«, antwortete Dette.

»Vielleicht hat Emma auch nur einen Kater?«

»Nein, das glaube ich nicht, der Vater des Jungen war

am Telefon doch so nett, der hat sie sich bestimmt nicht betrinken lassen! Warum die Eltern sie nicht einfach mit dem Auto zurückbringen konnten, habe ich aber immer noch nicht verstanden.«

»Ich bin hier«, sagte ich matt. »Ihr könnt auch *mit* mir reden statt *über* mich.«

»Dann erzähl mal!« Amalias Stimme klang äußerst munter und viel zu laut. »Wie war es, Oscar zu sehen?«

»Ach, war das etwa dieser Junge, wegen dem du so unbedingt in Köln bleiben wolltest?«, fragte Dette.

Ich drehte mich weg, zum Fenster, und bohrte mein Gesicht in das Kissen. Warum hatten alle Mitglieder von Mamas Krautwickel-Familie so ein ausgezeichnetes Gedächtnis?

»Ja«, hörte ich Amalia an meiner Stelle antworten. »Das war eine Art Rache.«

»Verstehe.« Dette ging vor meinem Bett auf und ab. »Aber das hast du dem Leo natürlich so nicht gesagt, und nun weiß er, wen du besucht hast, und ist eifersüchtig?«

»Sollte er eifersüchtig sein, wäre ja noch nicht alles verloren.« Amalia hockte sich auf meine Bettkante und reichte mir den Kaffeebecher. Ich richtete mich auf.

»Aber wenn er gleichgültig reagiert hat«, fuhr Amalia fort, »dann wird's gefährlich.«

»Ja, allerdings!« Dette nickte, und ich sackte gleich wieder zusammen. »Gleichgültig ist er gewesen«, sagte ich. »Kein Wort für mich, nur: *Grüß deine Tante von mir.*«

Die beiden machten betroffene Gesichter.

»Es ist immer besser, die Wahrheit zu sagen. Oder, Mama?« Amalia lächelte ihre Mutter unschuldig an.

»Ja, ja.« Dette schaute sich unruhig um, ob es nicht noch irgendetwas aufzuhängen gab. »Nun ruh dich erst mal aus«, sagte die Heimlichtuerin aus dem dritten Stock, »und gib dem Leo ein wenig Zeit, zwei Wochen hast du ja noch!«

»Meistens renkt sich so was wieder ein.« Amalia klopfte beruhigend auf mein Bein. »Aber sonst? Ist alles in Ordnung?«

Ich nickte in meinen Kaffee. Was im Zelt passiert war, wollte ich auf keinen Fall erwähnen.

»Bene!« Sie gingen aus dem Zimmer.

Kurz darauf ploppte eine Nachricht auf mein Handy.

Und, Leo wieder da? Happy Sonntag zusammen? *Felice insieme*?

Mist, das war Zazie in ihrem Sprachkauderwelsch. Außerdem schickte sie ein Foto von ihrer Katze, der Frau Müller, die mitten auf dem Küchentisch lag.

Ich vermisse mein Kätzchen!

Ich vermisste auch jemanden … aber dieses Elend konnte ich vor Zazie ja nicht erwähnen. Sie wäre vermutlich total sauer; *ich hab's dir doch gesagt,* würde sie schreiben. Und vielleicht wirklich nicht mehr meine Freundin sein wollen. Meine Güte, wem konnte ich denn überhaupt erzählen, was vorgefallen war. Jana natürlich! Ich rief sie an.

»Was für ein Arsch!«

Janas Reaktion war direkt und unmissverständlich.

»Was denkt der, wer er ist?«

»Wieso, *es war doch nichts,* hat er gesagt.« Bei diesen Worten wurden meine versteinerten Tränen prompt flüssig und wollten raus. Ich schniefte sie nieder. »Und er hätte ja nur gefragt.«

»Aber das stimmt nicht! Es war ja doch was, und das war übergriffig und absolut nicht in Ordnung! Du musst ihm das sagen, er muss sich entschuldigen, und wenn er ganz bescheuert reagiert, gehen wir zu seinen Eltern!«

Ich war froh, dass Jana so explodierte, doch immer noch nagten die Zweifel in mir. »Und wenn ich nun doch selbst schuld bin? Ich bin ja zu ihm gekommen. Und vielleicht übertreibe ich ja auch … und es war gar nicht so schlimm …«

»Was???« Jana atmete tief aus. »Emma, sorry, aber das ist leider typisch! Du vertraust deiner eigenen Wahrnehmung nicht mehr, weil er dir erfolgreich einredet, es wäre nichts passiert. Hör auf die Tränen in deiner Stimme, die du unterdrückst, die aber dauernd hochkommen, ich merke das doch, dann weißt du, ob du übertreibst.«

Jetzt weinte ich endlich. »Sorry!«

»Da gibt's nichts zu entschuldigen, *Sweetie*, jedenfalls nicht von dir!«

»Okay. Okay. Okay«, wiederholte ich wie eine Maschine, als ich mich wieder gefasst hatte. »Und was mache ich mit Leo? Soll ich ihm schreiben?«

»Gönn ihm eine Pause.«

Eine Pause? *Eine Pause* hörte sich nach Schlussmachen an. »Wie lange?«

»Mindestens zwei Tage. Das gibt ihm Zeit, sich zu beruhigen. Und dann beschreib ihm kurz das Schönste, was ihr miteinander erlebt habt, und dass du es vermisst.«

»Danke, dass du meine Freundin bist!«

Am Montag arbeitete ich mich wie wild in den Zimmern des *Casa Romolo e Remo* ab. Ich putzte die ganze Küche und das Bad besonders gründlich und überlegte, was ich Leo beschreiben würde. Unser morgendliches Laufen? Das gemeinsame Blumengießen? Die Fahrten auf dem Roller? Das eiskalte Bad in der Zinkwanne? Ich konnte mich nicht entscheiden.

Erleichtert sah ich, dass es endlich Zeit war, zu meinem Nachmittagskurs in die Sprachschule zu gehen. Nur was ich Zazie erzählen würde, das wusste ich noch nicht. Darüber hätte ich mir keine Gedanken machen müssen, denn sie wusste es schon längst.

»Booah, Emma, du hast aber auch nichts kapiert, oder?«, begrüßte sie mich. »Was erzählst du uns allen denn für Geschichten? Pferde anschauen auf der Rennbahn, echt super. Und du lügst nicht nur *ihn*, sondern auch *mich* an.«

»Falls du dich wunderst: Sie weiß es von Leo.« Ole gab mir die kleine Umarmung, zu der Zazie sich anscheinend nicht mehr durchringen wollte.

»Ja, aber …« Ich ließ die Schultern hängen, als ich sah, dass Zazie sich umgedreht hatte und schon auf dem Weg in unser Klassenzimmer war. »Will sie jetzt gar nicht mehr mit mir reden?«

»Die beruhigt sich schon wieder.« Ole machte eine abwinkende Geste, doch ich zweifelte an seinen Worten. Jana hatte behauptet, Leo beruhige sich wieder, Ole sagte dasselbe über Zazie, doch was, wenn nicht?

»Erzähl mal, du bist also über Nacht dort geblieben und hast dann erst kapiert, dass am nächsten Tag Streik ist?« Ole legte seinen langen Arm auf meine Schulter und führte mich über den Flur. »Du Arme!«

Ich hielt zwischen den anderen Sprachstudenten und -studentinnen nach Leo Ausschau, sah ihn aber nicht.

»Der ist nicht hier.« Ole wusste natürlich, wen ich suchte. »Der hat in der Druckerei zu tun.«

»Schön, dass jeder alles über ihn weiß, nur ich nicht!«

Ole hielt inne. »*Piccola*, da bist du aber selbst schuld dran, meinst du nicht!?«

Mist, ich wusste ja, dass Ole immer sehr direkt war, doch seine Worte verletzten mich tief. War ich etwa schuld, dass ich in Lido di Ostia gestrandet war? War ich tatsächlich schuld, dass Leo nichts mehr von mir wissen wollte? Und war es meine Schuld, dass die Sache im Zelt passiert war? Bei dem letzten Gedanken stiegen mir sofort die Tränen in die Augen.

»Aber, aber«, sagte Ole betroffen, »*ragazza mia*, so schlimm …?«

»Ja. Nein, also nicht das, aber …«

»Komm! Wir gehen woanders hin, trinken *un caffè*, und du erzählst mir die Wahrheit!« Er wollte mit mir vor der offenen Klassenzimmertür umkehren, doch ich wehrte ihn ab. Die Wahrheit? Was war das? Ich schüttelte den Kopf.

»Was? Du willst so in den Unterricht?« Ole sah mich erstaunt an. »Das bringt ja nichts, da lernst du in deinem Zustand sowieso *niente*. Und dann noch eine Zazie, die mit ihrem Stuhl demonstrativ wegrücken wird, ich kenne sie, die kleine *Bitch*!« Seine Stimme war zärtlich, und das war das Allerletzte, was ich jetzt ertragen konnte.

»Geh du ruhig rein«, sagte ich. »Sorry. Ich möchte allein sein!« Ich machte mich von seinem Arm los und rannte hinaus.

»Ich wollte nur helfen«, hörte ich ihn rufen.

Ja, ja, *helfen,* dachte ich. Alle wollen helfen, machen es aber noch schlimmer.

Ich rannte über den Hof und durch die Torausfahrt auf die Straße, nur um ein paar hundert Meter weiter wieder in den Innenhof der Via Marmorata zu laufen. Ich musste nachdenken! Und wo konnte ich das am besten? Auf den Stufen vor der Haustür, oben, unter dem eingemeißelten *Casa-dei-bambini*-Schriftzug.

Dort angekommen, kauerte ich mich zusammen und legte das Kinn auf die Knie. Meine Schuld. Meine Ehrlichkeit. Meine Wahrheit. Es schien, als müsste ich die drei Begriffe noch mal ganz neu für mich bestimmen, um sie in das Geschehen der vergangenen Stunden neu einsortieren zu können. Ich fing mit der einfachsten Frage an.

War es meine Schuld, in Lido di Ostia gelandet zu sein? Absolut!

Hatte ich mir ehrlich eingestanden, warum ich dort hinfuhr? Ja.

Also warum? Um Oscar zu beeindrucken und ihm gleichzeitig zu zeigen, dass ich nichts mehr von ihm wollte.

Fand ich das zu dem Zeitpunkt in Ordnung? Ja.

War es das wirklich? Eher nicht. Nein.

War es meine Schuld, zu viel Bier getrunken zu haben und im Zelt übernachten zu müssen? Ja, eindeutig!

War es meine Schuld, dass Oscar auf falsche Gedanken kam und sich am Morgen an mich ranmachte? Ich schluckte. Nein, war es absolut nicht!

Hatte ich mir vorher ehrlich eingestanden, was mein Verhalten (und meine Lügen!) bei anderen Menschen auslösen würde? Nein.

War es angebracht, sauer auf diese Menschen zu sein oder verwundert über ihre Reaktionen? Nein.

Ich atmete tief ein. Mir endlich die Wahrheit einzugestehen, tat gut, doch glücklich machte mich das Ergebnis nicht …

Und ich wollte Leo zurück! Ich wollte einfach die Zeit bis zum Samstagmorgen zurückdrehen und eine andere Entscheidung treffen.

Die Haustür ging auf. Dette kam heraus, sie hatte es eilig, wie immer. »Oh«, sagte sie überrascht und stoppte ihren Laufschritt knapp vor mir. »Was machst du hier? Nicht im Kurs?«

»Nein.« Ich starrte auf meine Knie. »Ich versuche gerade, mir selbst etwas klarzumachen. Hat was mit Ehrlichkeit und Wahrheit zu tun und dass man sich beides offenbar manchmal schönredet.«

Dette sagte zunächst nichts, dann endlich: »Gute Themen … Ein ehrlicher Blick auf die Tatsachen wird oft verschmäht, sei es aus Bequemlichkeit oder weil man nicht schuld sein will. Dabei schuldet man Wahrhaftigkeit vor allem sich selber.«

Zu meiner Verwunderung setzte sie sich neben mich

auf die Stufe, einfach so, ohne auf ihr rotes Kleid zu achten. Und anstatt mir einen Vortrag zu halten, schwieg sie. Lange. Einmal schaute sie mich nachdenklich an. Aus den offenen Fenstern, die uns umgaben, drangen Geräusche, Stimmen und der Geruch von Kaffee und gebratenem Fleisch, jemand spielte Klavier, dann ertönte das Brummen einer Bohrmaschine, aber nur kurz.

Irgendwann kamen Schritte über den Kies, einen winzigen Moment hoffte ich, dass es Leo wäre, doch es war Amalia, die uns oben auf der Treppe fand. »Versammlung?« Sie trug ihre Reithosen, sah erhitzt, aber sehr zufrieden aus.

»Wir philosophieren«, sagte Dette.

»Jeder für sich«, fügte ich hinzu.

»Wahrheit und Ehrlichkeit.« Dette nickte vor sich hin. »Sehr interessant, sich damit mal zu befassen. Reinigend.«

»Okay? Darf ich?« Amalia setzte sich neben mich. »Hat es was mit dem dritten Stock zu tun, *Mammina*?«

Amalia und ich mussten beide kichern, bemühten uns aber, das nicht zu zeigen. Ich presste die Lippen zusammen. Obwohl es mir nicht gut ging, war es gar nicht so unlustig, hier mitten zwischen den Krautwickels zu sitzen. Und irgendwie waren sie ja auch meine Familie.

Irgendwie?! Was soll das denn heißen?, hörte ich Mamas Stimme in meinem Kopf. Wow, ich hatte lange nicht mehr an Mama gedacht.

»Dritter Stock? So direkt möchte ich das jetzt nicht beantworten, aber ja, könnte sein«, sagte Dette. Sie wusste, dass ihr Geheimnis aufgeflogen war, das konnte ich an ihrem Blick sehen. »Mein Buch wird keine Familiensaga mehr, es wird eher ein Liebesroman, natürlich mit eigenen Erfahr…«

»Und Schuld«, warf ich schnell ein, bevor Dette zu sehr ins Detail gehen konnte. »Schuld ist bei mir auch noch dabei.«

»Schuld?«, fragten beide wie aus einem Mund.

»Ich habe ein paar Menschen angelogen und dadurch echt verletzt.«

»Ach, Cousinchen!« Amalia umarmte mich, und von Dette spürte ich eine tätschelnde Hand auf meiner Schulter. »Das wird man dir bis morgen locker verziehen haben!«

Ich nickte, glaubte aber nicht daran.

Am Montagabend rückte Jana mit ihrer Überraschung für mich heraus, die allerdings erst stattfinden würde, wenn ich meinen Führerschein in der Hand hätte. Die Theorie hatte ich schon geschafft, jetzt musste ich nur noch die praktische Prüfung bestehen, sonst würde das nichts mit Janas toller Idee…

Ich rannte zu Edgar hoch, um ihm die gute Nachricht zu überbringen. Mama und Papa waren ausnahmsweise zusammen essen und wollten nicht gestört werden. Wahrscheinlich machten sie daraus wieder eins ihrer Problemgespräche, die zu Hause meistens damit endeten, dass einer von den beiden davonlief und sich in einem Zimmer verbarrikadierte.

Stell dir vor!, wollte ich Edgar zurufen, sobald ich durch die Tür war. *Meine Freundin Jana macht extra eine Party und lädt alle Leute aus meiner Stufe ein, die nicht in den Ferien sind, damit ich etwas später mit deiner coolen alten Puch vorfahren kann!* Die Worte hatten sich schon hinter meiner Stirn versammelt, bereit, hervorgeschleudert zu werden, doch ich kam gar nicht durch die Wohnungstür, denn sie ging nur einen Spaltbreit auf; jemand blockierte sie. Und zwar Edgar selbst.

Erst sah ich nur die Sohle seines braunen Hausschuhs, dann sein Hosenbein. Mein Gott, er lag auf dem Boden, anscheinend mit dem Gesicht nach unten! Ringo bellte in der Wohnung. Oh no, was jetzt? Über den Balkon kam ich nicht, zu hoch, durch eines der Fenster konnte ich ebenfalls nicht klettern. Sollte ich Mama …? Aber die war wahrscheinlich gerade mit Papa im Restaurant angekommen und von ihm gezwungen worden, ihr Handy auszuschalten. Er hasste es, wenn sie da dauernd draufschaute. Oder sollte ich den Notarzt rufen? Aber was, wenn sie mich am Telefon ausfragten und ich nicht antworten konnte, nein, erst mal musste ich wissen, was mit Edgar los war! Ringo schob seine Schnauze durch den Spalt und winselte, wedelte aber mit dem Schwanz, als er mich sah.

»Geh weg, Ringo«, flehte ich ihn an. »Mach Platz! Ich muss jetzt da rein!«

Vorsichtig drückte ich gegen die Tür. Es ging schwer, nach ein paar Zentimetern war Schluss. Doch ich musste sie öffnen, selbst wenn ich Edgar dabei vielleicht weh tat.

»Edgar!«, rief ich. »Edgar! Beweg dich ein bisschen an der Tür, mach Platz, ich muss dir doch helfen! Bitte!« Keine Reaktion. Er lag dort schwer und unverrückbar wie ein Felsen. Ringo bellte immer noch.

»Ringo, aus!« Jetzt schrie ich. »Edgar, halte durch, ich bin gleich da!« Dann stand ich wieder ein paar Sekunden kopflos vor der Tür. Mist, was jetzt? Ich hockte mich hin und versuchte, an seinen Fuß zu kommen und ihn etwas zurückzuschieben. Die Tränen stiegen mir in die Augen. »Es tut mir leid, es tut mir leid«, rief ich schluchzend, »aber ich muss das tun!«

Ich schob und zerrte, quetschte mich dann durch den schmalen Spalt, endlich stand ich in seiner Wohnung. Edgar lag wirklich auf dem Bauch. Unter ihm war die Mandoline begraben, die er für Oma Ingrid gebaut hatte. Ich erkannte sie an dem blauen Band um den hölzernen Hals, der unter seinem Gewicht in viele Einzelteile zersplittert war, doch das war jetzt nicht wichtig. Wichtig war, ob er noch lebte. Seine Stirn presste sich auf den Boden, der Unterarm lag quer vor dem Gesicht, war irgendwo Blut zu sehen? Ich wollte seinen Kopf drehen, um das zu kontrollieren, doch in der Fahrschule hatte ich gelernt, wie gefährlich das war. Wenn er jetzt noch nicht tot war, könnte ich ihn auf diese Weise locker querschnittsgelähmt machen oder sogar ganz umbringen!

Ich kniete mich neben ihn. »Edgar«, rief ich leise in sein rechtes großes Elefantenohr und legte meine Hand dabei leicht auf seinen Rücken. »Ich bin da, bitte wach auf!« Keine Reaktion, ich hörte nur mein eigenes Schluchzen. Atmete er noch? Unter meiner Hand spürte ich nichts, das panische Schluchzen stieg erneut in mir hoch, doch dann biss ich die Zähne zusammen und redete stattdessen mit dem Hund.

»Keine Angst, ich kann das, Ringo, ich werde ihn retten. Ich ruf jetzt den Krankenwagen, ja? Ich muss einen Krankenwagen rufen! 112, ohne Vorwahl, das haben die doch abgefragt, und einer hat 007 gesagt und das total lustig gefunden, der Fahrlehrer aber nicht.« All das erzählte ich

Ringo, zweimal rutschte mir das Handy aus meiner zittrigen Hand, doch dann wählte ich die Nummer. »Es wird alles wieder gut«, murmelte ich.

»Soll ich uns Pasta machen? Die Auberginen, die ich gestern vom Markt mitgebracht habe, sind großartig!« Amalia umarmte mich wieder, bevor sie von der obersten Treppenstufe aufsprang. »Essen bringt dich auf andere Gedanken, es wird alles wieder gut!«

Wer's glaubt, dachte ich, doch ich ging mit in die Küche. Es sollte ja gut werden, es *musste* gut werden!

»Schnell reagiert, genau das Richtige gemacht.« Die Notärztin stand im flackernden Blaulicht auf der Straße und hörte gar nicht auf, mich zu loben. Mama umarmte mich noch fester an den Schultern und lächelte.

»Jeder zweite Erwachsene hätte Panik bekommen und versucht, ihn umzudrehen, das hätte aber lebensgefährliche Verletzungen der Halswirbelsäule nach sich ziehen können.«

Ich wollte der Ärztin etwas vom Erste-Hilfe-Kurs erzählen, den ich gerade erst gemacht hatte, aber dann sagte ich nichts, denn ohne diese Info fühlten sich ihre Sätze noch schöner an. Auch Mama schwieg, während die Sirenen des großen Rettungswagens sich durch die Straßen entfernten und leiser wurden. *Halte durch, Edgar!*, sandte ich ihm wortlos hinterher. Gott sei Dank war Papa an seiner Seite.

»Gut, ich muss weiter.« Die Ärztin zeigte auf ihre Assistentin, die schon hinter dem Steuer des Pkw saß und endlich das Blaulicht abstellte.

Es war schlimm gewesen, meinen Opa so bewegungslos auf dem Boden zu sehen, doch ich hatte geschafft, dass er Hilfe bekam! Erst, als die vier Rettungssanitäter und gleich danach die beiden Ärztinnen in die Wohnung stürmten und sich um ihn kümmerten, hatte ich mir ein paar weitere Tränen erlaubt und Mama eine Textnachricht geschrieben.

Mit einer Halskrause lag Edgar wenig später auf der Trage, die Augen immer noch geschlossen, doch ich durfte seine Hand halten. Noch bevor sie ihn hinunterschleppen konnten, hatten meine Eltern es von ihrem Probleme-besprechen-Essen zurück nach Junkersdorf geschafft. *Das ist Rekordzeit*, hatte Papa gesagt. *Gut, dass deine Mutter nie ihr Handy ausstellt, auch wenn man sie tausendmal darum bittet*, sagte er auch noch, bevor er zu Edgar in den Rettungswagen gestiegen war.

»Ihr Mann wird sich bestimmt bald aus der Klinik melden«, erklärte die Ärztin dann noch. »Die Kopfverletzungen des Herrn Lilienthal waren nicht so gravierend, wir haben ihm eine Glukagonspritze gegeben, im RTW war er schon wieder bei Bewusstsein.«

Ich nickte mit Mama im Takt, wir verabschiedeten uns und gingen ins Haus.

»Und wie war's mit Papa?«, fragte ich.

Sie zuckte mit den Schultern und guckte genervt. »Viel Zeit zu reden hatten wir ja nicht.«

»Du willst nicht mehr bei ihm sein, oder? Dann geh doch, Mama!«

»Das wäre jetzt kein guter Zeitpunkt, oder?«

»Ach, du schonst ihn noch ein bisschen, weil Edgar gestürzt ist? Aber dann ist es so weit?«

»Emma, nicht in diesem Ton!«

Klar, wenn man Eltern die Wahrheit sagte, war immer was am Ton nicht richtig ... Ich verschwand nach oben, in mein Zimmer.

Am nächsten Nachmittag sollte die praktische Prüfung stattfinden, doch würde ich bei dem ganzen Stress überhaupt bestehen? Ich wusste es nicht. Wenn ich aber bestehen sollte, würde ich die Puch nehmen und damit auf Janas Party vorfahren, egal, wie meine Eltern miteinander klarkamen, und egal, ob Edgar noch im Krankenhaus war oder nicht. Denn das würde er auf jeden Fall wollen, das wusste ich genau!

18. Kapitel

DER TAG, DER ALLES ÄNDERT

Rom, 6.01 Uhr, zweiundzwanzig Grad, zeigte mein Handy. Und sonst?
Nichts. Keine rote Eins neben dem WhatsApp-Symbol, kein Lebenszeichen von Leo. Wie ein schwerer Stein plumpste die Nachricht, dass es keine Nachricht gab, in meinen Magen und blieb dort liegen. Ich wälzte mich unter meinem Laken hin und her, aber die verdammte Traurigkeit ließ mich nicht mehr schlafen. Also ging ich ins Bad, putzte mir die Zähne, schnürte dann meine Turnschuhe und ging laufen. Allein! Natürlich lauerte irgendwo in mir der Hoffnungsfunke, dort unten am Tevere jemand ganz Bestimmten auf der Laufstrecke zu treffen. Der Funke war sogar ziemlich groß und trieb mich an, wurde aber leider schnell erstickt; Leo war nicht da, der Fluss floss nur für mich, die Sonne ging nur über mir allein auf.

Dennoch kehrte ich mit einem Plan in den gelben Kasten zurück. Ich würde für Leo die schönste, *sweeteste* Nachricht über unser gemeinsames Training formulieren, so, wie Jana es mir geraten hatte, und sie ihm morgen früh, genau um diese Zeit, schicken. Meine Worte würden ihn hoffentlich überzeugen, dass ich immer noch die Richtige für ihn war!

♥

Um zehn war ich mit der Küche im *Casa Romolo e Remo* fertig, alle Gäste hatten gefrühstückt und den gelben Kasten verlassen, die Spülmaschine lief, und ich brachte einen Teil des Mülls hinaus, den ich vorher in *feucht*, *trocken*, Papier, Plastik, Dosen und Glas getrennt hatte. Ich wusste jetzt auch, warum Rom die *Ewige Stadt* genannt wurde: weil man eine Ewigkeit brauchte, um ihr kompliziertes Mülltrennungssystem zu verstehen.

Ich schlurfte mit meinem vollen Plastiksack unter der Palme entlang und fragte mich, wie ich diesen zweiten Tag Pause zwischen Leo und mir überstehen sollte. Die Hoffnung war einer dumpfen Angst gewichen. Vielleicht galt die *Pause* ja auch für immer. Meine berührenden Zeilen waren keine Garantie, dass er zurückschreiben würde. Er hatte so enttäuscht ausgesehen ...

In diesem Moment wurde die Haustür aufgerissen, und Dette trat heraus. Sie hatte das Handy am Ohr und suchte offenbar nach mir. Als sie mich erblickte, wurde ihr Gesichtsausdruck dermaßen bekümmert, dass ich sofort wusste, es musste etwas Schlimmes geschehen sein.

»Emma! Gut, dass du da bist. Deine Eltern sind ...« Sie hielt inne.

Mama? Papa? Der Schlag in meinen Magen war eiskalt und hatte eine Wucht, mit der ich niemals gerechnet hätte. Meine Eltern waren ... was??? Ich ließ den Sack fallen. Leo, Zwei-Tages-Pausen, eine unfreiwillige Nacht im Zelt, Rom, Tränen, Lügen und angeknackste Freundschaften ... waren mir bis vor einer Sekunde noch als die wichtigsten Dinge in meinem Leben erschienen. Doch plötzlich war das alles nichtig!

Wer? Alle beide?, wollte ich fragen, doch es kam kein Wort aus meinem Mund. Ich war wie gelähmt, wollte nur noch, dass es meinen Eltern gut ging! Waren sie nicht die liebsten Menschen, die ich auf dieser Welt hatte?!

»… deine Eltern sind am Telefon, also eher dein Vater, er will dich sprechen«, sagte Dette und winkte mich zu sich. »Der Edgar! Ich geb sie dir, ach, das tut mir so leid, Daniel!«

O Dio! Ich war erleichtert, dass es nur was mit Opa war, also, das war natürlich furchtbar schlimm, aber ich war nicht elternlos! Tiefe Dankbarkeit durchströmte mich, als ob flüssiges Gold durch meine Adern flösse, ja, so fühlte es sich an, und ich hätte es Leo am liebsten sofort erzählt. Blitzschnell überlegte ich, was *flüssiges Gold* wohl auf Italienisch hieß.

Doch dann musste ich an den armen Opa Edgar denken, ich kannte ihn zwar nicht gut, aber … Und was wurde jetzt aus Ringo Starr? Mein Lieblingshund war bestimmt auch traurig.

Ich nahm das Handy, und Papa erzählte mir, wie es passiert war: Irgendwas mit dem Insulin war offenbar schon länger nicht richtig eingestellt, gestern Abend war niemand mehr bei ihm oben gewesen, sie hatten ihn erst am Morgen gefunden. »Wir waren im Sommerkino, draußen im Rheinauhafen … Hätten wir danach doch bloß noch mal nach ihm geschaut, wünsche ich mir jetzt, aber das haben wir ja sonst auch nie getan.«

Papas Stimme klang anders als in meiner Erinnerung. Müde und leer. »Und was machen wir jetzt mit dir, Emma?«

Ich zuckte mit den Schultern, obwohl er das ja nicht

sehen konnte. Es war so kompliziert! Doch dann schlich sich eine kleine Idee in meinem Kopf.

»Du wolltest ja noch in Rom bleiben«, hörte ich meinen Vater, »Dette sagt, ihr versteht euch mittlerweile gut. Wenn du magst, bleib doch noch, die Beerdigung ist auch erst Ende nächster Woche, dann fliegt sie mit dir mit, das geht ja alles nicht so schnell.«

Meine Idee breitete sich aus, sie fühlte sich etwas komisch an, und irgendetwas daran war falsch, aber dann auch wieder genial. Leo würde mich garantiert trösten, wenn ich ihm sagte, dass Opa Edgar gestorben war. Ja, genau der *nonno* mit der Mandoline, den er besuchen wollte. Der mit dem Hund, mit Ringo Starr, für den er extra den Druck entworfen und mir geschenkt hatte.

»Es reicht, wenn du erst in einer Woche zurückfliegst, wir müssen da jetzt nichts überstürzen. Ich spreche mit Dette darüber, gib sie mir bitte noch mal.«

»Papa, es tut mir echt leid um deinen Papa!«

»Ja, es ist wirklich sehr traurig, vor allem der Gedanke, dass wir ihm hätten helfen können.«

Ich biss die Zähne zusammen, denn es war der falsche Moment für das, was ich vorhatte, aber es musste sein!

»Ich habe ihm noch die Karte von Ringo geschickt. Mama sagt, die hätte er sogar gerahmt und aufgehängt.«

»Oh ja, oh ja, das hat er!« Er räusperte sich. »Das war wirklich lieb von dir.«

Na toll, Emma, dachte ich, jetzt klingt er noch trauriger als vorher. Trotzdem machte ich weiter. »Könntest du mir ein Foto von der Karte machen? Das würde mich … irgendwie happy machen und … trösten.« Ich seufzte.

Ehrlichkeit und Wahrheit, was war jetzt damit? Ich wollte das Foto natürlich Leo schicken, als Gefühlsverstärker sozusagen. Es war fürchterlich, wie berechnend ich war. Doch würde Leo es schaffen, mir darauf *nicht* zu antworten? Garantiert nicht.

»Natürlich mache ich das.« Er stöhnte auf, als ob ihm etwas weh tat. »Irgendwann muss ich ja sowieso wieder in die Wohnung.«

O Dio, Papa wollte nicht nach oben zu Opa Edgar, und nun zwang ich ihn dazu. Ich war wirklich eine ganz besonders rücksichtsvolle Tochter …

»Danke. Hab dich lieb«, sagte ich. »Und ich geb dir morgen Bescheid, wann ich zurückkomme.« Morgen, denn bis dahin würde sich alles zwischen mir und Leo geklärt haben.

♥

Papa hielt sein Versprechen: Noch bevor ich den Sack mit dem Müll in die äußerste Ecke des Hofes neben die anderen gestellt hatte, kam das Foto. Ich schaute es mir lange an. Sogar einen Goldrahmen hatte Edgar für Ringo Starr und den dunkelgrünen Druck besorgt. Jetzt fing ich wirklich an zu weinen, doch ich wusste, es war eher ein Weinen um mich und meine *storia* mit Leo und um die vielen Erinnerungen, die bei diesem Bild mit voller Wucht in mir hochkamen.

Aber auch, weil das mit Edgar traurig ist, verteidigte ich mich. Und weil nicht sicher ist, ob ich etwas von Leo höre, ob ich *jemals* wieder etwas von Leo höre! Und wegen Zazie, die ernst gemacht und mir die Freundschaft gekündigt hat, und wegen Rom, das ich doch so liebe und das ich vielleicht verlassen muss …

Mein Herz tat weh, doch dann schüttelte ich den Kopf. *Weine über Edgar, sonst lass es!*, herrschte ich mich an. *An dem anderen Desaster bist du nämlich selbst schuld.*

Ich putzte mir die Nase, setzte mich auf die Stufe vor der Haustür und holte mein Handy hervor.

Mein Großvater ist gestorben, schrieb ich Leo auf Italienisch.

> *É morto mio nonno.* Der mit den vielen Mandolinen in seiner Wohnung, den du besuchen wolltest. Ich werde schon morgen nach Hause müssen, mich um Ringo kümmern. Es tut mir leid wegen dem Drama, das ich mache.

Wobei ich offen ließ, ob ich das Drama mit dem toten Edgar meinte oder meine Lügen um den Ausflug nach Lido di Ostia.

> Ich hoffe, ich sehe dich noch, um Ciao zu sagen.

Booah. Ich mochte mich selbst nicht, als ich die Nachricht abschickte, doch ich verzieh mir schnell wieder. Konnte ich es ohne Leo hier in Rom denn aushalten? Nein! Würde ich sonst eine Chance haben, ihn zu sprechen? Nein. Niemals. Er war so stolz.

Ob ich heute Nachmittag etwas Schwarzes zum Kurs

anziehen sollte? Keine Ahnung. Ich würde verweinte Augen haben, aber ruhig und gefasst sein und Leo hoffentlich wiedersehen und in seine Arme fallen. Wieder und wieder lief das kleine Filmchen vor meinen Augen ab, wurde größer, bis es Kinofilmformat hatte. Schwarz zu tragen, wäre da schon ganz passend … Ich schämte mich dafür, aber es fühlte sich schön an, und vielleicht würden wir uns küssen.

Mit hängendem Kopf schlich ich mich hinein, ging in mein Zimmer und begann ziellos, Sachen auf mein Bett zu schmeißen. Sollte ich packen? Was, wenn ich mich wieder mit Leo versöhnen könnte? In drei Tagen war mein Geburtstag, den hatte Papa offenbar ganz vergessen, wie toll wäre es, den hier noch mit Leo zu feiern! Was er mir wohl schenken würde …?

Mein Handy gab einen Ton von sich. Einen Akkord, der Leo-Ton! *Dio*, wie sehr ich den vermisst hatte! Mein Herz klopfte wie verrückt in meiner Kehle. Ich traute mich kaum, auf das Handy zu schauen, doch natürlich hielt ich es nicht lange aus. Eine Nachricht, von ihm! Ziemlich lang sogar.

Liebe Emma!

Oh, wie süß, er schrieb deutsch.

Es tut mir sehr leid fuer deine Nonno Edgar, ich haette ihn gerne gelernt kennen und geredet ueber die Mandoline.

Und wir, fragst du jetzt. So eine große Drama war gar nicht zwischen uns, cara Emma, war mehr klein ... Aber ich habe zwei Jahre lang genau derselbe kleine Drama mitgemacht und immer wieder mitgemacht, mit Luegen und keine Wahrheit, ich bin so muede und moechte das nicht mehr. Ich hoffe, du verstehst mich, und ich wuenschen dir alles Gute. Leopold

Ich ließ das Handy sinken. *Ich wuenschen dir alles Gute.* Das war eine klare Verabschiedung, er wollte mich nicht mehr sehen. Was?! Nur weil ich durch einen dummen Zufall in einem Zelt übernachtet und das für mich behalten hatte?!

Plötzlich wollte ich so schnell wie möglich weg aus der Stadt. Zazie redete im Kurs nicht mehr mit mir, ich würde nur noch allein laufen gehen, und mein Geburtstag würde die traurigste Veranstaltung des Jahres werden. Es gab absolut keinen Grund mehr, hier zu sein. Wenn ich Rom verließe, würde ich wenigstens Abstand zwischen mich und die unguten Gefühle hier bringen!

Ich rief Papa an, er nahm sofort ab. »Ich komme!«, platzte es aus mir heraus. »Ich komme noch heute zurück, wenn wir einen Flug kriegen!«

»Aber Emma, ich habe doch schon erklärt … du musst nicht …«

»Doch! Ich will auch gar nicht mehr hier sein, ich will euch helfen!«

Ich hatte bestanden! Es war Wahnsinn, aber ich hatte bestanden! Ich schrieb Jana eine Nachricht

Komme heute Abend vorbeige-FAHREN!!!

und fuhr grinsend und vor mich hin summend mit der Straßenbahn nach Hause. Dort sprintete ich die Treppe hoch, direkt zu Edgar. Ringo kam mit steifen Beinen aus seinem Körbchen und stakste hinter mir her, um bei meiner Verkündung dabei zu sein: »Bestanden! Gitta, also meine Fahrlehrerin, hat mir nicht nur gratuliert! *Tolle Leistung,* hat sie auch noch gesagt!«

»Das ist großartig!« Edgar saß in einem Sessel, auf seiner Nase klebte ein buckliger Verband, die Haut drumherum war leicht blau verfärbt. »Ja, schau nur genau hin«, sagte er grimmig und stöhnte ein bisschen, doch er lächelte auch. »Das Farbspiel in meinem Gesicht wird noch schillernder werden!«

»Du siehst … interessant aus!« Ich tätschelte seine Hand, und wir lachten.

Es war ein Wunder, durch den Sturz hatte er sich nur eine angebrochene Nase zugezogen und außer ein paar Prellungen keine ernsteren Verletzungen erlitten. Am Morgen danach war er schon wieder entlassen worden.

»Es hat alles viel besser geklappt als jemals zuvor in den Fahrstunden, Edgar! Das Slalomfahren, das Ausweichen, die Vollbremsung! Easy!«

»Vielleicht hat es sich rentiert, dass du mit der etwas schwerfälligen Puch geübt hast.«

»Na, auf jeden Fall! Nur deswegen kam mir die kleine Vespa

so leicht und wendig vor. Und heute Abend ist eine spontane Party angesagt! Yesss!«

»Ich weiß, schauen Sie, junge Dame!« Er hatte den Schlüssel der Puch in der Hand und ließ ihn langsam kreisen. Ein großes *E* aus hellblauem Gummi schaukelte an dem Metallring. Das war neu.

»Oh, *E* wie Emma!« Ich war gerührt.

»Ist jetzt deine! Herzlichen Glückwunsch, Lieblingsenkelin!«

Ich grinste, *pfff*, er hatte doch nur eine… »Danke, Edgar!« Mit einem kleinen Knicks nahm ich den Schlüssel an mich und umarmte ihn vorsichtig, damit ich nicht an seine Nase und den Verband kam. »Danke, danke, danke! Ich bin noch nicht mal sechzehn und besitze jetzt eine coole, einzigartige Maschine und darf sie auch noch fahren!«

»Aber du trinkst ja heute Abend nichts, oder?« Edgar schaute mich besorgt an.

»*No way!*« Ich hob ablehnend die Hände. »Ich mag sowieso kein Bier, und wenn sie nur einen Schluck trinken sollte, lässt *die junge Dame* – versprochen! – *die alte Dame* stehen!«

»Ein mehr als korrekter Plan!«

Wir lachten. Ringo sprang trotz seiner alten Knochen wie irre um uns herum, und ich musste überlegen, was ich anziehen sollte, und mir dringend die Haare waschen und vielleicht noch mal mit einem weichen Tuch über die Puch gehen, um sie zu polieren.

Und später? Da würde ich Oscar sehen, und viel wichtiger, er würde mich sehen, und ich würde so tun, als ob mich das nicht besonders interessierte, und alle würden sich den Roller anschauen wollen, und er auch, und dann würde er dicht neben mir stehen und mir in die Augen schauen, und ich würde in seine Augen schauen, die beinahe die Farbe des Rollers hatten ... Weiter ging das Filmchen in meinem Kopf nicht, aber dass alles auf ein Happy End zusteuert, war sicher!

Meine Eltern verstanden sich immer noch nicht, und Edgar wäre beinahe gestorben, aber ich war glücklich!

Ich heulte.

»Du musst nicht heimreisen, Emma!«, sagte Tante Dette immer wieder. »Wir würden dich gerne weiterhin beherbergen.«

Amalia nickte seit ein paar Minuten unaufhörlich. »Cousinchen, *cuginetta!* Morgen ist Feiertag, *ferragosto*, alles hat zu, und es wird totales Chaos am Flughafen sein. Bleib also noch, und zur Beerdigung fliegen wir dann zusammen nach Köln, wenn wir wissen, wann sie ist.«

Ich schüttelte unter Tränen den Kopf und ließ die beiden wissen, dass sie mich nicht würden umstimmen können.

»Okay, war cool, dass du hier warst, sei *un vero testardo*, ein echter Dickkopf, jetzt müssen wir selbst wieder ran, stimmt's, Mama? *Cavolo!*«

»Durch dich – also durch meine Auszeit, die nur durch dich möglich war – habe ich einiges gelernt, Emma!« Dette schnappte nach Luft, als könne sie es selbst kaum fassen.

»Ach ja?« Amalia blinzelte mir zu. *Mit Dichtern im dritten Stock eine* storia *anfangen,* sollte das wohl bedeuten.

»Ich bin eine andere geworden, nehme die Dinge leichter, hach, es ist wirklich ein ganz anderes Leben, was ich führe! Hier!« Dette holte ihr rotes Portemonnaie hervor und drückte mir ein paar Scheine in die Hand. »Die hast du dir redlich verdient, verlier sie nicht. Die restlichen fünfhundert überweise ich dir. Du hast doch ein Konto?«

Zweihundert Euro! Siebenhundert insgesamt. So viel Geld, trotzdem machte es mich nicht froh. Ich wollte unbedingt nach Hause, ins sichere Köln. Also durchsuchte ich mit Dette das Internet, bis wir trotz des Feiertags noch einen Flug um 17 Uhr für mich entdeckten, den meine Tante für mich buchte.

♥

Auf dem Weg zum Flughafen fing ich wieder an zu weinen und hörte auch den ganzen Flug lang nicht auf. Weil es traurig war! Weil mein Rom-Abenteuer vorbei war. Weil es jetzt sicher war, dass Leo niemals mehr mit mir sprechen würde!

Zazie hatte sich nicht gemeldet, auch nicht, nachdem ich Ole geschrieben hatte, dass mein Opa gestorben war und ich noch heute nach Köln zurückfliegen würde.

Seine Antwort war kein Trost …

Du musst sie verstehen, sie ist eine Frau, die sich ungern anlügen lässt. Da verteilt sie Höchststrafen!

Wie Leo, hatte ich nur gedacht, die beiden passen ja doch irgendwie zusammen …

Mama und Papa holten mich am Flughafen ab. Sie umarmten mich wortlos, redeten dann aber ziemlich viel, mehr, als ich mir vorgestellt hatte, sie lachten sogar ein bisschen, umarmten mich wieder und erwähnten meine verheulten Augen nicht. Erst als Mama Papas Hand nahm, während wir zum Parkhaus gingen, merkte ich, wie traurig die beiden über Edgars Tod waren ... Wenigstens haben sie sich, dachte ich. Und ich habe niemand.

Vor Janas Haus sah es schon sehr nach Party aus. Meine Freundin hatte eine blinkende Glitzergirlande über die Haustür gehängt, mindesten zwanzig Fahrräder und E-Scooter standen davor, aber kein einziger Roller, kein einziges echtes Moped! Ich fuhr langsam und parkte die Maschine nah an der Garage, vor der kein Auto stand, ihre Mutter war weg. Sturmfrei bei Jana. Und alles nur für mich!

Ich klappte den Seitenständer aus und nahm den Halbschalenhelm ab, den ich mir zum Geburtstag gewünscht hatte und der an die Eierschale auf dem Kopf von diesem Calimero-Küken erinnerte. Große Krise bei meinen Eltern natürlich ... Darf unsere Tochter das Geburtstagsgeschenk schon vorher benutzen oder nicht? Papa war dafür, Mama dagegen, und als Mama ihm zuliebe ihre Meinung änderte, war er plötzlich doch dagegen.

Was für ein Chaos! Edgar hatte dann am Ende ein Machtwort gesprochen und dafür gesorgt, dass ich jetzt mit dem schicken neuen Helm vor der Tür stand. Nein, zu Hause war es gerade nicht mehr schön!

Und auch wenn viele Wünsche niemals in Erfüllung gehen, wie zum Beispiel, dass deine Eltern sich wieder supergut verstehen, werden andere, die ebenso abwegig erscheinen, plötzlich durchgewunken.

Wer das im Einzelfall entscheidet, hatte ich immer noch nicht herausbekommen.

Als ich von meinem Roller abstieg und den Helm abnahm, mussten hinter mir die drei Jungs angekommen sein, ich hatte sie wirklich nicht gesehen, ich entdeckte sie erst, als ich, erwartungsvoll lächelnd und filmreif meine Haare ausschüttelnd, auf die Haustür zu ging. So unbefangen und happy wie in der Shampoo-Werbung; das hätte ich niemals spielen können!

Es waren nicht nur *irgendwelche* Jungs auf ihren Fahrrädern, sondern die wichtigsten. Na ja, einer unter ihnen zumindest. Oscar! Bingo, für meinen Auftritt im größten Kinofilmformat hätte niemand das Drehbuch genialer schreiben können, es war einfach gigantisch, wie im besten Tagtraum!

»Emma?« Oscars Stimme klang wie flüssig-dunkler Karamell, so schmelzend und *sweet*! Danke, Edgar, durch deine Gedichte weiß ich, was eine gelungene Metapher ist.

»*Das* hat sie also die ganze Zeit gemacht!«, krähte Meckes.

»Darfst du die Kiste überhaupt fahren, die ist so groß!« Oscar kam mit einem Lächeln auf mich zu.

»Fünfzig Kubik, kannst du ganz normal mit dem AM-Schein fahren.«

»Den du natürlich hast.« Meckes klang ungläubig.

»Boah, und was für eine schöne Maschine!« Noah bekam den Mund nicht mehr zu.

»Voll der Klassiker!« Meckes steuerte auf das Moped zu. Sofort stellte ich mich ihm in den Weg und stand nun auch vor Oscar.

»War das *die alte Dame*, um die du dich kümmern musstest?«

Ich lächelte und nickte, ohne etwas zu sagen.

»Du haust mich um, Emma«, erklärte er und schaute unendlich lange in meine Augen, bevor er ergänzte: »Mehr als irgendein anderes Mädchen.«

Merk dir das, Emma, sagte ich zu mir selbst. Es könnte gut sein, dass mit diesem Blick etwas Wunderschönes anfängt…

19. Kapitel

TODESANZEIGEN UND PROBEFAHRT

Im Haus war es viel zu ruhig. Obwohl ich mich früher nie gefragt hatte, was Opa Edgar dort oben in seiner Etage tat, spürte ich seine Abwesenheit. Ringo Starr war mit Korb und Fressnapf vom zweiten Stock ins Erdgeschoss gezogen, aber offenbar sehr unglücklich darüber. Er schnüffelte an mir herum, wedelte aber nicht mit dem Schwanz. Klarer Fall von Trauer.

Obwohl es schon nach neun war, nahm ich die Leine und ging mit ihm raus. Die abendlichen Straßen waren wie leer gefegt, die Autos, die an den Bordsteinen und vor den Doppelgaragen parkten, waren viel größer, neuer und sauberer als im staubigen Rom, das Grün in den Gärten langweiliger. Keine Schirmpinien, keine knallig violette Bougainvillea an den Zäunen, keine Palmen, außerdem war es viel zu kalt. Zehn Grad kälter als in Rom.

Ich vermisste es! Mein *Testaccio*-Viertel! Meine Via Marmorata. Meine duftende *Pasticceria*, meine kühle Sprachschule, mein gelber Kasten, mein Bett in der vergitterten Kammer, die Zimmer *Sole*, *Stella* und *Mare* im *Casa Romolo e Remo*, die Küche, das Bad mit der engen Duschkabine, all die Räume, von denen ich jeden Quadratzentimeter kannte, weil ich jeden einzelnen so oft geputzt hatte. Das war *mein* Rom! Ich war eifersüchtig auf alle, die noch dort sein durften. Warum war ich überhaupt weggegangen?

Wegen Leo, schrie es in mir, und mein Herz zog sich schmerzhaft zusammen. Was der jetzt wohl machte? Die verwunschenen Gärten hinter den Villen gießen? Die Pflanzen in ihren Terracotta-Töpfen auf den Dachterrassen hoch über der Stadt wässern? In der Pizzeria aushelfen? Die schwarze Kruste vom Gebäck der verrückten Schwestern kratzen, bevor er sich genüsslich einen Happen in den Mund schob? Hätte ich noch weinen können, hätte ich es jetzt getan. Ich lief immer langsamer, ließ Ringo überall endlos schnuppern und schnüffeln, ich wusste sowieso nicht, wohin, außer in den Bode-Park, der war natürlich tabu.

Ich hatte die falschen Entscheidungen getroffen, und nun musste ich mit dem Ergebnis klarkommen. So einfach und zugleich furchtbar war das.

Als ich nach Hause kam, ging ich zu Mama und Papa, die umarmt im Wohnzimmer standen, schlüpfte unter ihre Arme und ließ mich mitumarmen. Gruppen-Hug. An ihren verstohlenen Blicken untereinander sah ich, dass sie mich ein bisschen komisch fanden. Und da kam auch schon die erste Frage: »Alles in Ordnung bei dir, Emma?«

Natürlich musste Dette ihnen was erzählt haben, irgendwas wie: *unglücklich verliebt in diesen Jungen namens Leo, der aber ein ganz feiner Kerl ist* … typisch Dette eben. Doch direkt nach Leo fragen konnten meine Eltern mich nicht, sie wussten, dass sie keine Antwort bekommen würden.

»Ja, nein, ich weiß nicht«, antwortete ich. »Das ganze Leben ist einfach nur *weird* und traurig, oder?«

♥

In meinem Zimmer wollte ich meinen Koffer auspacken, schnell alles beseitigen, schnell alles vergessen; doch kaum hatte ich ihn geöffnet, stieg eine Wolke von Gerüchen daraus hervor und haute mich um. Der gelbe Kasten erstand vor mir … Mein Bett mit den fluffigen weißen Laken, die Kammer mit den hölzernen Fensterläden und der wohltuenden Dunkelheit, wenn es draußen heiß war, die Duschkabine mit den wackeligen Schiebetüren, der permanente Geruch von Knoblauch und Zitronen in der Küche, der Hof, die Palme, das Gezwitscher der Vögel in den frühen Morgenstunden, das Laufen in den Sonnenaufgang … Leo. Leo. Leo. Schon war ich wieder bei ihm gelandet. Ich drückte mein Gesicht einen Moment in den weichen Stoff meines Schlaf-T-Shirts und schleuderte es dann von mir. Mann, ich war so eine Vollidiotin!

Um mich abzulenken, nahm ich meine Klamotten aus dem Koffer und warf sie auf zwei verschiedene Haufen; Helles und Dunkles/Buntes. Ich schleppte alles in den Keller, stopfte Dunkles/Buntes in die Waschmaschine und checkte die Waschprogramme ab. Die Maschine funktioniert ähnlich wie die bei uns in Rom, dachte ich. *Bei uns in Rom,* na super, es gibt kein *bei uns in Rom* mehr! Ich gab Waschmittel in das richtige Fach und stellte sie an. Mit gesenktem Kopf saß ich schon eine ganze Weile auf der Maschine, als Mama den Waschkeller betrat.

»Emma? Du sitzt hier und wäschst?«

»Ja. Ablenkung.« Ich versuchte, die Traurigkeit aus meinem Hals zu räuspern. Es gelang nur so mittel. »Ich hab das Kurzprogramm genommen, dann kann ich die Sachen gleich noch aufhängen.«

Sie riss erstaunt die Augen auf. »Hat Dette dir das beigebracht?«

»Na ja, so schwer ist das ja nicht. Ich hätte eure Wäsche auch mit dazu genommen, aber die Trommel war schon voll.« Ich sprang von der Maschine, und Mama nahm mich in den Arm.

»Du kommst mir so verändert vor. Dein Aussehen, irgendwie so römisch-modisch, dein selbständiges Verhalten ... das ist toll!«

»Mmmh.« Verändert bin ich, dachte ich, und mein Aussehen gefällt mir auch. Leider ist mir zu spät eingefallen, wie ich mich in einer ganz bestimmten Situation hätte verhalten sollen.

»Aber du bist auch ein bisschen bedrückt, oder?« Mama flüsterte nur noch, und das klang unendlich traurig, und schon kamen mir wieder die Tränen.

»Ja.« Ich schniefte sie weg.

»Wegen eines Jungen?«

»Ja. Auch.« Ich wollte nichts über Leo preisgeben. Heute noch nicht, es war alles noch zu frisch. Wie bestellt musste ich gähnen. Es war zwar erst zehn, aber das viele Weinen hatte mich müde gemacht. »Ich geh schlafen, Mum.«

»Wann bist du in Rom denn immer ins Bett gegangen?«

»Spät. Wir haben oft erst um neun gegessen, oder ich war noch unterwegs. Mit ...« Ich konnte seinen Namen nicht aussprechen. »... den anderen von der Sprachschule.«

»Und Tante Dette hat nichts gesagt?«

»Doch. Sie hat sich genau an eure Anweisungen gehalten, halb zehn musste ich zu Hause sein, und wenn ich mit Freunden zusammen war, halb elf. Da war sie streng.« Ich konnte meiner Mutter doch nicht verraten, dass Dette so cool war und die Zeiten eher römisch ausgelegt hatte. Eine halbe Stunde später, was war das schon? »Und ich war ja auch nicht weit weg, meistens in unserem Viertel oder drüben in Trastevere.«

Mama nickte beruhigt mit dem Kopf.

»Aber dann haben wir oft noch draußen gesessen. Vor dem Haus, in diesem kleinen Innenhof-Garten, oben auf den Stufen.« Das hatte natürlich nur mit Leo stattgefunden …

»Ich war noch nie da!«

»Oh, echt nicht?! Da musst du hin, Mama!« Jetzt war ich wieder wach, und meine Stimme wurde automatisch höher. »Mit Papa, wenn es ihm wieder besser geht. Es ist wunderschön, und ihr könntet in *Sole* wohnen, das ist das größte Zimmer mit den schönsten Möbeln und dem besten Bett!« Sobald ich an die Pension dachte, hatte ich bessere Laune.

»Was für eine erwachsene Tochter ich auf einmal habe!« Meine Mutter nahm mich erneut in den Arm, dann hängten wir gemeinsam meine Wäsche auf.

Zehn nach elf, die Party war in vollem Gange. Alle waren da. Noah, Poppy, Meckes und die anderen aus unserer Stufe, die nicht mehr mit ihren Eltern in Urlaub waren. Wir tanzten, Poppy scharwenzelte dicht um mich herum, oder lag es an Oscar, der ständig an meiner Seite war? Doch er beachtete sie kaum. Er holte Getränke für uns und brachte mir einen Teller voll Nudelsalat. »Vegetarisch, für dich«, sagte er.

Er ging mit hinaus, als Jana und die anderen die alte Puch sehen wollten. Seine Augen klebten mit bewunderndem Ausdruck an meinem Gesicht, und das lag nicht daran, dass er schon etwas getrunken hatte. Ich selbst hatte Zitronenlimonade mit Kölsch für mich entdeckt. Viel Zitronenlimonade, wenig Kölsch, es schmeckte gut, ich war nicht mehr nüchtern, aber die alte Dame würde ja sowieso vor der Tür stehen bleiben, da ich bei Jana übernachten wollte.

»Cooles Ding!«

»Super Karre!«

»Wow, und die gehört jetzt dir?«

Ich freute mich über die Komplimente, setzte mich zum Spaß auf die Maschine, Jana und ein paar andere durften auch mal Probe sitzen, wir machten Fotos und teilten sie auf Snapchat, doch der Schlüssel mit dem großen *E* blieb schön in meiner Hosentasche.

Irgendwann gingen wir wieder rein, bei Jana gab es tatsächlich noch einen altmodischen Partykeller, mit zwei winzigen Fenstern, komischen Tapeten und einem ausrangierten Ledersofa. Hinter der mit braunem Holz verkleideten Bar befand sich ein Spiegel, davor Sektschalen und Likörflaschen, in denen angeblich nur buntes Wasser war, aber alles zusammen wirkte wie aus einem alten Film und sah cool aus. Steve, der uns schon den ganzen Abend seine Playlist aufdrängte, hatte endlich mal langsame Musik aufgelegt, und ich drückte mich lächelnd an der Theke herum, wo gerade das Bier ausgegangen war.

»Ey Leute, wer geht zur Tanke?«, rief Jana.

Das mit dem Bier ist doch egal, dachte ich, die haben alle sowieso schon genug getrunken. Wenn Oscar jetzt nur ... Da war er auch schon und streckte seine Hand nach mir aus. »Tanzen?«

Was? Das machte niemand, das machte einfach *niemand*, denn eng tanzen, bedeutete ... ja, was bedeutete es eigentlich? Dass wir jetzt zusammen waren, diesmal nicht nur beim Eisessen, sondern richtig?

Ich gab ihm meine Hand, er zog mich ein paar Meter auf die Tanzfläche, zwischen die einzeln vor sich hin tanzenden Mädchen, und diesmal schaute er nicht, ob jemand uns sah, sondern er legte sich meine Arme auf die Schultern, als ob es das Normalste der Welt sei, wir drehten uns langsam zur Musik, und bevor das Lied zur Hälfte rum war, küssten wir uns! Gott sei Dank hatte Jana uns gesehen, alle hatten uns gesehen, erzählte sie mir später, sie lief zu Steve und zwang ihn, mindestens noch drei langsame Lieder zu spielen.

Ich habe wirklich die beste Freundin, habe ich das schon erwähnt?

Oscar roch so gut und fühlte sich so wunderbar an. Ich war happy und strich fortwährend über seinen muskulösen Rücken, er tastete sich hinunter bis zu meinem Po und streichelte ihn, also nicht überall, nur oben, aber das durfte er auch!

Und das Küssen? War immer noch etwas mühsam, ich versuchte ihm ohne Worte zu zeigen, dass seine Zunge bitte nicht so tief in meinen Mund sollte, damit ich seine

Küsse *beantworten* konnte, doch er hörte nicht zu … Aber das bekomme ich hin, dachte ich, als ich seine Hand frech und tief in meiner Hosentasche spürte. Ich lächelte, doch im nächsten Moment hatte er meinen Schlüsselbund daraus hervorgezogen. »Darf ich mal fahren?«

»Hast du denn einen Führerschein?«

»Klar!«

»Ach, echt? Morgen, okay?«

»Oder *jetzt*?«

Nein. Ich schüttelte den Kopf und streckte die Hand nach dem Mopedschlüssel aus.

»Aber draufsitzen geht doch, alle durften eben, nur ich hab die alte Dame noch gar nicht ausprobiert!«

Weil er mir den Schlüssel zurückgab und das von der alten Dame mit so einem traurigen Blick sagte, antwortete ich mit einem Lächeln: »Vielleicht.«

Wir knutschten noch ein bisschen, aber dann wurde die Musik wieder schneller und wir verließen Hand in Hand die Tanzfläche. Jana kam auf mich zu, ein wissendes Grinsen im Gesicht. »Na, alles gut bei euch?«

Ich nickte und wurde sogar etwas rot, aber nur aus Freude, nicht weil ich verlegen war. Ich war das taffe Mädchen, das die Dinge für sich machte, nicht für andere, ich war in diesem winzig kurzen Moment tatsächlich die, die ich sein wollte!

»Willst du die Puch nicht lieber reinstellen?«, fragte Jana. »Ich glaube, wenn sie über Nacht draußen steht, ist das nicht so toll, selbst hier im netten, lieben Junkersdorf wird geklaut, sagt meine Ma immer!«

Ich nickte und winkte mit dem Schlüssel. »Wir wollten sowieso gerade nach oben gehen und nach ihr sehen.«

»Ich mach euch das Garagentor auf!«

Wir gingen hinaus und standen einen Moment andächtig um mein Moped herum. »Komm, wir werfen den Motor an und schieben sie dann rein, ich will mal den Sound hören!«, sagte Oscar.

»Wie viel bringt die denn, und wie viel Zylinder hat sie?« Meckes war natürlich aufgetaucht, zusammen mit Noah, und auch die gute Poppy stand mit ihren Shorts und dem bauchfreien Top frierend in der Abendluft. Klar, die durfte nicht fehlen.

»Je mehr Zylinder, desto schneller!«, behauptete Meckes.

Was für ein Quatsch, dachte ich. Du bist ja voll der Experte, Meckes, du hast keine Ahnung!

»Es ist eine Puch DS 50, Baujahr 1975, die wurde damals in Österreich gebaut, ein Ein-Zylinder-Zweitakter.« Edgar hatte mir natürlich alle technischen Daten genannt, und ich hatte sie mir gemerkt, weil ich wusste, dass so bescheuerte Fragen kommen würden, nicht von Oscar, aber von anderen Leuten. »Sie fährt fünfundvierzig Kilometer Höchstgeschwindigkeit, bergab und mit Rückenwind zweiundfünfzig!« Ich setzte mich auf meine geliebte Puch, holte sie mit einem Ruck vom Fußständer und kickte sie an. Satt und tief brummte sie gleich beim ersten Versuch los.

»Geil, wie die sich anhört!«

»Gib mal Gas!«

»Dreh doch mal 'ne Runde!«

»Nein! Ich hab was getrunken!«

Ich wollte schon in die Garage fahren, als ich ins Schwanken kam. Oscar hatte sich mit einem Satz hinter mich auf die Sitzbank geschmuggelt.

»Total schön«, flüsterte er mir ins Ohr.

»Was jetzt genau?« Ich drehte mich zu ihm um, erfreut über meinen frechen, flirtigen Ton.

»Du. Und die Puch.« Seine Arme schlangen sich von hinten um meine Taille, sein Kinn lag auf meiner Schulter, er stand mit seinen großen Füßen auf dem Boden und lehnte sich jetzt in die Kurven, als ob wir fuhren. »Das wäre jetzt so geil!«

»Morgen, okay? Dann darfst du sie fahren. Hast du einen Helm? Ich weiß nicht, ob dir meiner passt …«

»Erst morgen? Aber im Stand Gas geben darf ich doch mal!«

»Okay.« Ich seufzte und stieg vorsichtig ab, damit die Maschine bloß nicht umkippte. »Dann fahr sie rein.«

Oscar rutschte nach vorne und griff nach dem Lenker, er winkte mich mit dem Zeigefinger heran, als wollte er mir etwas zuflüstern, gab mir dann aber einen kleinen, verliebten Kuss auf die Wange. Ich jubelte innerlich, alle hatten es gesehen, auch Poppy!

Ich ging zu Jana, die von innen das Garagentor geöffnet hatte, und schaute mich um. An den Wänden standen Regale mit ordentlich beschrifteten Plastikkisten. *Bärte, Männer; Perücken, lang; Perücken, Echthaar; Kunstblut, andere Körperflüssigkeiten*. Janas Mutter war Maskenbildnerin, und wie man sah, war ihr Job echt interessant.

»Soll er sie hier an die Wand stellen? Da ist viel Platz«, sagte ich. »Tolle Party, Jana, ich bin so happy!« Ich umarmte sie von hinten, plötzlich voller Liebe. Für sie, für Oscar und einfach alle Menschen auf dieser Welt.

Jana wand sich aus meiner Umarmung und hielt mich in Armlänge von sich ab. Was hatte sie denn? »Guck mal raus! Er rollt rückwärts! Er ist schon auf der Straße!«

»Was?!«

Wir rannten aus der Garage, aber zu spät, Oscar fuhr mit meinem Moped bereits auf dem Fliederweg entlang.

»Oscar«, rief ich, und obwohl ich nur seinen Rücken sah, winkte ich ihm hektisch zu. »Mann! Komm sofort zurück!!!«

Doch er knallte den zweiten Gang rein und gab nur noch mehr Gas, schon war er am nächsten Haus und um die Kurve, außer Sicht. Ich ließ die Arme sinken. Was für eine Frechheit! Was fiel ihm ein, er sollte doch nur …

»Ist eben Oscar!«, sagte Noah mit einem Seitenblick auf mich. »Der macht, was er will!«

»Ich finde das Scheiße!« Jana stampfte mit dem Fuß auf. »Ey, der hat mindestens vier Bier getrunken, keinen Helm auf, und Licht hat er auch nicht an!«

»Ist doch noch 'n bisschen hell«, sagte Poppy, in ihrem typischen Was-regt-ihr-euch-denn-so-auf?-Ton. »Der kommt schon gleich wieder.«

»Das würde ich ihm auch raten!« Jana ballte die Fäuste. »Was für ein …!«

Sie benutzte ein schlimmes Schimpfwort, und ich schluckte. Jana sprach all das aus, was ich mich nicht zu sagen traute. Aber Oscar und ich waren jetzt ja auch zusammen, durfte ich da so richtig sauer auf ihn werden?

Ich war noch zu keinem Ergebnis gekommen, da hörte ich das typische Knattern, Gott sei Dank, er kam zurück! In der Dämmerung sah ich, wie er grinste, er war ziemlich schnell, doch dann bremste er ab und fuhr mit Schwung auf den Bürgersteig. Der Bordstein war an dieser Stelle zwar schon etwas abgesenkt, aber immer noch zu hoch, die Maschine machte einen kleinen Satz, Oscar erwischte die Kurve zur

Einfahrt nicht richtig, sondern geriet viel zu nah an das Betonhäuschen, in dem die Mülltonnen untergebracht waren. *Klirr!* Der Außenspiegel zersplitterte mit einem hellen Laut, ich hielt entsetzt die Luft an. Durch den Aufprall kam er aus dem Gleichgewicht, hätte die Maschine aber auf den nächsten drei Metern bis zum Garagentor noch sicher anhalten können, wenn da nicht der wunderschöne runde Findling im Weg gelegen hätte, auf den Janas Mutter so stolz war.

Es tat einen dumpfen Knall, und etwas knirschte fürchterlich. Der Stein stoppte die Puch am Vorderrad und am linken Windschild.

Meine schöne Puch!!! Irgendwas in meiner Brust tat mir weh und wurde ganz schwer, als ich auf sie zulief, der Motor erstarb. Oscar hielt sich den linken Arm, grinste jetzt nicht mehr. »Ey, ich bin an diese Scheißmauer gekommen!«

»Du bist mit der Maschine *überall* drangekommen!«, sagte Noah. Wir umringten ihn, er stieg stöhnend ab, während wir anderen das Moped festhielten und begutachteten.

»So ein Mist«, sagte Jana. »Guckt mal, hier vorne ist alles ganz eingedrückt.«

Das hellblaue, wunderschön gerundete Schutzblech des Vorderrades hatte eine fette Delle abbekommen, ebenso das linke Windschild für die Beine. Auch das Trittbrett, auf das man die Füße stellte, war kaputt. Der Außenspiegel war nicht mehr vorhanden, nur die Stange hing windschief herab. Mir stiegen die Tränen in die Augen.

»Sorry!« Oscar rieb sich immer noch den linken Arm, dann hörte er damit auf und umarmte mich ungelenk mit rechts. »Das war echt blöd von mir!«

Ach, echt? Am liebsten hätte ich ihn weggeschubst. Meine

schöne alte Dame, fast fünfzig Jahre war ihr nichts passiert, weil Edgar sie immer gepflegt und gut auf sie aufgepasst hatte, und nun, auf meiner ersten richtigen Fahrt, ließ ich sie mir von Oscar wegnehmen und zerstören?

»Ich schenk dir auch was Geiles zum Geburtstag, du hast doch bald!«

»Kannst ihr gleich die Reparatur zahlen!«, rief Meckes, der mal wieder viel zu dicht neben uns stand.

»Deine Sensibilität ist einmalig, Meckes«, sagte Jana. »Aber du hast recht.«

»Ach, das ist doch nur ein Ding, Dinge sind nicht wichtig im Leben«, meinte Poppy, zuckte mit den Schultern und verschwand im Haus.

»Kannst du mir verzeihen?«, fragte Oscar leise, er sah mich besorgt an.

»Na ja, ist ja wirklich nur ein Ding, das kriegen wir schon hin!«, sagte ich, während eine Stimme in mir »Nein, du Blödmann!« schrie.

»Hey, das reimt sich sogar!« Oscar lachte viel zu künstlich und viel zu laut. Ich roch den Alkohol in seinem Atem und fragte: »Du hast gar keinen Führerschein, oder?«

»Nö, den kann mir also auch keiner wegnehmen.« Wieder lachte er, doch ich wusste plötzlich, dass er Angst hatte vor dem, was ich als Nächstes sagen würde.

»Aber das mit der Reparatur übernehme ich natürlich. Hauptsache, du bist mir nicht mehr böse!« Er schaute mich mit einem traurig-bittenden Blick an, den ich bisher nur von Ringo Starr kannte. »Ey, du willst deswegen jetzt aber nicht sofort wieder Schluss machen, oder? Das wäre echt superschlimm für mich!«

Aha, dachte ich, auch in dem coolen Oscar steckt nur ein kleiner, unsicherer Junge, der von allen geliebt werden will. Oder ein guter Schauspieler? Keine Ahnung.

20. Kapitel

EIN DOPPELTER GEBURTSTAG

Die Tage vergingen, und plötzlich war der 17. August und mein Geburtstag. Meine Eltern versuchten, mir den Morgen so schön wie möglich zu machen, ich bekam wahnsinnsteure Kopfhörer mit Rauschunterdrückung, einen Gutschein für meinen Lieblingsklamottenladen, auf dem Tisch standen ein knallbunter Blumenstrauß und ein Kuchen mit sechzehn Kerzen, doch die Stimmung im Haus war immer noch gedämpft. Selbst auf der Toilette lagen Kataloge mit Sarg- und Urnenmodellen herum (Papa konnte sich nicht entscheiden), und dauernd rief jemand an, der von ihm oder Mama hören wollte, wie es passiert war. Die Beerdigung wurde geplant, heftig, an was man da alles denken musste! Und so kam es, dass ich kurz nach meinem Geburtstagsfrühstück mit meinem Vater am Esszimmertisch saß und ihm dabei half, die Adressen auf die Briefumschläge mit der Trauerkarte zu schreiben.

»Warum sind das so viele«, fragte ich ihn, »und diese Frau Doktor Siegel, Frau Doktor Breitenbach, und so weiter, wo kommen die Doktorinnen denn alle her?«

»Dein Opa Edgar war auch ein Doktor, ein Doktor *rer. nat*, das heißt *der Naturwissenschaften*, und er ist mal ziemlich berühmt gewesen.«

»Echt?« Das hatte ich nicht gewusst.

»Er hat an der Uni Göttingen studiert und unterrichtet, sein Institut für Genetik hat einige Preise geholt und bahnbrechende Erkenntnisse in der DNA-Forschung hervorgebracht. Natürlich nicht er allein, er hatte einen großen Kreis von Mitarbeitern und Kollegen, die ihn bewunderten. Und die wollen jetzt alle kommen!«

»Ach so, dann handeln die tausend Bücher, die oben bei ihm stehen, alle von der DNA und Bio und so?«

»Nein. Im Ruhestand hat er sich nicht mehr viel mit dem Thema befasst, sondern angefangen, die großen Literaturklassiker zu lesen und zu sammeln, ich glaube, er hat sogar eigene Gedichte geschrieben.« Papa seufzte. »Schade, dass du ihn nicht besser kennengelernt hast! Irgendwann hättet ihr euch bestimmt gut verstanden.«

Gut verstanden?! Wohl kaum. Er hat mir Ringo Starr nur total ungern anvertraut, dachte ich. Und damit hatte er ja auch recht …

»Er war cool!« Ich wollte Papa etwas Schönes über seinen Vater sagen. »Allein die vielen Instrumente, die er gebaut und gesammelt hat. Und den Druck von Ringo hat er aufgehängt, das war schon *nice*!«

Ich beschloss, irgendwann hochzugehen und mir den Rahmen anzuschauen und die Mandolinen, Gitarren und sogar Ukulelen. Ich erinnerte mich nicht mehr, was da genau an der Wand hing, aber durch Leo konnte ich die Instrumente jetzt vermutlich sogar unterscheiden. Ach, Leo! Ich griff nach dem nächsten Umschlag mit schwarzem Trauerrand und steckte eine Karte hinein. Ich bin so eine Vollidiotin!

Jana war keine Vollidiotin, sondern die weltbeste Freundin, sie brachte mir einen selbst gebackenen Kuchen mit und schenkte mir eine Halskette mit einem wunderschönen Amethyst-Anhänger. »Herzlichen Glückwunsch, du Allerliebste, und heute Abend gibt's 'ne Überraschungsparty bei mir!«

»Was?!« Ich schaute sie verwirrt an, aber sie grinste nur.

»Meinst du das ernst?« Meine Mundwinkel verzogen sich automatisch nach unten. »Und wenn du es mir jetzt schon sagst, ist es doch keine Überraschung mehr!«

»Hast du etwa keine Lust auf eine Party?« Jana hob verwundert die Hände.

»*Pfff.* Absolut nicht!«

»Ich auch nicht, keine Angst! Die fällt aus.«

»Oh, du blöde Kuh!« Wir fielen uns lachend in die Arme. Es war schön, in diesem Haus mal wieder solche Töne zu hören.

Oscar war bei Janas Party zwar ein ziemlicher Idiot gewesen, doch gleichzeitig auch so süß (das mit dem Tanzen war noch schöner als das mit dem Küssen), deswegen hatte ich ihm verziehen. In den letzten zwei Tagen hatte er mir ganz oft geschrieben, wir hatten uns im Bode-Park und eigentlich überall geküsst und nun, an meinem Geburtstag, wollte er unbedingt mein Zimmer sehen und mit raufkommen, um sich bei Opa Edgar zu entschuldigen. Sogar einen grünen Hundert-Euro-Schein hatte er außer einer Rose und einem winzigen Geschenkpaket mitgebracht.

»Anzahlung für die Reparatur!« Heimlich, so dass Edgar es nicht sah, küsste er mich. Seine Küsse waren ein bisschen besser geworden, seine Zunge verdrängte meine nicht mehr, sondern ließ ihr tatsächlich etwas Platz.

Edgar sagte nicht viel, außer einem dürren: »Das alles tat wahrlich nicht not.« Und: »Schade um die Maschine.« Er gab vor, mit seinen Büchern beschäftigt zu sein, doch ich merkte, dass er einfach nicht mit Oscar reden wollte. Mist, dachte ich, ich will, dass er Oscar mag. Aber das ist vielleicht zu viel verlangt.

»Wow, sieht cool bei dir aus!« In meinem Zimmer sah Oscar sich flüchtig die Bücher im Regal an, warf sich dann aufs Bett und schaute mir dabei zu, wie ich sein Geschenk aufmachte. Es war eine silberne Halskette mit einem Ring daran, der höchstens auf meinen kleinen Finger gepasst hätte. Auch Jana hatte mir eine Kette mit einen wunderschönen Amethyst-Anhänger geschenkt, doch das sagte ich Oscar natürlich nicht, sondern ließ mir die Kette von ihm gleich umhängen. Ein Ring?! Und sei er auch noch so klein? War das ein Versprechen?

Oscar zog mich aufs Bett, und nach ein bisschen Knutscherei und herumwandernden Händen legte er sich auf mich. Ich mochte seine Hände, und ich mochte sein Gewicht auf meinem Körper. Ich wusste nicht mehr, wann er sein T-Shirt ausgezogen hatte, doch er drängte mich nicht, meins auch auszuziehen, sondern schob sich mit seinen Fingern nur immer weiter in Richtung meines BH und versuchte, ihn hinten aufzuhaken, aber vergeblich … Wir lachten beide darüber, und dann mussten wir los, zu dem Termin in der Werkstatt.

Es war ein blödes Gefühl, ohne Seitenspiegel zu fahren, es war sogar verboten, aber die zehn Minuten zur Werkstatt riskierte ich. Oscar saß groß und lang hinter mir, meine schöne alte Puch tat mir leid, irgendwas am Vorderrad schleifte immer noch, obwohl wir das Blech vom Reifen weggebogen hatten.

Der Typ in der Werkstatt nahm den Hunderter, hielt ihn gegen das Licht und grummelte vor sich hin: »Damit kommen wir aber nicht weit …«

Oscar stieß mich leicht an und verdrehte die Augen. »Na ja, sie fährt ja noch«, sagte er.

Doch der Typ ging nicht darauf ein. »Für den Herrn Lilienthal machen wir das natürlich ordentlich. Das Schutzblech können wir vorsichtig ausbeulen, aber der Schaden am Windschild und der Fußplatte ist zu groß, das würde man immer sehen. Ob wir dafür Ersatzteile bekommen, ist fraglich. Müssen wir recherchieren, und das kann dauern! Den Seitenspiegel bestellen wir auch, versuchen wir auf dem Gebrauchtmarkt. Vielleicht bekommen wir einen aus demselben Baujahr.«

Ich biss die Zähne zusammen. Was das kosten würde …

Oscar winkte lässig ab. »Bezahle ich dir, klar! Die Werkstatt soll ruhig alles auf die Rechnung setzen. Ich hab jetzt einen Job. Also bald.«

»Ja? Was denn für einen?« Mit leichtem Schauder dachte ich an die Tierarztrechnung, die ich noch bezahlen musste.

Bis jetzt waren Mum und Papa noch nicht wieder darauf zurückgekommen. Hatten wahrscheinlich ein schlechtes Gewissen, weil sie sich trennen wollten.

»Ist was mit Kaufen und Verkaufen und so. Vielleicht kannst du mir auch irgendwann mal dabei helfen, wäre cool!«

»Ja klar, gerne!«

Wir verließen die Werkstatt und fuhren mit der Bahn zurück. Oscar saß neben mir und legte den Arm um mich. »Ich muss gleich noch mal weg, aber willst du heute Abend bei mir pennen? Wir zwei könnten ein bisschen feiern und so.«

Ich zögerte. Es war mein Geburtstag, es war warm, ein Tag, wie gemacht für den See, und er musste jetzt weg?

»Alleine feiern? Ohne Meckes und Noah und irgendwelche Mädels?«

»Absolut allein, versprochen! Meine Eltern sind nicht zu Hause. Aber keine Angst, du kannst auch in unserem Gästezimmer pennen.«

Seine Haltestelle kam, er stand auf. »Sag mir Bescheid, dann bereite ich alles vor!« Er küsste mich auf den Mund und stieg aus. Ich schaute ihm nach, doch er guckte sich nicht noch mal um, sondern hob nur die Hand. Ich grinste. *Pfff.* Eigentlich ziemlich arrogant, anzunehmen, dass ich ihm hinterherschaute … Eine warme Woge überschwemmte mein Herz, ich hatte Geburtstag, ich war sechzehn, und da vorne lief mein erster fester Freund! Und vielleicht würde ich heute Abend …

Obwohl ich wusste, dass sie ihn nach dem Vorfall mit der Puch nicht mehr besonders toll fand, textete ich an Jana:

Hilfe! Oscar hat heute Abend sturmfrei und hat mich eingeladen.

Ach, nee, Netflix und chill?

Nee, glaube nicht, bisschen feiern und dann dort pennen.

Läuft auf dasselbe raus, oder? Gehst du hin?

Keine Ahnung. Oscar ist schon *cute*! Er hat mir einen Ring geschenkt und die Puch mit mir in die Werkstatt gebracht. Stell dir vor, er hat extra einen Job angenommen, um alles bezahlen zu können!

Das würde ich ihm auch schwer raten!
Brauchst du ein Alibi?

Meinen Eltern ist zurzeit sowieso egal, was ich mache. Aber ja klar! Bei dir schlafen wäre gut.

Musst du wissen, ob du jetzt schon da übernachten willst. ES soll was Besonderes werden!

Ich wusste, was Jana mit dem großgeschriebenen ES meinte. Das erste Mal!

ES *wird* was Besonderes, ganz sicher! Und mit sechzehn ist es doch nicht zu früh, oder? Du warst erst fünfzehn, Bitch!

Ich setzte einen tränenlachenden Smiley dahinter, damit sie das letzte Wort bloß nicht missverstand.

Es ist immer zu früh, wenn es zu früh ist.

Was ist das denn für ein Spruch?

Du weißt schon, wenn ihr noch nicht wirklich vertraut miteinander seid und du noch nicht viel von ihm weißt. Man kommt sich dabei so nah, das ist manchmal fast schon zu heftig, verstehst du?

Ich überlegte, und hatte plötzlich ein komisches Kribbeln im Bauch, wie vor einer Klassenarbeit. Wollte ich Oscar so nahekommen? War ich körperlich so weit? Beim Knutschen hatte ich schon manchmal gemerkt, wie erregt er war und dass in seiner Hose was hart wurde, und als er heute auf mir lag, natürlich auch, aber mehr Gedanken wollte ich mir darüber auch nicht machen.

Da meldete Jana sich wieder:

Hallo?! Wollte eigentlich fragen, ob wir zum See fahren.

Ja, wäre schön, aber ich bin so nervös, muss mich jetzt erst mal auf den Abend vorbereiten.

Dann viel Spaß bei deiner Privatparty! Und mach nichts, was du nicht willst!

Ich seufzte. Ich war mir gar nicht mehr sicher, was ich wollte.

Statt eine ungewollte Party vorzubereiten, fuhren wir mit den Rädern zum See, schwammen, sonnten uns, aßen Kuchen, und ich durfte meiner Freundin in aller Ausführlichkeit von Rom und Leo erzählen.

»Also ist eure wunderschöne Lovestory nur durch diesen beknackten Oscar kaputtgegangen?« Jana drehte sich auf den Bauch und setzte ihre Kappe wieder auf. »Dem müsste man eigentlich noch mal sagen, wie scheiße sein Verhalten war, wenn er wieder da ist!«

Ich nickte. »Ja, das hätte er verdient! Aber es war nicht nur er. Es war auch ich selber. Ich wollte Oscar zeigen, dass ich nicht mehr interessiert bin, und habe Leo deswegen diese kleine Lügenstory aufgetischt, obwohl ich wusste, dass er da echt empfindlich ist. Hat er mir ja vorher selbst gesagt. Wie dumm war das denn von mir?«

»Dumm, was Leo angeht. Und total unnötig vor Oscar.«

»Völlig!« Ich ließ Sand durch meine Finger rieseln.

♥

Jana fuhr zwischendurch nach Hause, am Abend wollten wir uns wieder treffen. Übernachtungsgeburtstag, aber nicht bei mir. Dafür war die Stimmung im Haus einfach zu gedämpft. Mum verstand, sie drückte mich und sagte: »Dieses Jahr ist es eben so. Dein Vater ist immer noch so traurig, er war noch nicht wieder oben, er sagt, er könne den Anblick der leeren Edgar-losen Räume und der kaputten Mandoline nicht ertragen. Das ist ausgerechnet die Mandoline, die seiner Mutter, also der Oma Ingrid, gehört hat. Die erste in Edgars Sammlung, dazu noch von ihm selbst gebaut!« Mama seufzte. »Das Foto von dem gedruckten Ringo im Rahmen habe *ich* mit seinem Handy gemacht, damit er es dir nach Rom schicken konnte. Die benötigten Papiere für das Bestattungsinstitut habe *ich* herausgesucht … na ja, er zeigt es nicht so, aber das alles hat ihn sehr mitgenommen, und ihr Mädels wollt doch auch ein bisschen rumalbern und kichern.«

»Wollen wir gar nicht immer«, sagte ich viel bissiger als geplant, weil ich wieder an meinen Kummer mit Leo denken musste. Doch für den konnte Mum ja nun wirklich nichts, nur ich selbst. »Aber, sorry, ich weiß, was du meinst«, fügte ich versöhnlich hinzu.

»Danke!« Mum lächelte mich an.

»Wofür? Dass ich bei Jana schlafe?«

»Dass du weißt, was ich meine, und das auch sagst!«

♥

Durch Mums Kommentar über meinen Vater war ich neugierig geworden und ging nach oben in die zweite Etage. Dort stand ich lange vor den vielen Büchern, in die jetzt keiner mehr reinschaute, und sah mir die Instrumente an der Wand an: Mandolinen, Gitarren und sogar Ukulelen.

Ach, Leo!

Beim Anblick der Mandolinentrümmer zuckte ich zusammen, sie lagen ordentlich aufeinandergeschichtet auf einem der Sessel. Ich hatte meine Oma kaum gekannt, sie war gestorben, als ich fünf war. Aber sie hatte mir manchmal morgens vorgesungen, und dabei durfte ich ihre langen schneeweißen Haare kämmen, bevor sie sie zu einem Knoten zusammenfasste. Wie eine singende Fee war sie mir da immer vorgekommen.

Der Hals des Instruments war abgebrochen, der runde Klangkörper zersplittert. Vielleicht konnte man sie ja reparieren? Ich setzte mich in den zweiten Sessel und holte mein Handy hervor. Wie hieß der Laden in Düsseldorf, den Leo erwähnt hatte? *»Dusseldörf«*, flüsterte ich vor mich hin. Es tat weh, dieses *Dusseldörf.* Ich googelte *Mandolinen Laden Düsseldorf* und bekam sofort *La Mandolina* angezeigt. Das war er!

Ich schaute auf die zerstörte Mandoline. Sollte ich dort hinfahren und sie reparieren lassen? Ich würde es für Papa tun. Ob er dadurch ein bisschen glücklicher wurde? Vermutlich nicht, aber wir konnten das Instrument dann wieder an die Wand, an den fehlenden Nagel, hängen. Und Oma Ingrid feiern und Opa Edgar sowieso.

Weil ich noch Zeit hatte, bis ich zu Jana fuhr, scrollte ich ein bisschen auf Insta herum. Meine Freunde waren beinahe alle auf Snapchat, aber Ole war auf Insta, Zazie auch. Ich schaute auf Oles Account nach, was er so tat. Ach, guck mal, dachte ich, er ist schon wieder in Dänemark und fotografiert sein Sandwich mit Hering in der *Rist Kaffebar* und den Blick aus seiner Kopenhagener Wohnung.

Die Einträge davor waren alle noch aus Rom. Bilder aus Testaccio, der Tevere, die Brücken, fünf verrückte Rollerfahrer an einer Ampel … Oh, und da war auch der Innenhof mit unserer Sprachschule … Es machte mich traurig.

Und Zazie? Was tat die? Sie war nicht mehr meine Freundin, aber ihr Konto war ja öffentlich. Auch sie schien wieder in Deutschland zu sein. Rom, Rom, Rom, alles aus der letzten Zeit drehte sich bei ihr um Rom. Der beste *caffè* am Morgen, der beste Sprachkurs, *oh no*, sie hatte sogar Signora Carnevale fotografiert, ich hörte ihr *»Silenzio!«*, und mein Herz schrumpfte immer mehr zusammen, warum sah ich mir das alles an? Doch ich musste weiter scrollen. Schließlich war ich wieder oben angekommen. *Ritornata a casa* … klar, sie schrieb jetzt alles auf Italienisch, aber dann doch noch mal auf Deutsch: *Wieder zurück in »Dusseldörf«!*

Wie bitte! Was stand da? Doch, ich hatte richtig gelesen. Sie benutzte das Wort, das auch Leo immer gesagt hatte.

Beruhig dich, sagte ich mir, vielleicht haben sie in den letzten Tagen noch miteinander geredet, und ihr haben die verdrehten Buchstaben einfach nur gefallen. Doch irgendwas in mir wurde misstrauisch, und ich checkte die Fotos von ihrer Wohnung genauer. Ich sah die Katze auf dem Küchentisch vor der knallgelben Wand, okay, der Mitbewohner hatte also seine Arbeit getan, Frau Müller hatte überlebt. Dann Zazies Balkon, hier sah es schon schlechter aus, die drei Tomatenpflänzchen waren vertrocknet. Aber dort …! Ich traute meinen Augen nicht. Da lagen sie. Seine Schuhe! Die komischen Sandalen aus *Asterix und Obelix*, die es nirgendwo zu kaufen gab, ragten unter dem Liegestuhl hervor, der halb auf dem Balkonfoto zu sehen war. Ein klagender Laut kam aus meinem Mund. Leo war in Düsseldorf. Bei ihr!!!

Natürlich fuhr ich zu Oscar. Es war eine Einladung von ihm! Ich kann auch jederzeit wieder gehen, sagte ich mir, und mit dem Fahrrad zu Jana fahren, das ist ja nicht weit, nur zehn Minuten. Wir saßen in der Küche und tranken Bier. Obwohl mir Bier ja nicht schmeckte. Zitronenlimo zum Mixen hatte er nicht da. Er hatte sowieso nicht viel da. Hatte er nicht etwas vorbereiten wollen? Mein Herz klopfte dennoch ganz bescheuert schnell, als ich mich umschaute und so tat, als ob mich das große Haus und die riesige, weiße Küche interessierten.

»Gehen wir hoch? Du kennst mein Zimmer noch gar nicht«, gab er zur Antwort, als ich nach Chips fragte.

Ich presste die Lippen zusammen. Wenn ich jetzt mitging, musste ich dann weitermachen? Mit was auch immer?

Du musst gar nichts, sagte ich mir und ließ meine halbvolle Bierflasche auf dem Tisch stehen. Er soll sich Mühe geben und nett und *cute* sein.

Wenn er sich *keine* Mühe gibt, dann war's das.

Sein Zimmer war doppelt so groß wie meins, alles war hier doppelt so groß wie bei mir zu Hause. Auch sein Bett. Da passten mindestens drei Leute rein. An der Wand hingen gerahmte Schwarz-Weiß-Fotos vom Parkour. Die Personen darauf waren mit langer Belichtungszeit fotografiert, sehr verwischt und künstlerisch. War *er* das etwa? Ich fragte nicht, sondern beobachtete Oscar, der die Jalousien leise summend herunterließ.

»Zu hell«, sagte er. »Immer dieses grelle Licht.«

Ich lächelte, obwohl mir gar nicht danach zumute war. Müsste er jetzt nicht sagen, dass er mich liebt, oder wenigstens, dass er mich mag und nur mich will und immer an mich denkt?

Wir sahen einen Film auf Netflix, den ich viel zu brutal fand, doch ich lag in Oscars Armen, sein Laptop auf seinem Bauch, und fühlte mich wohl. Manchmal musste ich den Kopf an seiner Schulter verstecken, und dann drückte er mich, das war schön.

Als der Film zu Ende war, stand Oscar auf und trank sein Bier in einem Zug aus. Ich stand auch auf, denn ich wollte nicht ohne ihn auf dem Bett herumliegen. Verlegen schaute ich die Parkourfotos an den Wänden noch mal an. Und jetzt?

Plötzlich zog Oscar sein T-Shirt über den Kopf, kam zu mir und umarmte mich mit seinem nackten Oberkörper. Meine Knie wurden weich. Das hatte ich mir doch immer gewünscht, oder? Wir fingen an, uns zu küssen, und ich streichelte mit meinen Händen an seinem Rücken herab. Seine Haut war weich, nur auf den Schultern hatte er ein paar hubbelige Stellen, höchstwahrscheinlich Pickel, die ließ ich beim nächsten Mal aus. Auf einmal wollte ich ihn. Wollte sehr, sehr nah bei ihm sein.

Ich wurde richtig heiß und presste mich an ihn. Wir fielen

rückwärts wieder aufs Bett und machten dort weiter. Doch Oscars Hände waren hektisch, sie waren auch ein bisschen feucht und blieben überall auf meiner Haut hängen, wie zwei große quietschende Radiergummis. Jetzt schob er sie unter meinen BH und berührte meine Brüste. Wow, er war der erste Mensch, der mich an dieser Stelle berühren durfte! Wusste er das? Sollte ich es ihm sagen? Und wollte ich überhaupt, dass er weiter daran herumknetete? Etwas zu fest, fand ich.

Mach nichts, was du nicht möchtest, hörte ich Jana in meinen Ohren. Doch. Das hier wollte ich. Glaubte ich. Also schon. Oder nicht?

21. Kapitel

EXPERIMENTE

Wir machten also weiter. Irgendwann hatte ich nur noch meinen Slip an. Beinahe wünschte ich mir, dass jemand reinkam und uns störte, aber das passierte nicht. Oscar hatte ja gesagt, es sei niemand da. Die ganze Nacht nicht.

Ich konnte trotzdem gehen. Natürlich konnte ich das! Aber ich tat es nicht, sondern wartete immer noch, dass Oscar etwas Zärtliches, Einmaliges zu mir sagte. Doch er stöhnte nur und drückte und streichelte an mir herum. Und wurde immer aufgeregter. Irgendwann hatte er dann eine rote Kondompackung in der Hand und riss sie auf. Aha? Er hatte keine Chips besorgen können, aber was zur Verhütung schon?

Ich wollte ihm nicht dabei helfen, ich wollte ihn nicht anfassen. Ich wollte gehen, doch es war, als ob ich einem fremden Mädchen dabei zuschaute, nicht zu gehen. Dem Mädchen dabei zuschaute, sich küssen zu lassen, ihm dabei zuschaute, mit einem Jungen zu schlafen.

Es tat nicht besonders weh, aber es war auch nicht besonders toll. Innerhalb von wenigen Minuten war alles vorbei. Ich hatte währenddessen nur auf die silberne, zeppelinartige Lampe an der Decke geschaut. Diese Zeppelinlampe würde ich nie vergessen. Den Rest hoffentlich schon.

Und Oscar? Anstatt mich in den Arm zu nehmen, lachte er und warf das zugeknotete Kondom mitten in den Raum, er hörte gar nicht mehr wieder auf mit seinem blöden Lachen. Irgendwann reichte es mir, und ich floh aus dem Bett.

»Wo willst du hin?«, fragte er, als ich meine Sachen zusammensuchte.

»Weg«, sagte ich, während ich mit einem großen Schritt über die ekelige Kondomtüte stieg.

»Nee, komm, bleib doch.«

Ich schüttelte nur den Kopf. Das hier war alles so unnötig, so völlig unnötig!

»Aber morgen ist Samstag, da hole ich dich ab, und wir gehen in das Geschäft von meinem Kumpel, da gibt es tolle Sachen, die musst du dir unbedingt anschauen!«

»Meinetwegen«, sagte ich, um meine Ruhe zu haben. »Ich finde allein raus.«

♥

Auf dem Rückweg heulte ich ein bisschen und trat in die Pedale, bis meine Oberschenkelmuskulatur brannte. Ich war sauer auf mich und fühlte mich leer. Zu Jana wollte ich nicht gehen, nach Hause eigentlich auch nicht, aber wo sollte ich sonst hin, wenn nicht in mein eigenes Zimmer? Als ich vor unserem Glas-Beton-Würfel-Haus stand, war alles dunkel, nur bei Edgar brannte noch Licht. Dabei war es schon nach zwölf. Ich schloss auf und schlich die beiden Stockwerke zu ihm hoch. Leise klopfte ich an seiner Wohnungstür, viel zu leise? Doch ich hörte einen erfreuten, kleinen Kläfflaut von Ringo, und schon machte Edgar mir auf. Mein Lieblingshund begrüßte mich schwanzwedelnd.

»Was führt dich zu mir, meine werte Enkelin?«

Ich umarmte Edgar vorsichtig, der Verband prangte immer noch auf seiner Nase, die Haut drumherum sah schlimm aus. Ganz grün und gelb. »Du bist mir nicht böse?«

»Habe ich doch schon gesagt, Hauptsache, dir ist nichts passiert!«

»Ich hätte besser auf die alte Dame aufpassen müssen!«

»Weil du einem jungen Mann vertraut hast, der sie *nur in die Garage* fahren sollte?«

»Ach, Edgar! Danke, dass du so …«

»*So* was?«

»So *bist*!« Nach meinem Bericht, was an dem Abend passiert war, hatte er nur genickt. Doch jetzt stellte sich heraus, er hatte genau zugehört!

»Schon gut. Ist es nicht Zeit, schlafen zu gehen?« Wir standen immer noch im Flur.

»Ich will nicht in mein Zimmer, offiziell übernachte ich bei Jana, aber kann ich auf deinem Sofa pennen?«

»Komm rein, ich lese gerade Ringelnatz-Gedichte, da könnte etwas für dich und deine jetzige Stimmung dabei sein.«

»Wie ist denn meine jetzige Stimmung?«

»Konfus. Verwirrt, vielleicht auch enttäuscht über irgendetwas?«

»Oh.« Das hätte ich nie so zusammenfassen können, aber es stimmte genau.

Dette und Amalia kamen angereist, wir umarmten uns innig, redeten aber kaum mehr über Rom, denn am nächsten Tag war die Beerdigung. Ich hatte mir den Tag herbeigewünscht, denn danach würde Papa vielleicht nicht mehr ganz so traurig sein. Gleichzeitig hatte ich Angst vor dieser Veranstaltung. Ich wusste nicht, wie man sich bei so was benimmt, bei meiner Oma war ich noch zu klein gewesen, ich glaube, da hatten sie mich bei Sophia und Paula, meinen Zwillingsfreundinnen, abgegeben. Mama konnte ich nicht fragen, die wuselte nur herum und versuchte, noch irgendwas mit dem Blumenschmuck zu organisieren, der nicht richtig angeliefert worden war. Ich wollte am liebsten auf den Boden schauen und so tun, als ob ich nicht da wäre, aber das wäre Papa gegenüber nicht nett gewesen. Also blieb ich dicht neben ihm, weil ich glaubte, dass er das brauchte, und gab allen Leuten, die ich nicht kannte, die Hand und nickte, wenn sie »Mein herzliches Beileid« murmelten.

In der Trauerhalle roch es schwer nach Blumen. Die Urne stand vorne, zwischen dem, was angeblich Opa Edgars Lieblingsblumen gewesen waren, und ein Foto von ihm lehnte auf einer kleinen Staffelei. Er sah darauf so freundlich und lebendig aus. Ich schaute mich kurz um. Viele Leute in Schwarz saßen hinter uns, alle Stühle waren besetzt, der Rest musste stehen. Papa anzugucken, traute ich mich nicht, dem liefen die Tränen schon über das Gesicht, obwohl die Musik noch gar nicht angefangen hatte.

Als die getragenen Töne über die Lautsprecher kamen, war es auch bei mir zu spät. Ich fing an zu weinen und konnte … und konnte … und konnte nicht mehr aufhören.

Mir fiel ein, was in Rom alles schiefgelaufen war, und ich tat mir selbst so leid und fühlte mein Verliebtsein in Leo plötzlich wieder so dermaßen heftig, dass ich zwei Papiertaschentücher durchweinte. Und nun war er auch noch bei Zazie! Was machten die zusammen? Waren sie jetzt etwa … Nein! Doch, bestimmt! In meinem Kopf reihten sich Bilder aneinander, die mir deutlich zeigten, wie gut sie sich verstanden. Beinahe hätte ich laut aufgeschrien.

Meine eigene Diashow wurde jetzt von einer anderen abgelöst, die im realen Leben, in der Trauerhalle stattfand: Bilder von Edgar, auf denen ich natürlich auch drauf war, eine kleine Emma, die auf seinem Arm rumturnte, später wurden die Fotos mit mir weniger. Wieder bäumte sich eine Woge von Schmerz in mir auf. Warum hatte ich ihn eigentlich nie richtig kennengelernt? Wer war ich? Warum hatte ich mit Menschen so wenig Kontakt, auch wenn sie in meinem Haus wohnten?

Meine Tränen liefen, und ich verstand mich selbst nicht mehr. Der Tag war wirklich Horror.

Als wir dann langsam hinter dem Wägelchen mit der Urne und dem Blumenschmuck hergingen, fasste ich einen Entschluss: Ich musste versuchen, etwas zu tun, damit es Papa besser ging.

Auch in den nächsten Tagen würde ich ihm bei allem helfen, was noch zu tun war, mich zu ihm setzen, mich mit ihm unterhalten. Wenn er das nicht wollte, könnte er es immer noch sagen. Schnell nahm ich seine Hand und drückte sie kurz, er lächelte mir zu. Sein Gesicht sah furchtbar aus, so verweint, doch meins war bestimmt in keinem besseren Zustand.

Und noch eine Sache fiel mir ein: Ich würde Omas Mandoline, die leider so unglücklich unter Edgar gelandet war, nun wirklich reparieren lassen. Vielleicht machte Papa das ein bisschen froher, könnte doch sein, oder?

Am nächsten Morgen wachte ich auf einem Sofa unter einer Wolldecke auf. Einen Moment lang wusste ich nicht, wo ich war, dann fiel mir alles wieder ein. Der blöde Abend mit Oscar und meine anschließende Flucht aus seinem Bett, nach dem, was eigentlich mein romantisches, wunderschönes erstes Mal hatte werden sollen. Wieder hörte ich sein albernes Lachen und krümmte mich vor Scham unter der Decke zusammen. Ich wollte diesen Tag nicht beginnen, nein danke, doch nach ein paar Minuten streckte ich mich. OMG, ich hatte Muskelkater und einen miesen Geschmack im Mund, mein Nacken war verspannt, und alles tat mir weh.

Ich wankte in meinen Kleidern in die Küche, aus der es nach Tee und Toast duftete. »Danke, dass ich hierbleiben durfte.« Ich lehnte mich an den Türrahmen.

»Kein Frühstück?« Edgar schien enttäuscht. Auf dem Tisch war für zwei gedeckt.

»Ich muss unbedingt duschen, und die da unten im ersten Stock sollen nicht wissen, was passiert ist. Also, es ist ja nichts passiert, was ich nicht wollte, aber du weißt schon …«

Ich hatte Edgar nicht viel erzählt, nur dass es um den Ort einer Übernachtung gegangen war, an dem ich nicht hatte bleiben wollen.

»In Ordnung.« Er schaute mich ruhig an. Nicht auffordernd, nicht neugierig.

»Ach, Mist!« Ich machte einen Schritt in die Küche und setzte mich jetzt doch. Wortlos goss Edgar Tee ein und schob mir den geblümten Becher rüber. Ein Monstrum, das ich in der fünften Klasse getöpfert hatte. Ich wusste gar nicht, dass es hier oben bei ihm gelandet war und dass er es benutzte. Dankbar nahm ich den Toast, den er frisch und heiß auf meinen Teller legte, und schmierte Butter darauf. Wir aßen schweigend, doch irgendwann hielt ich es nicht mehr aus. »Hast du schon manchmal Situationen gehabt, in denen du dachtest: *Oh Mann, hätte ich das bloß nicht gemacht!* Also, wo du voll falsche Entscheidungen getroffen hast?«

Er nickte. »Aber auch diese vermeintlich falschen Entscheidungen waren wichtig, denn sie haben in mir ja eine Erkenntnis bewirkt und mich die Dinge danach anders machen lassen.«

Ich drehte meinen angebissenen Toast auf dem Teller. *Eine Erkenntnis bewirkt?* Hatte irgendein Vorfall in der Vergangenheit in mir schon mal *eine Erkenntnis bewirkt*? Die Erfahrung mit Oscar war mies gewesen, doch wie sollte ich jetzt handeln? Mein Kopf war nicht fähig, zu denken, und ich wusste nicht mehr als zuvor.

»Hinschauen. Ehrlich sein.« Edgar nickte vor sich hin. »Bei einem wissenschaftlichen Versuch, der schiefläuft, ist es nicht schlau, ihn wieder und wieder mit genau dem gleichen Aufbau und Ablauf durchzuführen. Damit ein anderes Ergebnis herauskommt, muss ich etwas verändern!«

»Aha«, sagte ich, denn so langsam dämmerte es mir. Ich musste meine Oscar-Versuchsreihe anders aufbauen.

Jetzt schaute mein Opa mich an. Sein Bart war weiß und stoppelig, der Verband auf seiner Nase saß schief, auch er sah etwas übernächtigt aus. »Ja. Daran habe ich mich immer gehalten. Und darum gab es auch nur zwei Tage in meinem Leben, mit denen ich nichts anfangen konnte.«

»Nur zwei?! Wow, das ist wenig!« Ich fragte mich, was das wohl für besondere Tage gewesen sein konnten … doch dann sah ich, dass mein Opa verschmitzt lächelte.

»Und zwar der Tag, der gestern war, und der, der morgen ist.«

»Ach so …« Ich schlug mir leicht vor den Kopf.

»Dieser Spruch ist nicht auf meinem Mist gewachsen.« Er rührte in seiner Tasse.

»Aber trotzdem gut!« Ich verschlang den Rest meines Toasts und trank den Tee aus, denn es ging mir schon viel besser. »Ich glaube, bald wird es Zeit für ein eigenes Gedicht!«, sagte ich im Hinausgehen.

Als ich dann frisch geduscht und im Bademantel auf meinem Bett saß, kam die Frage von Jana, wie meine Nacht gelaufen war.

Habe nichts mehr von dir gehört, gestern … War's schön, oder war's sehr schön?

Was sollte ich schreiben? Was hatte Edgar gesagt: Hinschauen, ehrlich sein.

Nicht so toll. Ich weiß nicht, ob ich ihn überhaupt noch mal treffen will.

Oh. So schlecht? Ich will Details hören!

Im Moment hatte ich weder große Lust, meine Oscar-Versuchsreihe zu beschreiben, noch, sie anders aufzubauen, doch in der nächsten Sekunde kam eine Nachricht von Oscar:

Hey, *bella ragazza*, so nannten die Italiener im Paradiso dich doch immer, weißt du noch? Echt schade, dass du gestern gegangen bist ... Ich fand's schön mit dir. Will heute zu diesem Freund, der den Laden hat, kommst du mit? Das würde dir gefallen, wir könnten mit den Rädern hin, wäre cool, wenn du deinen Anhänger dabeihättest, ich muss nämlich was Großes transportieren. Überraschung! Soll ich dich abholen? In einer Stunde?

Und nun? Sollte ich ihm absagen? Ich seufzte. Damit ein anderes Ergebnis herauskommt, musste ich etwas verändern, hatte Edgar behauptet.

»Eine einzige Chance gebe ich dir noch«, murmelte ich leise. »Ich höre mir genau an, was du sagst, schaue hin, wie du mich behandelst, und wehe, das gefällt mir nicht, dann war's das, Oscar. Dann werden meine Erkenntnisse endlich etwas bewirken!«

Ich musste grinsen. Mit einem Sprung war ich vor meinem Kleiderschrank. Was sollte ich anziehen, wenn Oscar in einer Stunde kam?

♥

Er klingelte pünktlich, blieb aber unten vor der Tür bei seinem Fahrrad stehen. Er trug einen flachen Strohhut, den ich noch nie an ihm gesehen hatte. Mein Herz klopfte aufgeregt, nach dieser Nacht war es komisch, ihm wieder zu begegnen. Ich wollte es zwar nicht, doch ich musste immer an seinen nackten Körper denken, als ich auf ihn zuging, und schämte mich gleichzeitig für meinen eigenen.

Er umarmte mich, während meine Arme schlapp herunterhingen, doch ich ließ mich von ihm küssen. Jana hatte recht behalten, ich war ihm viel zu nahe gekommen, ohne dafür wirklich bereit gewesen zu sein, es fühlte sich wirklich nicht besonders toll an.

Würden diese Gefühle jetzt für immer so bleiben?

Ich holte den Anhänger aus der Garage und befestigte ihn mit wenigen Handgriffen an meinem Fahrrad. Mein Vater hatte das Ding gekauft, um auch für größere Einkäufe nicht das Auto benutzen zu müssen.

Oscar schob sich den Hut aus dem Gesicht, ich setzte meinen Helm auf, und los ging es. Wir fuhren im Schatten des grünen Blätterwalds durch die Siedlung, dann den Kölner Weg immer weiter entlang, bis wir nach Marsdorf kamen. Die Straßen waren dort mehrspurig, Felder, Möbelhäuser und McDonald's wechselten sich ab. Der Fahrradweg ging hinter Leitplanken entlang, bis wir auf ein Gelände bogen und vor einer großen Industriehalle hielten. *Dein geliebter Möbelsalon* war auf einem Schild über der Tür zu lesen, auf dem Parkplatz standen nur wenige Autos.

»Seltsamer Name, oder?«, sagte Oscar. »Und drinnen ist es

noch seltsamer, alles wild durcheinander, aber die haben coole Sachen.« Er fasste mich an der Hand und zog mich an sich. Ich machte mich los. *Nee, lass mal.*

»Ey, Emma, ich weiß nicht, was du hast. War was mit letzter Nacht? Liegt es daran? Hat's dir nicht gefallen?«

Ich zuckte mit den Schultern. Irgendwann würde ich mit ihm reden müssen und dadurch etwas verändern. Denn es wäre nicht gerade schlau, das Oscar-Experiment noch mal mit genau dem gleichen Aufbau und Ablauf zu versuchen, hatte Edgar gesagt. »Erklär ich dir später.«

Er schien zufrieden mit der Antwort zu sein, jedenfalls drückte er sich den Strohhut tiefer in die Stirn und zog mich ungestüm in die Halle.

Wow, hier stand wirklich alles kreuz und quer. Alte Möbel, zum Teil bunt angemalt, Turnböcke und -bänke, uralte Schulpulte, Sessel und Stühle aus den Fünfzigerjahren, schwere Leuchtreklamekästen, auf denen *Bluna!* und *trink ein Kölsch!* stand, ein riesiger Apothekerschrank mit winzigen Schubladen, ich wusste gar nicht, wohin ich als Erstes schauen sollte. »Such dir was aus«, sagte er grinsend. »Nee, im Ernst, ich muss hier was abholen, mal sehen, wo die das hingetan haben.« Er drückte meine Hand. »Schau dich um, ich komme gleich wieder.«

Ich streifte eine ganze Weile durch die Halle, quetschte mich zwischen Tischen und Schränken hindurch, nahm Schreibtischlampen, eine Uhr unter einem Glassturz und einen alten Globus in die Hand und blieb lange vor einer zierlichen Frisierkommode stehen, von der die hellblaue Farbe blätterte. *340,– Euro* stand auf dem Schild. Für das alte Ding? Ganz schöne Preise hatten die hier.

Kein Mensch war zu sehen, es war, als ob ich ganz allein in der Halle wäre. Wo war Oscar? Wo war der Ausgang? Ich wollte ihm schreiben, doch mein Akku war wieder mal leer, das passierte in letzter Zeit öfter. Ich brauchte dringend ein neues Handy.

Als ich auf ein schwarzes Ledersofa stieß, setzte ich mich und rührte mich nicht mehr von der Stelle. Nach zehn Minuten fand Oscar mich endlich. »Hab's«, sagte er, »komm, wir gehen.«

Er packte die altmodische Leuchtreklame von seiner rechten Schulter auf die linke und lief voraus. Ich hinterher. Sollte das etwa ein verspätetes Geburtstagsgeschenk für mich sein? In seiner Nachricht hatte er von einer Überraschung geschrieben. Immer noch begegneten wir keiner Menschenseele.

Draußen auf dem Parkplatz verstaute er den weißen, von roten Glühbirnen umrahmten Pfeil, auf dem *Get lucky* stand, vorsichtig in dem Fahrradanhänger.

»Passt gerade so rein«, sagte Oscar stolz. »Hab doch ein gutes Auge.«

Mir fiel auch etwas ins Auge, und zwar das aufgeklebte Preisschild. »550 Euro? Für den Kasten?«, rief ich und dachte gleichzeitig: Vergiss es, Emma. Das hier kann unmöglich ein weiteres Geburtstagsgeschenk für dich sein.

»Der ist original Sechzigerjahre und voll funktionstüchtig. Was meinst du, wie geil der in einer Bar oder einem Club aussieht!«

»Und den hast du *gekauft*?« Woher hatte er so viel Geld?

»Warum nicht, den kann ich für mindestens 750 *cash* super weiterverkaufen! Ich muss doch was verdienen, um meine

Schulden bei dir abzubezahlen. In der Werkstatt hast du gesagt, du hilfst mir.«

Ich zuckte mit den Schultern. Gut, wenn er meinte ... Wir radelten davon.

Doch schon nach einigen hundert Metern bemerkte ich plötzlich einen kleinen Lieferwagen, der auf unserer Höhe blieb und einfach nicht schneller fuhr. Warum? Was war mit dem los? Dann sah ich die Aufschrift an der Seite: *Dein geliebter Möbelsalon*, und nun ließ jemand die Scheibe herunter: »Hey, stopp, wo wollt ihr mit unserem Leuchtkasten hin?!«

Der Typ, der da so brüllte, war blond und fusselbärtig. Ich zuckte vor Schreck zusammen und wäre fast vom Weg abgekommen, der Anhänger hinter mir schlingerte.

»Fahr weiter«, rief Oscar, »hier hinter der Leitplanke kommen sie nicht an uns ran!«

»Was?« Ich schaute ihn entsetzt an. »Hast du den Pfeil etwa ...«

»Ich hab den nur abgeholt. Fahr!«

Ich strampelte automatisch weiter, doch schon an der nächsten großen Kreuzung hatte der Lieferwagen uns eingeholt, er bog an der Ampel rechts ab, blieb auf dem Fußgängerüberweg stehen und blockierte unseren Weg, so dass wir bremsen mussten.

»Scheiße, Oscar«, stammelte ich. Vor Aufregung bekam ich kaum Luft. »Was soll das alles?«

»Sag nichts, ich regle das!«

Ach ja?! Ich presste die Zähne aufeinander. Wie peinlich, beide Männer waren ausgestiegen und kamen mit grimmigen Gesichtern auf uns zu.

»So, Freunde und Freundinnen! Jetzt reden wir!«

Der Blonde war klein, der andere groß, dünn und dunkelhaarig.

»Ihr meint also, es ist korrekt, in unsere Halle reinzuspazieren und einfach was mitzunehmen?« Mister Blondbart spuckte beim Sprechen und war offenbar kurz davor, auszurasten.

»Nein«, sagte ich schnell. »Absolut nicht korrekt.« Meine Antwort war etwas seltsam, wenn man bedenkt, dass ich einen Fahrradanhänger mit mir führte, auf dem ein großer Pfeil lag, der mir nicht gehörte.

»Ich habe den nur für jemanden abgeholt, ehrlich, ich dachte, der wäre bezahlt.« Falls Oscar lügen sollte, ließ er sich das nicht im Geringsten anmerken.

»Aha, und wer ist dieser Jemand?« Der Große hatte eine Sonnenbrille auf, seine Stimme klang ruhig, aber dadurch umso gefährlicher.

»Carlo? Carlo Fischer?« Der Name kam schnell und überzeugend. »Der gab mir den Auftrag, er sagte, geh da rein, vorne links liegt der Pfeil, nimm den mit, das ist alles schon geregelt!« Jetzt grinste Oscar unbefangen, also musste er die Wahrheit sagen, hundert Prozent!

»Vorne links? Nimm den mit?« Der blonde Typ wurde jetzt noch wütender. »Bei uns kann sich niemand vorne links einfach was mitnehmen, ich rufe jetzt die Polizei!«

Hinter ihm hupte es, weil der Wagen immer noch den Rechtsabbieger versperrte.

»Bin schon dabei.« Der Dunkelhaarige hatte sein Handy hervorgeholt und wählte.

»Ey, das können wir doch anders lösen!« Oscar hob beschwichtigend die Hände. »Ihr nehmt das Teil jetzt wieder mit, und ich schicke euch den Carlo vorbei, der soll das mit euch regeln!«

»Ja, das ist ein Missverständnis, wirklich!« Ich versuchte, mein überzeugendstes Lächeln aufzusetzen und es unter den beiden gerecht aufzuteilen.

»*Bullshit*, von eurem unschuldigen Schulkindergetue haben wir langsam genug!« Der Blonde zeigte mit dem Finger auf mich, seine hellblauen Augen waren nur noch schmale Schlitze. »Ihr fühlt euch wahnsinnig clever, tarnt euch mit Hüten, Kappen und Helmen, marschiert wie selbstverständlich in unsere Halle und klaut. Ist in den letzten Wochen schon paarmal passiert!«

»Polizei kommt!«, sagte der große Typ.

Und was machte Oscar? Der sprang plötzlich auf sein Fahrrad und versuchte doch tatsächlich, abzuhauen! Für eine Sekunde war ich fassungslos, doch da wurde er schon von dem Großen mit einem Arm vom Rad gewischt, so dass er stürzte und sich ein Knie aufschrammte. Der Hut lag neben ihm auf dem Asphalt. Was für ein klägliches Bild, aber Mitleid hatte ich überhaupt nicht. Er hatte mich den beiden ausliefern wollen, weil er wusste, dass ich mit meinem spießigen Fahrradanhänger nicht so schnell und wendig war! Ab diesem Moment schaute ich ihn nicht mehr an. Was für ein Verräter!

♥

Oscar gab zwar im Polizeibus gleich zu, dass ich nichts von seinem Plan gewusst hatte, doch dann kam der wütende Blonde an und wollte uns unbedingt die Bänder der Überwachungskamera zeigen. Wo hatte er die jetzt so schnell her?

Es stellte sich heraus, dass sie in der chaotischen Halle die modernste Überwachungstechnik installiert hatten, die sie vom Handy aus kontrollieren konnten. Ich sah mich von oben, es sah wirklich aus, als ob ich Ausschau danach hielte, was sich leicht transportieren ließ, und die Lampen, den Globus und die antike Uhr zielstrebig nach den höchsten Preisen abcheckte. Ich war verzweifelt. Da wir minderjährig waren, durften sie uns nicht weiter befragen, ohne dass unsere Erziehungsberechtigten dabei waren. Also musste auch ich mit auf die Polizeiwache. Von dort aus riefen sie meine Eltern an. Weil mein Handy leer war, konnte ich noch nicht mal persönlich mit ihnen sprechen und sie beschwichtigen.

Eine nette Polizistin ließ mich später doch mein Handy aufladen, und dann erreichte ich Mama, die aber schon auf dem Weg zu mir war. Und Papa auch.

Ich musste auf einem Flur auf sie warten. Oscar sah ich Gott sei Dank nicht, der hockte wahrscheinlich woanders herum. Als meine Eltern dann um die Ecke bogen, begann ich zu weinen. Nicht wegen mir, sondern weil sie so eng zusammen gingen und so vereint in ihrer Sorge (oder dem Ärger) um mich waren! Das war so schön – und so selten in letzter Zeit.

»Mama! Papa!« Ich stürzte auf sie zu. »Können wir nicht einfach nach Hause gehen, uns nicht mehr anlügen und alle zusammenbleiben?«

»Na klar«, sagte Papa mit einem Seitenblick auf Mama, »aber erst mal müssen wir das hier klären!«

♥

Meine Eltern saßen im Hintergrund, als man mich befragte. Doch nun behauptete eine der Polizistinnen, die Nette, die mit dem Handy, ich hätte zugestimmt, meinem Freund bei *solchen Sachen* zu helfen.

»Was?!« Ich sprang auf. »Nein!«

»Das hat er aber ausgesagt.«

Oh no. Ich setzte mich wieder. Meinen Satz aus der Werkstatt verwendet dieser Idiot also jetzt gegen mich. »Das stimmt nicht.«

»Tut mir leid, da steht wohl Aussage gegen Aussage!«, sagte die Beamtin.

Ich spürte die Tränen schon in mir aufsteigen, doch dann wurde ich wütend. Mit fester Stimme begann ich zu erklären, wie alles passiert war. Angefangen mit dem Unfall des alten Mopeds und dass Oscar deswegen Schulden bei mir hatte, ich zeigte auch seine letzte Nachricht vor. *Komm mit, ich muss da was abholen, Überraschung!* In meinem Rücken spürte ich meine Eltern – und wusste, sie glaubten mir. Auch die Beamten vor uns waren irgendwann überzeugt. Kein Wunder, denn was ich vorbrachte, war ja auch die Wahrheit!

♥

Mama kehrte zu ihrer Arbeit ins Büro zurück, Papa fuhr mich schweigend zu meinem Fahrrad, das mitsamt Anhänger immer noch auf dem Radweg vor der Kreuzung stand. »Was wirst du jetzt mit diesem Oscar machen?«, fragte er, bevor wir da waren.

Ich schaute ihn überrascht an. Er hatte mir keine Predigt gehalten und auch keine Tipps gegeben, es schien ihn einfach nur zu interessieren, wie meine Pläne waren.

»Keine Ahnung. Reden werde ich mit *diesem Oscar* jedenfalls nicht mehr. Da ist alles gesagt.«

Papa nickte. Wenn er gewusst hätte, was ich mit Oscar sonst noch erlebt hatte, zum Beispiel in der vergangenen Nacht, wäre er vielleicht nicht so ruhig gewesen …

»Ich kann dir nichts versprechen, aber Mama und ich reden wieder miteinander!«

»Das ist superschön und freut mich. Echt!«

»Ich wollte nur sagen, mach dir keine Sorgen um uns. Es ist nicht die Aufgabe von Kindern, sich um ihre Eltern zu kümmern, okay?«

»An den Satz werde ich dich erinnern, wenn du mich demnächst bittest, dir eins von deinen blöden Werkzeugen aus dem Keller zu holen!«

Er lachte und hielt an einer passenden Stelle, um mich rauszulassen.

»Das ist etwas anderes, und das weißt du auch!« Er lächelte. Das erste Mal wieder seit Wochen, so schien es mir. »Was hast du jetzt vor?«

»Ich fahre zu Jana.« Sie musste unbedingt wissen, was Oscar sich geleistet hatte.

»Setz bitte deinen Helm auf und fahr vorsichtig!«

»Klar, Papa, ich dachte schon, du lässt mich ab jetzt ohne Ermahnungen durchs Leben gehen, aber da habe ich mich wohl getäuscht.«

22. Kapitel

DAS TOLLSTE MÄDCHEN DER WELT

Ich kratzte mein Italienisch zusammen und schrieb Ole über Instagram. Kein Wort über die Umstände meiner Rückkehr nach Köln, kein Wort über meinen Verdacht, dass Zazie sich Leo geschnappt hatte und er seine Sandalen irgendwo in ihrer Wohnung herumfliegen ließ. Nur das mit Opa Edgar. Und dass ich darüber ziemlich traurig sei.

Er antwortete sofort, aber auf Deutsch, Italienisch war ihm wohl zu anstrengend:

Wie schrecklich, das tut mir leid! Schreib mir, was du sonst so machst!

Auch er klammerte Zazie und ihr neues Leben komplett aus, obwohl er garantiert davon wusste.

Ich werde jedenfalls nicht nach Düsseldorf fahren.

Mal sehen, ob er auf die Anspielung reagierte.

Müss auch nicht so toll sein, da …

Okay? Was sollte das jetzt bedeuten?

Allerdings hab ich vor, die Mandoline meiner Großmutter reparieren zu lassen, denn ich glaube, meinem Vater würde das sehr gefallen, da muss ich vielleicht doch noch mal in diese dämliche Stadt.

So, jetzt wusste er, dass ich keinesfalls vorhatte, Zazie zu besuchen. Ich schaute gleich mal nach den Öffnungszeiten des Ladens. Nur an drei Tagen jeweils zwei Stunden am Nachmittag. Mehr schienen sie nicht nötig zu haben. Aber ich würde hinfahren. Das zumindest konnte ich für Papa tun.

Ich schrieb an Jana:

Muss dir was Unglaubliches über Oscar erzählen: Wegen dem bin ich fast verhaftet worden!

Doch meine Freundin war gerade beim Zahnarzt und konnte nicht viel zurückschreiben, außer:

Waaaas!!?

Ich fuhr also nach Hause und lief sofort zu Edgar hoch. Seine Wohnungstür stand offen, sie war jetzt immer auf, ich stürmte in die Küche, aus der es verführerisch nach gebratenen Eiern roch.

»Edgar!« Ich ließ mich auf den Küchenstuhl fallen, auf dem ich heute Morgen schon gesessen hatte, und tätschelte Ringo, der schwanzwedelnd an mir schnupperte. »Ich habe eine Erkenntnis gewonnen!«

»Ja, du bist immer noch meine Lieblingsenkelin. Nein, du kannst hier nicht einziehen«, sagte er, ohne sich vom Herd umzudrehen.

Ich lachte. »Okay, schade. Aber meine Erkenntnis ist so durchschlagend, ich werde das Experiment gar nicht weiter fortsetzen müssen. Ist nicht nötig, ist vorbei!«

»Manchmal ist der Abbruch einer Versuchsreihe das Beste, was einem passieren kann!« Edgar kam mit der Pfanne an den Tisch.

»Oh, dein Verband ist ja weg«, rief ich. Über seiner Nase klebte nur noch ein kleines Pflaster.

Er winkte ab. »Mein Spiegelbild zeigt mir dennoch das Konterfei eines unterlegenen Boxers. Hol doch bitte noch einen Teller für dich!«

♥

Nach dem Essen saßen wir im Wohnzimmer. Ich hockte in einem der gemütlichen Sessel, mein Schreibheft auf den Knien. Edgar saß in dem anderen und blätterte in einem Gedichtband; *Goethe* stand dick und breit vorne drauf.

Ich seufzte und ließ meinen Stift über die leere Seite kreisen. »Über Liebe zu schreiben, ist schwierig, oder?«

Edgar zuckte mit den Achseln, ohne den Blick von seinem Buch zu nehmen. »Ich finde, der Herr Goethe hier hat es vor ungefähr zweihundertfünfzig Jahren ganz gut hinbekommen.«

»Ach, echt? Dann lies mir seine nächsten zwei Zeilen vor! Einfach so, mitten raus.«

»Moment«, sagte er. »… also: *Ganz war mein Herz an deiner Seite und jeder Atemzug für dich …*«

»Danke, reicht!« Ich musste darüber nachdenken. Ja, das kam schon hin, am Anfang war mein Herz wirklich nur bei Oscar gewesen, und es verging keine Sekunde, also auch kein Atemzug, in dem ich nicht an ihn gedacht hatte …

Und er? Hatte er nicht wenigstens ein paar Wochen lang genauso gefühlt? Ein paar Tage? Stunden?

Vergiss es. Sein Herz war nie an deiner Seite, nur ab und zu mal, wenn es ihm gerade passte. Zuerst war ihm der Sport wichtiger gewesen. Oder eine gewisse Poppy. Wochen später war er plötzlich interessiert, aber nur, weil du nicht mehr verfügbar warst. Und ab da?

Ab da hatte er zufällig Lust, Moped zu fahren oder mit dir einen viel zu brutalen Film zu schauen oder mit dir zu schlafen. Auch zum Klauen hat er dich gnädigerweise mitgenommen. Immer wollte er bloß etwas für sich. Und Oscars Atemzüge? Da war keiner für dich, Emma, sorry!

Ich seufzte wieder, dann begann ich zu schreiben.

Denk nicht, dass es sich reimen wird,
denk nicht, dass ich mich räche.
Mein Kopf ist leer, mein Herz fühlt nur
die große schwarze Fläche.
Noch gestern war ein Pflänzchen da,
doch heute nur Beton …

Ach, *Bullshit!* Wo war denn Oscars *Pflänzchen* gewesen? Ich stand auf und warf Kladde und Stift in den Sessel. Ich war noch nicht fertig mit dem Gedicht, aber fertig mit Oscar. Ich würde ab jetzt nur noch was mit Leuten machen, die ich gern hatte, die aber auch genauso gern mit *mir* ihre Zeit verbringen wollten.

Mein Blick fiel auf die Stofftüte mit den Mandolinentrümmern, die auf einem der Bücherstapel neben dem Regal lag.

Ich schaute zu dem lesenden Edgar hinüber. Er hatte gesagt, die Reparatur wäre schwierig und eher was für einen Fachbetrieb. Schnell überschlug ich meinen Kontostand. Ich würde das Instrument wieder instand setzen lassen. Als Erinnerung an unsere gemeinsame Arbeit, das würde ihm gefallen. Und ich würde mich auch immer an den Abend erinnern, als ich ihn hinter der Tür fand, der so schrecklich begann, an dem ich mich aber zusammengerissen und so cool reagiert hatte!

Also setzte ich mich wieder und suchte in meinem Handy nach einem Laden, der Mandolinen reparierte. In Köln gab es keinen, dafür aber in Düsseldorf. Sie hatten nur an einigen Tagen in der Woche auf, doch das war kein Hindernis. Ich schielte erneut zu der Stofftüte, aus der das blaue Bändchen herauslugte, die Vorstellung von dem wieder hergestellten Instrument und Edgars erfreutem Gesicht ließ die Gegend um mein Herz ganz warm werden.

♥

Ich war zu früh, denn die S 11 war ausnahmsweise pünktlich, und dann hatte ich den Laden auch noch sofort gefunden. Er lag in einem Hinterhof voller Fahrräder, großer Blumentöpfe und mit Geranien bepflanzter Kanister, auf denen *Olio di Olivia* stand. Zur *La Mandolina* ging es drei Stufen hinab, die Fenster waren vergittert und mit verblichenen Postern und roten Samttüchern dekoriert; ich ahnte in diesem Moment schon, wie es darin riechen würde …

Der Hof wurde von einer backsteinroten, niedrigen Mauer geteilt, auf der eine getigerte Katze völlig gechillt in der Sonne lag und auch nicht davonlief, als ich neben ihr stehen blieb. Noch zehn Minuten bis drei Uhr.

»Also warten wir«, sagte ich zu ihr und setzte mich neben sie. In meinem Kopf ging ich noch mal das unfertige Gedicht durch:

Denk nicht, dass es sich reimen wird,
denk nicht, dass ich mich räche.
Mein Kopf ist leer, mein Herz fühlt nur
die große schwarze Fläche.
Noch gestern war ein Pflänzchen da,
doch heute nur Beton …

Das durfte ruhig so unvollendet bleiben. Goethe hatte wahrscheinlich auch Tonnen von unfertigem Geschreibsel in seiner Schreibtischschublade liegen gehabt. Mir war nach etwa Neuem, schon holte ich Heft und Stift heraus und schlug die nächste Seite auf.

Mein Außenspiegel, mein Vertrauen,
meine Leichtigkeit.
Soll das etwa Liebe sein,
wenn alles jetzt in Scherben liegt?

Vier gute Zeilen, doch dann wusste ich nicht mehr weiter, auch nicht, als ich minutenlang auf dem Stift herumgekaut hatte. Egal, ich sammelte ja erst mal nur. Wieder schrieb ich, diesmal aber in einem Zug:

Ich wein dir keine Träne nach,
auf deiner Stirn steht fail*!*
Doch lange bin ich nicht besiegt,
ich schau nach einem, der gut riecht,
und den gibt's nicht im sale*!*

Schon wieder ein Kreuzreim, den ich da geschaffen habe, dachte ich grinsend. Noch ein bisschen dran arbeiten, dann würde dieses letzte Werk sich richtig gut anhören. Ich war gespannt, wie Edgars Meinung dazu war. Ich steckte das Heft weg, denn nun kamen auch andere Kunden über den Hof, und ich hörte, wie die Tür aufgeschlossen wurde. Langsam griff ich nach dem Stoffbeutel an meiner Seite und erhob mich.

Im Laden roch es genauso, wie ich es mir vorgestellt hatte: Staub, Holz, bisschen Kellermuff. Doch die Decke war hoch, beinah wie in einem Gewölbe, und der Raum war größer, als ich gedacht hatte. Ich schlenderte mit meinem Beutel voller Holztrümmer und losen Saiten von einem Regal zum nächsten, von einer Wand zur anderen, und schaute mir die Mandolinen und auch Ukulelen an, die von den Wänden hingen. Das Gewölbe war noch nicht zu Ende, weiter hinten gingen zwei Räume ineinander über. Cool, was die hier alles hatten! Antike Instrumente und ganz moderne, die man an einen Verstärker anschließen konnte, und Regale voller Bücher und Noten.

Und dann sah ich ihn! Unter einem roten Schild mit *sale!* stand der *cuteste* Junge, wie ich ihn mir in meinen Tagträumen schon mal vorgestellt, im *real life* aber noch nie gesehen hatte. Nicht sehr breit oder muskulös, aber ein bisschen größer als ich. Dunkle, lockige Haare, die ihm fast bis auf die Schulter gingen. Und zwei kräftige Hände, die gerade vorsichtig eins der reduzierten Instrumente dreh-
ten.

Ich stand seitlich hinter ihm, und in diesem Moment traf mich sein Geruch wie ein Hammerschlag. Ich schloss die Augen und atmete tief ein. Das war das Leckerste, was meine Nase je an einer fremden Person wahrgenommen hatte: frische Wäsche, Haargel, Leder und seine Haut, als ob er ein bisschen geschwitzt hätte, aber wow, ich sog noch einmal voller Genuss die Luft ein, das rundete seinen Duft erst richtig ab. Am liebsten wollte ich darin baden – oder mir wenigstens ganz viel davon in eine Flasche füllen und mitnehmen!

Ich tat einen Schritt vor und griff nach irgendeiner Mandoline, die vor mir im Regal lag, natürlich nur, um ihn besser anschauen zu können. Das Gesicht war genauso hübsch, wie ich es im ersten Moment vermutet hatte: ein breiter, sehr schön geschwungener Mund und diese dunklen Augen, die auf das Instrument gerichtet waren, aber sehr warm schimmerten.

Er bemerkte mich, denn er schaute auf und grinste mich kurz an, wobei seine dunklen Augenbrauen in die Höhe gingen, dann konzentrierte er sich wieder auf die Mandoline. »Schöner Gerät!«, sagte er zu niemand Bestimmtem. Oder hatte er etwa mich gemeint?

Ich nickte, aber das hörte er ja nicht. Hilfe! Was sollte ich antworten? Schnell, irgendwas Lustiges, Interessantes, das er auch verstand, denn er hatte einen starken Akzent, und Deutsch schien nicht seine Muttersprache zu sein. Vielleicht Italienisch? Die Kellner im *Paradiso* hatten sich so angehört. Aber so angestrengt die große Dichterin auch ihren Kopf durchforstete, es fiel ihr absolut nichts ein. Verdammt!

Mit einem kleinen Seufzer legte ich das Instrument wieder ins Regal und ging davon, nur um mich gleich darauf wieder umzudrehen und ihn von der Rückseite in Augenschein zu nehmen. Definitiv war die *Sale*-Ecke im Moment die attraktivste Zone des Ladens.

Was hatte ich behauptet?

Ich schau nach einem, der gut riecht,
und den gibt's nicht im sale*!*

Doch! Gerade dort! Ich würde die Zeilen korrigieren müssen. Plötzlich war ich überglücklich. Es gab noch Jungen auf dieser Welt, die lecker rochen, mich überhaupt nicht an Oscar erinnerten und einen zweiten Blick wert waren!

»Kann ich euch helfen?« Der Typ trug einen Vollbart, der seinen schon ziemlich großen Kopf noch größer wirken ließ, und sah aus, als ob er lange nicht gebadet hätte.

»Äh, nein, äh, ja, doch, also *mir*!«, sagte ich.

Der Vollbarttyp dachte wohl, wir wären zusammen. Wie cool war das denn? Aus den Augenwinkeln sah ich, dass sich der hübsche Junge zu mir umgedreht hatte und lächelte. Oh, mein Gott, und wie er lächelte … Ich senkte verlegen die Augen.

»Also ja, hier, diese Mandoline, die ist total kaputt.« Ich

wedelte mit meinem Stoffbeutel wie mit einem Ausweis. »Hat mein Großvater für meine Großmutter gebaut«, sagte ich etwas lauter, vielleicht hörte der lächelnde, gut duftende Mensch da drüben es ja? Nein. Der *lächelnde, gut duftende Mensch* hatte sich leider schon wieder abgewandt.

Der ältere Dude nahm mich mit in den vorderen Teil des Ladens zu einer Werkbank, und holte vorsichtig die Bruchstücke der Mandoline hervor. »Schlimm, sehr schlimm«, murmelte er. »Was ist passiert? Ist sie unter einen Bus gekommen?«

Nein, unter meinen Opa, dachte ich, doch ich wollte keine Witze darüber machen, die Erfahrung war zu schrecklich gewesen. Erneut spürte ich die Angst, die ich damals um Edgar gehabt hatte, und da waren auch wieder Tränen in meiner Stimme, als ich jetzt sagte: »Etwas Schweres ist auf ihr gelandet.«

»Sehr schöne Arbeit … war es jedenfalls mal.« Der Bartträger wiegte seinen großen Kopf. »Wir können versuchen, sie wiederherzustellen, aber ob sich der Aufwand bei diesem Exemplar lohnt …? Schließlich ist es von keiner bekannten Manufaktur, sondern selbstgebaut.«

Ich sah Edgar und die vielen roten Schraubzwingen, mit deren Hilfe er manchmal einzelne Instrumententeile an seinem Küchentisch zusammengeleimt hatte. Ich musste schlucken, bevor ich etwas sagen konnte. »Jemand würde sich sehr freuen, wenn sie wieder heile wäre!«

»Okay. Wird aber nicht ganz günstig, und für den perfekten Klang kann ich auch nicht garantieren.«

»Nicht so schlimm. Hauptsache, sie sieht danach wieder wie eine Mandoline aus!«

Ich zahlte hundert Euro an, meine absolute Notreserve, meine gesamten Ersparnisse, und schrieb meine Telefonnummer und E-Mail-Adresse auf, dabei blickte ich mich ständig nach dem süßen Typ um, sah ihn aber nicht mehr. Doch an mir vorbeigegangen war er noch nicht, das wäre mir und meiner Nase aufgefallen. Er hatte den Laden also noch nicht verlassen.

Draußen setzte ich mich noch einmal auf die Mauer, die Katze war weg, doch ich hatte das ganz bestimmte Gefühl, hier, genau an diesem Platz warten zu müssen.

Hallo, Ole! Heute Nachmittag ist es so weit! Ich mache mich auf den Weg in die verhasste Stadt, aber nur wegen der zersplitterten Mandoline von Papas Mutter, die hoffentlich wieder richtig schön wird.

Ich fotografierte das Chaos der Einzelteile für Ole, bevor ich sie sorgfältig in weiche Tücher verpackte und in meinem Rucksack verstaute.

Die S 11 ließ auf sich warten, und dann fand ich die versteckte Straße erst mal nicht, daher war es schon fast vier, als ich über den Hinterhof eilte, die Stufen hinabsprang und endlich unter einem klangvollen Bimmeln den Laden betrat. Leo hatte so begeistert geklungen, als er mir in Rom davon erzählt hatte, doch *La Mandolina* war nur ein etwas muffiges, staubiges Kellergewölbe, in dem allerdings Hunderte von Mandolinen hingen. Ihm würde es gefallen, dachte ich. Vielleicht, vielleicht, vielleicht war er ja gerade zufällig hier … Ich biss die Zähne zusammen und schaute mich hektisch um. Natürlich hatte ich mir von dem Tag an, als mir die Idee mit der Mandoline kam, Hoffnungen gemacht. Schwach nur, ein glimmender Funke, aber sie waren da.

Wer nicht da war, war Leo, ich spürte es sofort, dennoch irrte ich durch zwei weitere Räume, die sich an den Hauptverkaufsraum anschlossen. Dort gab es die *Sale*-Ecke mit den reduzierten Instrumenten. Doch auch dort stand niemand herum, der auch nur annähernd so aussah wie Leo.

Mist. Ich hatte extra das schöne blaue Kleid angezogen, das er aus Rom an mir kannte, mir die Haare gewaschen und gestylt, mich nur ganz wenig, aber dennoch sorgfältig geschminkt.

»Kann ich dir irgendwie helfen?«, fragte jemand in meinem Rücken.

Ich schreckte freudig zusammen, doch wer immer es auch war, der mich da gerade ansprach, es war *nicht* Leo. Ich seufzte tief, drehte mich um und musterte den Nicht-Leo vor mir mit kurzem Blick. Älter, Rauschebart, einer, der nur Lastenfahrrad fuhr und Wacholderlimonade ohne Zucker trank, so wie man sich diese Menschen eben vorstellt, wenn man das Wort *Mandoline* hört.

»Ja klar.« Ich nahm meinen Rucksack ab. »Ich wollte die hier reparieren lassen.«

Der Öko-Tüpi war nett und behandelte mich wie eine Erwachsene, als wir die Trümmer des Instruments auf einer Werkbank ausbreiteten und darüber beratschlagten, was damit zu tun sei. »Die ist selbstgebaut, oder?«

»Ja, hat mein Opa früher mal für meine Oma gemacht.«

»Ich werde mein Bestes geben, um das wunderschöne Stück hier wieder zum Leben zu erwecken.«

Wir diskutierten gerade, was die Wiederauferstehung von Oma Ingrids Mandoline kosten würde, als die Tür wieder mit ihrem melodischen Bimmeln aufsprang und jemand hereinkam. Ich sah ihn nur aus den Augenwinkeln, erkannte ihn aber sofort an seiner Körperhaltung. Er war es! Leo!!!

Mein Magen schrumpfte vor Schreck und Freude zu einem Beutel mit Eiswasser zusammen, ich starrte auf die Mandolinenteile und schob sie panisch hin und her. *O Dio!* Er war hier! Ich wollte am liebsten laut aufkreischen. Es war ein Glücksfall! Und gleichzeitig eine Katastrophe! Warum kam er ausgerechnet jetzt, an diesem Nachmittag, in diesem Moment, in den Laden? Was war mit Zazie? Ich konnte ihm unmöglich einfach so *hallo, ciao* oder *buongiorno* sagen. Meine Stimme wurde immer leiser, und ich drehte den Kopf, damit er mich nicht bemerkte.

»Hallo, Leo!« Jemand begrüßte ihn aus dem hinteren Teil des Ladens. Natürlich! Kaum war er ein paar Tage in dieser Stadt, kannte ihn bereits jeder. Wahrscheinlich hatte er auch schon drei Jobs ergattern können …

Ich versuchte, mich zu beruhigen, indem ich tief atmete, doch es klappte überhaupt nicht. *Leo,* schrie es in mir. *Es tut mir so leid!* Aber er war weit weg, noch weiter weg als am letzten Tag in Rom, als ich vom Roller gestiegen war und er sich mit seinem *»Salutami tua zia«* verabschiedet hatte, denn inzwischen war er ja mit Zazie zusammen.

Ich zog einen von Dettes Hundertern aus meinem Portemonnaie und wartete nervös auf die Quittung. »Wenn sie fertig ist, rufen wir dich an, lass deine Telefonnummer hier, ja?«

Ja, ja ... ich kritzelte meine Nummer auf einen Zettel, es war mir alles egal, ich wollte nur weg von diesem Ort.

Doch draußen ging ich plötzlich langsamer. Wenn ich jetzt abhaute, würde ich Leo nie mehr wiedersehen, willst du das, ist das deine Entscheidung?

Also setzte ich mich im Schneidersitz auf die niedrige Backsteinmauer, die sich quer über den Hof zog, zupfte den Stoff des blauen Kleides über meine nackten Beine und starrte auf die Treppenstufen, an deren Fuß die Ladentür lag. Er würde herauskommen, er würde mich sehen, und dann?

Dann musste *er* sich entscheiden.

Ging er wortlos an mir vorbei? Sagte er vorher *ciao* und ging dann trotzdem an mir vorbei? Oder blieb er stehen? Lächelte womöglich? Meine Güte, was konnte dieser Junge lächeln. Der Gartenschlauch-Boy, der Kittel-Boy, auf den ich so sauer gewesen war, und dann war ich auf einmal verliebt in ihn, so wahnsinnig verliebt. Und immer noch.

Es dauerte und dauerte, wo blieb er denn nur, oder hatte er sich doch rausschleichen können, ohne von mir gesehen zu werden? Gab es etwa einen Hinterausgang?

Da! Die Ladentür ging auf, Leos Kopf mit den dunklen, lockigen Haaren tauchte auf. Mir wurde ganz elend im Magen, doch ich würde das jetzt aushalten! Er sah mich, schien aber kaum überrascht, er schaute auch schnell wieder weg, lächelte nicht und sagte nichts. *Er hat eine Mandoline gekauft*, registrierte mein Gehirn, *das da in der schwarzen Hülle muss eine Mandoline sein*, doch es nahm gleichzeitig etwas viel Wichtigeres auf: *Er hält nicht an, er geht einfach weiter, ist schon an mir vorbei.* Dabei sah er gerade heute besonders gut aus und war auch innerlich so schön, so toll, so sanft und auch so frech und witzig! Mein Herz krampfte sich zusammen und heulte auf. Ich senkte den Kopf. Die Schmerzen in meiner Herzgegend wurden unerträglich, und die Tränen schossen in mir hoch. *Du bist selbst schuld*, sagte eine Stimme in mir. *Du hast ihn sehr verletzt.*

Da stoppten die Schritte. Ich hielt meine Augen geschlossen und versuchte die Tränen daran zu hindern, weiter auf meine gekreuzten Beine zu tropfen, die unter dem Kleid hervorschauten. Jemand setzte sich weit von mir entfernt auf die Mauer, aber trotz des Abstands war er noch eindeutig an seinem wunderbaren Duft zu erkennen. Leo!

Ich warf ihm einen schüchternen Seitenblick zu, doch er war mit seinem neuen Instrument beschäftigt, holte es umständlich aus der Kunstlederhülle und stimmte es ein wenig nach. Dann fing er an, zu spielen. Oh nein, ausgerechnet dieses Lied! Er sang nicht dazu, doch ich erkannte es trotzdem sofort: *The Moon Song*.

Mein Herz fing an zu klopfen, und meine Gedanken überschlugen sich. Wenn, wenn, wenn … Wenn er nichts mehr mit mir zu tun haben wollte, wäre er weitergegangen.

Wenn er nur nett sein wollte, hätte er kurz *ciao* gesagt, vielleicht noch ein italienisches *wie geht's?* hinterhergeworfen, und Schluss. Aus, *basta, finito.* Und wenn er unbedingt seine Mandoline ausprobieren wollte, hätte er irgendein Lied gespielt, aber doch nicht ausgerechnet den Song, den er auf dem Friedhof für mich gesungen hatte. Hieß das womöglich, er hatte nichts mit Zazie? Hieß das, er wollte trotz allem, was passiert war, noch etwas von mir?

Ich nahm meinen gesamten Mut zusammen und schaute ihn an. Er grinste herüber, kürzer als eine Sekunde, doch das reichte mir. Ich atmete tief ein und hätte am liebsten gleich weitergeweint, diesmal aber aus Freude! Ja, ja, ja! Mein Leo war wieder da! Neben mir!

»Woher wusstest du …?« Meine Stimme versagte.

»Dass du biste hier?« Er spielte ein paar Takte weiter und sang dann passend zur Melodie: »Weil du haste helleste *amici* von die-hie Welt.«

»Ole?«

Er hörte auf zu spielen. »Ole. Zazie. Haben sich zusammen geschrieben, immer dahin und daher, haben Plan gemacht, haben mir gerettet.«

»*Mich* gerettet«, verbesserte ich ihn automatisch.

»Dir auch?«

»Ja!« Ich sprang auf und stellte mich dicht vor ihn, während ich mir die Tränen aus dem Gesicht wischte. »Mich auch.«

Und dann legte er endlich die Mandoline neben sich auf die Mauer, zog mich zwischen seine Knie und küsste mich. »Mach nicht noch mal mit mir deine komische Spiel!«, sagte er viel später in einer Kusspause.

»Niemals mehr!« Ich küsste ihn wieder. »Ich verspreche es!«

»Vergessen wir die Rest und fangen an eine neue *storia*?« Er hielt mein Gesicht sehr zart in beiden Händen.

»Fangen wir an!«

Ich wartete und behielt dabei die Eingangstür von *La Mandolina* im Blick. Mein Herz klopfte, mein Magen kribbelte leicht, doch ich mochte das Gefühl und kramte mein Heft und den Stift aus dem Rucksack hervor. Wenn ich noch einen Blick und vielleicht noch ein Lächeln von ihm bekam, würde ich das beste Gedicht meines Lebens schreiben, ich war mir sicher. Mehr wollte ich ja gar nicht! Echt nicht!

Da! Endlich ging die Tür mit Gebimmel auf, und er stieg die Stufen zum Hof hinauf, glücklich summend, das hörte ich bis auf meine Mauer. Wahrscheinlich, weil er eine Mandoline gekauft hatte, der Riemen des schwarzen Trageetuis hing über seiner Schulter.

Er sah mich und lächelte mir im Gehen zu. Danke, Universum, oder wer auch immer! Wirklich vielen Dank, dachte ich. Das Gedicht ist im Kopf schon geschrieben.

»Hast du was gefunden?«, rief ich, plötzlich mutig geworden. Er sollte stehen bleiben, bitte!

»Ja. Eine schöner Gerät!«

Er hielt inne, und ich lachte ungläubig auf, weil mein Wunsch sich so prompt erfüllte. »Du bist noch nicht lange in Deutschland?«, fragte ich, wobei ich die Worte sehr langsam aussprach. Er war Italiener, ziemlich sicher.

»No. Sehr kurz, habe ich in Roma aber schon Deutsch gelernt!«

»Rom!« Ich schnaubte belustigt durch die Nase. »Das ist ja *strange*, da wäre ich beinahe diesen Sommer gelandet!«

»Gelandet? Warum gelandet? Mit die Flugzeug?«

»Ja, auch, aber das sagt man eben so.«

»Und warum bist du nicht gelandet bei uns, *a Roma*?«

»Da war dieser Boyfriend.« Ich winkte ab. »Lange Geschichte.«

Zufrieden sah ich, wie seine Augenbrauen sich zusammenzogen. War er vielleicht ein kleines bisschen eifersüchtig?

»Aber jetzt nicht mehr«, sagte ich schnell. »Aus. *Finito*.«

»Ack so, und weil die *storia* ist *finito*, du schreibst alles auf.« Er wies auf das Heft und den Stift in meiner Hand. »Biste du eine *poeta*.« Es war eine Feststellung. Keine Frage.

Ich zuckte mit den Schultern. »Ich glaube nicht.« Immer noch lächelten wir uns an. Ich wollte, dass dieser Moment niemals aufhörte, also wies ich einladend auf die Mauer neben mir. »Und du wohnst in Düsseldorf?«

»Ja, bei eine Mädchen aus die *scuola di lingua a Roma*.«

Nun kam die Eifersucht zu mir, allerdings nicht nur auf Zehenspitzen vorbeigehuscht, sondern wie eine Abrissbirne, die mit aller Wucht gegen meinen Brustkorb schlug. Immerhin setzte er sich, sogar ziemlich nah, so dass ich seinen Geruch aufsaugen konnte.

»Zazie iste aber nur eine Freundin, und die Wohnung iste klein und die Katze iste, wie sagt man? Eine unverschämte Tier.«

Wie genial! Die Abrissbirne verschwand. Diese Zazie war

keine Konkurrenz und die unverschämte Katze war total lustig. Ich stieß die Luft aus und grinste glücklich auf seine Sandalen herab, deren Lederriemen sich hoch, bis um seine Waden schlängelten. Ungewöhnlicher Style, passte aber zu ihm.

»Mein Opa hat ganz viel Mandolinen, du könntest ihn mal besuchen, und sie anschauen.« Oh Mann, Emma, lockst du ihn etwa gerade zu dir nach Hause?

»Wo iste deine Opa?«

»In Köln.«

»Koln? Colonia? Wo die *duomo* steht?«

»Genau da.« Ich versuchte, mein Dauerlächeln etwas zu reduzieren, aber es gelang mir nicht. »Den zeige ich dir auch.«

»Grazie, dass du willst zeigen mir *il duomo*, sonst vielleicht ich werde niemals finden…« Er warf mir einen frechen Seitenblick zu.

»Genau! Und das wäre doch schade, oder?« Ich hielt seinem Blick stand.

Obwohl er ernst bleiben wollte, lachte alles in seinem Gesicht, besonders seine wunderschönen Augen. Ja klar, er hatte mich durchschaut, aber das war nicht schlimm, im Gegenteil, es war schon sehr *flirty*, was hier gerade ablief.

»Sehr schade!«

Ich nickte. »Du solltest mir lieber deine Telefonnummer geben. Sicher ist sicher. So einen Dom zu verfehlen, kann sehr ärgerlich sein.«

»*D'accordo*. Ich schreibe in deine *telefonino*.«

Ich reichte ihm mein Handy und sah ihm dabei zu, wie er tippte.

»Leo, ich heiße Leo!«

»Ich bin Emma.«

»Piacere!« Er schaute mich an, und ich fühlte mich wie das tollste Mädchen der Welt!

Was wäre gewesen, wenn ich ihn tatsächlich schon in Rom getroffen hätte? Keine Ahnung und keine Zeit, darüber nachzudenken, denn ich wusste: In diesem Moment fing eine neue, wunderschön aufregende Geschichte an.

23. Kapitel

HIER UND JETZT AM BAGGERSEE

»Stopp, stopp, wenn du so weitermachst, muss ich in die See. Der See? Dem See?«

Ich grinste und lockerte meine Umarmung etwas. Es war herrlich, mit Leo zu knutschen, mit der Zunge in seinen Mund einzutauchen, und sich von seinem Duft einhüllen zu lassen. Irgendwann würden wir auch miteinander schlafen. Ich wollte es, er wollte es, das merkte ich, ziemlich sogar, doch wir hatten keine Eile.

»In *den* See«, antwortete ich. »In wen oder was? Akkusativ.«

»*Grazie!* Das werde ich mir merken können, irgendwann.« Leo sprang von unserem Badetuch auf und zog mich an der Hand hoch. Zusammen liefen wir über den warmen Sand.

»Wenn du weiter biste so eine gute Lehrerin, lerne ich auch noch …«

»… besser küssen?« Ich schüttelte seine Hand ab und rannte vor seiner Rache davon.

»Was?!« Schreiend verfolgte er mich, dummerweise hatte er längere Beine und war schneller, fast war er bei mir, als ich mich mit einem kleinen Aufschrei in das klare Wasser des Baggersees warf, sofort loskraulte und dabei die spiegelglatte Fläche mit den Armen zerteilte. An diesem frühen Vormittag war hier noch nicht viel los. Nach ein paar Metern stoppte ich und wartete auf ihn.

»Besser küssen?! Ich?« Der beste Küsser der Welt kam prustend auf mich zu geschwommen. »Du bist so eine Unverschämtheit! Der Akkusativ meinte ich!« Er schaffte es, mir einen zärtlichen Zungenkuss zu geben, obwohl wir dazu unter der Wasseroberfläche mit den Beinen strampeln mussten, um nicht unterzugehen, dann legte er die Hand auf meinen Kopf und versuchte, mich unterzutauchen. Ich gewährte ihm den Triumph und ließ mich tiefer und tiefer in das flaschengrüne Wasser absinken. Ich erreichte den sandigen Grund und öffnete die Augen. Alles war verschwommen, oben hell, unten dunkel, meine Beine schimmerten orangebraun.

Konnte man so glücklich sein? Was für eine Frage. Ich war es. Ich musste mich nicht für oder gegen etwas entscheiden, musste nicht darüber nachdenken, welche Möglichkeit gut, besser oder noch besser war, sondern nur dafür, nicht gestern und nicht morgen, allein in diesem Moment zu leben. Ich stieß mich ab und schoss nach oben, dem Licht entgegen.

♥